SUSANNE KRAHE

DER GESCHMACK VON BLAU

für die >R4H-Redaktion

vielen Dank!

„blau“ in Blindenschrift (Braille-Alphabet)

SUSANNE KRAHE

DER GESCHMACK VON BLAU

Was ich weiß, seit ich nichts mehr sehe

Autobiografie

neukirchener
aussaat

MIX
Aus verantwortungsvollen Quellen
FSC® C014138

Dieses Buch wurde auf FSC®-zertifiziertem Papier gedruckt. FSC (Forest Stewardship Council®) ist eine nichtstaatliche, gemeinnützige Organisation, die sich für eine ökologische und sozialverantwortliche Nutzung der Wälder unserer Erde einsetzt.

Bibliografische Information der Deutschen Nationalbibliothek

Die Deutsche Nationalbibliothek verzeichnet diese Publikation in der Deutschen Nationalbibliografie; detaillierte bibliografische Daten sind im Internet über http://dnb.d-nb.de abrufbar.

Umschlaggestaltung: Andreas Sonnhüter, Düsseldorf
Lektorat: Hanna Schott, Haan
DTP: Breklumer Print-Service, Breklum
Verwendete Schriften: Kabel, New Baskerville
Gesamtherstellung: Grafik Medienproduktion, Köln
Printed in Czech Republic
ISBN 978-3-7615-5859-1

www.neukirchener-verlage.de

INHALT

TEIL I: IM ZEITRAFFER

KAPITEL 1
ENDSTATION ANFANG

Meine ersten Memoiren habe ich mit achtzehn verfasst. Ich war überzeugt, den Schatz meiner Lebenserfahrungen nur noch durch das Aufschreiben meiner Höhenflüge und Abstürze bereichern zu können. Alles, was ein Menschenleben an Zumutungen zu bieten hat, glaubte ich zu kennen. Und die Welt sollte es wissen.

Meine Autobiografie entstand in immer neuen Anläufen an einem schmalen Schülerinnenschreibtisch, im Fieber der ersten Besessenheit meines Lebens. Schulhefte mit handschriftlichen Notizen, die ich zur Vorbereitung des Abiturs durcharbeiten musste, schob ich souverän zur Seite, um mir erst mal meine unglückliche Liebe aus dem Kopf zu tippen. Es waren Wochenenden ohne Schlaf. Die Dramaturgie meines Erstlings folgte der Achterbahnkurve der Gefühle, die man mit achtzehn hat: ein ungesunder Adrenalinschub nach dem anderen. Grau auf Weiß balancierten überfüllte Zeilen bis zum rechten Rand und brachen sich den Hals, bevor sie von der Papierkante auf die Walze kippten. Schmutzspuren. In der Zeit diesseits von Typenrädern und digitaler Textbearbeitung gab sich alles Getippte endgültig, Korrekturen warfen noch Schatten. Das Seidenband meiner Schreibmaschine wurde blass von der Verzweiflung, die ich ihm anvertraute. Aber die Bilder, die ich loswerden wollte, hämmerte ich nur noch tiefer in mein Gedächtnis. Fertig wurde ich nie. Sobald ich die Worte, die ich meinem Gedächtnis für die beschämendsten Szenen abgerungen hatte, als Ganzes durchblättern konnte, standen nur noch peinliche Vokabeln nebeneinander. Alles kitschig, alles falsch. So viel Stilempfinden hatten mir meine Deutschlehrer beigebracht, um einzusehen: Mein erstes autobiografisches Werk wäre bei jedem Kritiker durchgefallen.

Sehr originell war dieser missglückte Anlauf sicher nicht. Auch mit meiner halbherzigen Taktik, das Skript mit einem Pseudonym zu zeichnen, und zwar mit Initialen, die eindeutige Rückschlüsse auf die wahre Verfasserin nahelegten, rutschte ich nur in den Stiefelabdrücken romantischer Riesen herum, die den Lesestoff der Oberstufe geliefert hatten. Stürmer und Dränger. Ich: ein weiblicher Werther. Mit jedem Tastendruck auf meine Schreibmaschine löste sich ein Schuss.

Heute, mit fünfzig, würde ich gern über den klassischen Größenwahn einer Achtzehnjährigen lachen können. Aber immer, wenn sich die Fünfzigjährige in ihr Archivzimmer stiehlt, um an Buchrücken und den scharfkantigen Einbänden von Broschüren entlang zu tasten, immer wenn sich meine Fingerspitzen in der linken Ecke meiner Regale zu einer unauffälligen Kassettenhülle gearbeitet haben, drückt mir ein dicker Klumpen Wehmut sämtliche Lachfältchen aus dem Gesicht. Schmutzspuren. Was für ein Glück, dass niemand diese Herzensergüsse je drucken wollte.

„Sie haben einen schwierigen Lebenslauf", findet die Journalistin, die ihr Mikrofon vor mir aufbaut. Während sie sich eine freie Steckdose sucht, um meine Stimme unter Strom zu setzen, kämpfe ich mit einem winzigen Stachel Groll. Ich gebe ein paar Sprechproben ab, probiere, welcher Abstand, welche Lautstärke die günstigste ist, und verspreche, möglichst deutlich zu reden. Sie merkt nichts von meinem Ärger, besser: von meiner Enttäuschung. Eigentlich würde ich lieber als Schriftstellerin interviewt, nicht als Frau mit einem schwierigen Lebenslauf.

Die Journalistin ist auf der Suche nach „Überlebenskünstlerinnen". Sie sammelt Stimmen von Menschen, die den Radiohörern erklären können, wie sie diese unpopuläre Kunstsparte kultiviert haben. Welche Ressourcen versetzen Menschen in den Stand, persönliche Katastrophen zu überstehen? Welche Strategien entwickeln wir, um unsere Verluste und Zusammenbrüche so in unsere Biografie zu integrieren, dass sie unser Selbstbild nicht zertrümmern?

Die Journalistin erklärt mir, dass sich die Psychologie neuerdings auf die Bauweise von Wolkenkratzern bezieht, wenn sie nach den Bedingungen des Überlebens fahndet. Die Stahlriesen müssen so konstruiert werden, dass sie den Stürmen und Erdstößen nicht „trotzen“, sondern im Unwetter mitschwingen. Es gebe sogar Identitäten, die durch eine Katastrophe gefestigt werden, meint die Reporterin. Offenbar rechnet sie auch mich zu dieser seltenen Spezies der flexibel gebauten Kolosse.

Krise? Katastrophe? Die Vokabeln, die ihr respektvoll über die Lippen kommen, gehören nicht zu meinen Lieblingswörtern. „Positives Denken“? Das Modewort schmeckt derart ausgelutscht, dass mir übel wird. Es fällt mir schwer, mich auf Taktiken zu besinnen, die mich vor dem Aufgeben bewahrt haben und die ich anderen Leuten zur Nachahmung empfehlen könnte. Bevor ich den Rezeptblock zücke und meine Mittelchen verschreibe, bestehe ich darauf, dass ich keine große Wahl hatte. Zwei Möglichkeiten blieben mir: mich aufzuhängen oder zu überleben. Zum Aufhängen fehlte mir der Mut.

Abiturrede 1978. Alles war möglich. Ich stieg auf die Bühne unserer Schul-Aula, stellte mich hinter das Lesepult und ließ mich von dreihundert Augenpaaren fixieren: Mitschüler, Eltern, Lehrer. Es war mein erster Solo-Auftritt außerhalb von Altar- und Gemeinderäumen. In selbst geschneiderten Engelskostümen oder als deplatziertes „Kind“ hatte ich mich schon öfter einem Publikum präsentieren müssen. Mit rotem Kopf, nacktem Zeigefinger und einer Gänsehaut in kratzigen Wollstrumpfhosen hatte dieses „Kind“ auf einen aufgeplusterten, zackigen Stern von Bethlehem weisen und die passenden Zeilen aus der Weihnachtsgeschichte aufsagen müssen. Mutter und Großmutter hatten darauf bestanden, dass eine Rolle im Krippenspiel immer eine große Ehre sei und nicht abgelehnt werden dürfe.

Bei der Abiturrede war es anders. Ich las meine eigene Ansprache von meinem handgeschriebenen Spickzettel, und zwar aus freien Stücken. Was ich gesagt habe? Ich weiß es nicht mehr. Meine Assistentin muss mir die Ansprache vorlesen: eine typische Abiturrede, nichts Bemerkenswertes, nur, dass man diesen Zeilen anmerkt, dass ihre Verfasserin nie unter Schulstress, Mobbing oder Leistungsdruck gelitten hatte. In der Arena, aus der ich mich mit meiner Rede verabschiedete, hatte ich alle Spielregeln beherrscht, war ohne große Mühen über die Hürden gesprungen, in die Zielgerade gelaufen und öfter als verdient auf den Siegertreppchen gelandet. Bei meinen Mitschülern muss das den Eindruck von Souveränität hinterlassen haben. Auf einige wirkte ich sogar arrogant. Bei einem Klassentreffen nach 25 Jahren meinte eine Ex-Schulkollegin, ich hätte doch immer schon „über den Dingen gestanden". Kein Ärger mit den Eltern, keine Konflikte mit den Lehrern, kein Liebeskummer. Mit derlei Kindereien hätte ich mich schon mit achtzehn nicht abgegeben. Es fiel mir schwer, sie im Nachhinein davon zu überzeugen, dass meine Gelassenheit eine Maskerade war.

Zurück zur Abirede. Hinter dem Horizont wartete jetzt etwas Neues. Als Nichtmehr-Schüler und Nochnicht-Studentinnen, mit dem Abschluss der einen und vor dem Beginn einer zweiten Ausbildungsphase waren wir alle Bewohner einer seltsamen Zwischenzeit. Was auf uns zukam, wusste niemand von uns. Aber ich zweifelte nicht eine Sekunde lang, dass es Zukunft für uns gab und dass wir noch alle Chancen der Welt hatten. Mit meiner Rede wollte ich unbedingt unseren Abiturientenstolz retten. „Natürlich ist ein Abitur, das 1978 abgelegt wird, anders als eins von vor beispielsweise hundert Jahren", stellte ich fest und registrierte überall Kopfnicken. „Aber sind wir wirklich so viel dümmer geblieben als die Schulabgänger aus grauen Zeiten?“ Vorsichtiges Kopfschütteln. Ich legte eine Pause ein, bevor ich mit meiner strategischen Pointe herausrückte. Ein paar Tage vor dem großen Tag war mir ein Artikel in die Hände gefallen, der Abiturthemen von 1878 zitierte. „Die Aufgabe für den Deutschaufsatz lautete: Warum nennt man das Glück eine Klippe, das Unglück eine Schule?“

Das aufgereihte Schmunzeln von Lehrern und Schülerinnen erhärtete die Standfestigkeit auf meinem hohen Podest. Wir waren uns einig: 1978 konnte man eine solche Themenstellung nur verachten, weil sie zu nichts als Blabla ermutigte. Die Rednerin verkündete: „Diejenigen von uns, die in Deutsch Abitur gemacht haben, hätten sich bestimmt solch ein lustiges Thema gewünscht, bei dem sie nach Herzenslust hätten schwafeln können.“

Schwafeln? Lustiges Thema? Heute urteile ich anders über die preußische Aufgabe zur Reifeprüfung. Damals blähte ich mich auf wie der Ballon, der über alle Klippen und Dornen einfach hinwegfliegen würde. Ich redete daher, als hätte ich in der Schule des Unglücks noch lange nicht mein Klassenziel erreicht.

Später wurde meine Rede in unserer Schulzeitung abgedruckt, direkt neben einer Reproduktion unseres Gruppenfotos. 110 Schülerköpfe, wie aufgestapelt vor unserem Schulgebäude. Ich stand in einer der mittleren Reihen, irgendwo am linken Rand der Gruppe. Jeder, der dieses alte Foto in die Hand bekommt, hat Mühe, mein fünfzigjähriges Gesicht mit einem der undeutlichen, konturenlosen Teller auf der Abbildung in Verbindung zu bringen. Ich war blonder als heute, ich hatte längere Haare, aber den Scheitel immer schon rechts von meinem Wirbel.

Dieses Bild stand mir vor Augen, als ich vor ein paar Jahren die Lebensgeschichte eines Menschen schrieb, in der die Sehnsucht zum Grundton wurde. Die Erzählerin redet den Protagonisten mit „Du“ an: *Du hast die Arme vor der Brust verschränkt und das Kinn vorgeschoben. Du schaust direkt in die Kamera. Du lachst. Mit dem Trotz aller Zwanzigjährigen rüstest du dich, dein Leben auf dich zu nehmen. Jedem Betrachter ist völlig klar, dass du dir dein Leben damals anders vorgestellt hast als so, wie es ist.*

Die Zukunft steht offen. Wer weiß, was wird. Wer weiß, was noch kommt.

Meine zweiten Memoiren hätte ich mit dreißig schreiben können. Ich war nicht mehr in der Lage dazu. Allen Höhenflügen meines Lebens war ein Sturz gefolgt, der kaum tiefer hätte ausfallen können. Nach dieser harten Landung streckte ich die Waffen: verloren, besiegt, den Zumutungen des frühen Lebensendes ausgeliefert. Drei Monate Hoffnung, drei Monate Sehnsucht, drei Monate Angst gingen exakt an meinem dreißigsten Geburtstag zu Ende. Was jetzt noch blieb, war nichts als ein schäbiger Rest, eine Zahlenkolonne aus lauter roten Ziffern.

Immerhin kam dieses Ende unblutig und sanft. Es war wie das Verpuffen eines Feuerfunkens, der zu klein geworden war, um noch einmal Schmerz zu entzünden. Der Abschiedskrampf löste sich. Nach den unvermeidlichen medizinischen Prozeduren zur künstlichen Lebenserhaltung meines Sehvermögens, nach Cortisonspritzen in den Augapfel, spitzen Nadelstichen in die Augenwinkel, Zertrümmerung meiner Linsen, Absaugen meiner zertrümmerten Linsen, stundenlangen Laserbehandlungen – Schüssen in die blutende Netzhaut, die nur weitere Blutungen auslösten –, operativer Entfernung des eingebluteten, getrübten Glaskörpers, Infusionen zur Drucksenkung, nach ärztlicher Zuversicht, Optimismus, Kopfschütteln, Resignation und ratlosem Achselzucken stand endlich fest, dass es kein Wiedersehen mit mir selbst und den anderen gab. Mein Gesicht würde mir in keinem Spiegel mehr begegnen, mein Horizont war zugemauert. Während meiner Geburtstagsfeier in einer kleinen, bedrückten Tischrunde lösten sich die hellen, konturenlosen Gesichter meiner Gäste auf und verschwammen in einer farblosen Suppe. Schon am Mittag dieses Novembertages hatte sich die Gestalt meiner Krankengymnastin ins Weiß zurückgezogen: ihr Kittel, ihre Haare über fleischfarbenem Stirnbrett. „Herzlichen Glückwunsch!“ Ich hatte diese Frau, die meinen Weg in die Blindheit begleitet hatte, nur noch an ihrem Akzent erkannt.

Den Abschied aus meinem Leben als Augenmensch hatte ich im Wintergarten meines Elternhauses verbracht. Drei Monate lag ich in diesem Glaskasten auf dem Rücken, streichelte meinen Kater, strich über sein Fell, seine Krallen, seine Samttatzen. Seine Schnurrbarthaare waren längst verschwunden, seine grünen Augen auch. Ich starrte durch die Scheiben des Wintergartens und beobachtete, wie die Umrisse des Kastanienbaums über meinem Kopf von Tag zu Nacht zu Tag farbloser, verschwommener, dünner wurden. Es verschwanden die Blätter, die Zweige, die Äste, der Stamm, die Krone. An meinem Geburtstag dann gab es den Baum nicht mehr, draußen keinen Garten und drinnen kein Drinnen mehr. Der Kater bestand aus Schnurren, aber das Tier sprang aus der Reichweite meiner Hand. Seit Wochen fehlten meinen Fingern die Nägel, seit Tagen sah ich keine Finger mehr. Nun schwenkte ich diesen deformierten Klumpen, meine Hand, vor meiner Nase, hin und her, hin und her, aber ich spürte nur noch einen Luftzug.

Was sieht frau, wenn sie nichts mehr sieht? Ich sehe das Nichts, versuche ich seit über zwanzig Jahren zu erklären. Dieses materialisierte Nichts, das mich umhüllt, hat eine Tiefe, ein intensiv empfundenes Blau, ohne blau zu sein. Es füllt die Lücke, die die Farbe Blau mit sich gerissen hat, voll aus; das, was bleibt, wenn die Farben sich verflüchtigen. Es ist eine schwere, berückende Anwesenheit wie der Atem von toten Hausbewohnern, der Jahre nach deren Abschied immer noch durch die Gemäuer fliegt. Ich könnte eine Mauer vor der Stirn behaupten, eine Einsperrung dicht vor den Wimpern. Aber selbst das wäre gestrotzt. Mein Ausblick ist vollkommen leer. Zwischen Gehirn und Auge ist die Leitung zerrissen: kein Sehnerv, kein Signal, keine Abstufungen in dunkel und hell. Um sicher zu gehen, ob ich meine Lider offen oder geschlossen halte, muss ich mich konzentrieren, und die Sonne muss mich stechen, um von mir bemerkt zu werden.

„Erblindung. Schrecklich muss das sein!“, stellt die Reporterin fest. Die Pause, die dadurch entsteht, ist ihr peinlicher als mir.

Ich stelle mir die dramatischen Filmszenen vor, die sich vor ihren inneren Augen abspielen und von getragenen Schlussakkorden untermalt werden. Weltuntergangsstimmung. Oder denkt sie an den blinden Kandidaten in einer Fernsehshow, der dem faszinierten Publikum vorführte, dass Farben sich anhand ihres Geruchs identifizieren lassen? „Wetten, dass ...?“

Wie unspektakulär die Dramatik einer Erblindung sich in der Wirklichkeit kleidet, kann sie nicht einschätzen. Ich jedenfalls hatte andere Probleme, als mich beim Schnuppern auf helle, dunkle oder Mischfarben festlegen zu müssen. „Wetten, dass ...“ ich den Kandidaten für einen Scharlatan hielt? Die Wirklichkeit schmeckte bitter.

Ja, das glaubt mir die Journalistin gern. Dass ein frisch erblindeter Mensch oben und unten nicht unterscheiden kann, dass er nicht mehr weiß, wo er anfängt und aufhört, wie man mit Messer und Gabel isst, all das ahnt sie nicht. Dass „Geradeaus“ in einer Welt ohne Vorwärts, Rückwärts, und Seitwärts nichts aussagt. Wie sollte sie das alles wissen? Ich habe es denen, die danach fragten, und anderen, die sich überhaupt nicht für die Blindenwelt interessierten, viel zu oft zu erklären versucht. Inzwischen gebe ich mir nur noch selten Mühe, die Augenmenschen in eine Dimension mitzuschleppen, die ihnen fremd bleiben muss.

„Unvorstellbar!“

Ich weiß. Ab und zu gelingt eine Annäherung, aber wirklich nachfühlen kann ein sehendes Auge die Blindheit nicht. Sie verkleidet sich als Dame in Schwarz und tanzt als Schreckgespenst durch einen Alptraum.

Das ist es, was alle Journalisten meinen, wenn sie von meinem „schwierigen Lebenslauf" sprechen. Wie ein vom Skizzenblock abgerissener Zettel flatterte mir mit dreißig das Leben weg. Ich wollte den kaputten Entwurf zusammenknüllen und in den Müll werfen. Aber wie fängt eine Blinde mit ihren Händen auf, was fliegt? Dazu braucht es Übung. Es braucht ein intensives Training der Koordination, nicht nur der Ohren.

Ich habe mir angewöhnt, mein fünfzigjähriges Leben in verschiedene Phasen einzuteilen: Die erste mit sehfähigen, die zweite mit blinden Augen. Mein Leben als Augenmensch hat dreißig Jahre gedauert, das Leben als Blinde ist letztes Jahr zwanzig geworden. Leben Nummer eins war der Aufstieg einer „hopeful young woman" zum besten Abitur und glänzenden Examen. Leben Nummer zwei fing mit dem halsbrecherischen Sturz ins Nichts an. Ich hatte beste Aussichten gehabt. Und jetzt? Musste um Nachsicht bitten, um Rücksicht. Ich hatte Freunde, Geliebte, Klassenkameraden. Und dann? Ich war ein überzeugter Single gewesen, lebte mit großer Freude allein in meinen vier Wänden und leistete es mir, meine Verwandtschaft lästig zu finden. Und nun?

Ich hätte gern ... Zum Beispiel meine Doktorarbeit zu Ende geschrieben. Meine Kleidungsstücke weiterhin selbstständig kombiniert.

Ich wäre, ich würde. Zum Beispiel in dem Beruf arbeiten, den ich mir ausgesucht hatte. Oder an der Uni. Oder als Leiterin einer Akademie tätig sein. Ich würde, ich hätte auch weiterhin meine Socken stets auf rechts getragen und meine T-Shirts nicht mit der Rückseite vorn.

Ich wollte noch ... Zum Beispiel meine vielen Reisefotos ergänzen. Die Oper von Sydney sehen und New York mit Lady Liberty. Etliche Bücher schreiben und eine Weile im Ausland leben. Und eines Tages ein Haus bauen, ein Auto kaufen, einen großen Hund. Und immer wissen, wie grau meine Haare inzwischen eigentlich sind. Und im Spiegel mein Pokerface unter Kontrolle halten.

Aus der Traum. Die erste Susanne konnte kommen und gehen, wann und wohin sie wollte. Die zweite hing dauernd einem anderen Menschen am Ellbogen, um sich führen zu lassen. „Wo sind wir jetzt?", fragt die zweite. „Wie lange noch?" Die erste hätte Dauer und Distanzen selbst bestimmt, die zweite muss ihre Assistenten fragen, ob und wann und wie es ihnen passen würde, einer blinden Frau die Stolpersteine aus dem Weg zu räumen.

„Schrecklich!"

Schrecklich?

Schon das Fragezeichen erregt Misstrauen. Kann es überhaupt anders als schrecklich sein? Ich selbst konnte es mir sehenden Auges nie anders vorstellen als jenes schwarz gekleidete, den Totentanz tanzende Schreckgespenst, das unsere Vorstellungen beherrscht.

Es ist anders. Aber wenn ich heute schwöre, dass mein erstes Leben nur eine Vorbereitung und erst das zweite erfüllt war, schütteln die Leute den Kopf. Wenn ich darauf bestehe, dass ich mich durch die Chance bereichert fühle, im zweiten Leben etwas völlig Neues schätzen zu lernen, jene unsichtbare Dimension unserer Welt, glauben sie der armen Blinden kein Wort. Das sei nur die Schönrederei einer Verzweifelten, denken sie, Kompensation, Sublimierung. Irgendwie müsse man sich ein Leben, das gescheitert ist, zurechtbiegen.

„Sprechen wir von Konstanten!"

Befehl der Reporterin, die zur Bauweise von Wolkenkratzern zurückkehren möchte.

„Freunde, Verwandte, Begabungen. Zwischen Ihrem ersten und Ihrem zweiten Leben muss es Konstanten geben", sagt die

Reporterin. „Es müssen Verbindungsstränge von Leben Nummer eins zu Leben Nummer zwei führen, die durch die Erblindung nicht einfach geknickt und um 180 Grad gedreht werden konnten."

Ich zeige in die Richtung eines Regals mit meiner Fotogalerie. Dort steht das Bild von einem Klassentreffen, 26 Jahre nach dem Abitur. Eine deutlich reduzierte Gruppe trägt gelassen an Geheimratsecken, Stirnglatzen, Rundungen, grauen Haaren und Falten. Nicht jeder ist wiederzuerkennen. Auch die Lücken, die ein Vierteljahrhundert reißt, spiegeln sich in den suchenden Augen der Überlebenden wider. Ein paar von uns sind uns verlorengegangen; im Auto verbrannt, an Krebs krepiert, ermordet, Herzinfarkt mit vierzig.

Ich stehe fast in der Mitte: Susanne mit Stock und mit Blindenbrille, Susanne mit einem aufgerissenen Mund, der das Lachen, das sie von ihrem Vater geerbt hat, in Richtung Kamera schickt.

Stimmt es also doch? Bin ich eine Überlebenskünstlerin?

KAPITEL 2
BESUCH AUS AMERIKA

Ich erwarte Besuch aus Amerika. Seit Wochen schicke ich denselben Satz via E-Mail durch meine kleine Welt: Nach sage und schreibe 32 Jahren Deutschland-Abstinenz, schreibe ich, nach diesem Bruchteil einer Ewigkeit wolle meine amerikanische Freundin ihren Fuß auf deutschen Boden setzen und deutsche Weihnachten mit mir feiern. „Das wird spannend!“, habe ich allen Bekannten versichert.

Spannend: Das Wort passt nicht zu dem Magenflattern, mit dem ich seit über zwei Stunden auf Marys Ankunft in Frankfurt warte. Der Flieger aus Chicago ist längst gelandet, aber ein nächtlicher Wintereinbruch hat das Gepäckband auf Eis gelegt. Die Passagiere diesseits und ihre Abholer jenseits des Zolls werden um Geduld gebeten. Ob wir uns überhaupt wiedererkennen? In jedem Gepäckstück, das Mary aus einem anderen Kontinent in meine Wohnung tragen wird, steckt ein Stück aus meinem ersten Leben. Halte ich es aus, wenn diese Altlasten sich zwischen uns drängen? Jeder Satz in ihrer Muttersprache wird mich erinnern, wie gut mein Englisch einmal war. Es ist holprig geworden, aber mit diesem Verlust kann ich leben. Was wichtiger ist: Verstehen Mary und ich uns noch? Gibt es einen Persönlichkeitskern, dem 32 Jahre Leben nichts anhaben können, der resistent gegen Faltenbildung und Fettansatz, gegen alle Verwesungsprozesse und Neuanfänge bleibt?

Endlich kommt die Abfertigung wieder in Gang. Menschen mit Rucksäcken und Koffern strömen vom Zoll in die Halle und lassen sich in die Arme ihrer Abholer fallen. Mein Vater spricht zwei Amerikanerinnen im passenden Alter an: „Bist Du

Mary?" Fehlanzeige. Erst bei der dritten Adressatin erntet er das erhoffte Lächeln. „Ja, ich bin's."

Sie stellt Koffer und Rucksack hinter sich auf den Boden.

Umarmung. Ist es das, wovor ich mich gefürchtet habe? Mary fühlt sich weicher und wärmer an als früher. Ich hoffe, dass auch meine Schroffheiten sich abgeschliffen haben. Ihre Stimme, immer noch ohne amerikanische Schrillheiten, ist nachgedunkelt, aber unbelastet von Altersschlacken. Auch ihre Schritte sind so lautlos wie mit neunzehn, obwohl ihre Füße, wie ich bald erfahre, in orthopädischen Schuhen stecken und längst kein Leichtgewicht mehr bewegen.

Als wir am nächsten Morgen am Frühstückstisch sitzen, juckt es mir unter der Zunge, die alte Freundin zu fragen: „Sehe ich anders aus? Sieht man mir unser Alter an?" Aber ich verbeiße mir meine eitle Neugier. Nach zwei, drei Tagen kommt eine Bemerkung, die mich erleichtert: Ich lache viel öfter als früher, stellt Mary fest. „Wirklich?" Ich nehme das als Kompliment. „Kein Wunder", gebe ich zu. „Ich bin viel glücklicher als früher."

Marys Besuch war als Geschenk meiner Eltern zu meinem 50. Geburtstag vorgesehen gewesen. Die Freundin aus Amerika wäre als Überraschungsgast auf meiner Feier aufgetaucht: Eher ein Schock als eine Überraschung? Als Weihnachtsgeschenk, auf das ich mich vorbereiten konnte, gefällt uns beiden die Idee viel besser.

Ich erzähle ihr von meinem großen Fest zum halben Jahrhundert. Achtzig Gäste hatte ich um mich geschart. Es waren Verwandte und Freunde aus vier Generationen, und ich war stolz, dass auch ein paar Schulfreundinnen dazugehörten. „Treue Seelen", so nennt man die standfesten Charaktere, die sich über mindestens 35 Jahre durch nichts von meiner Seite vertreiben ließen. Wir stießen auf die Vollendung eines Lebensjahrs an, von dem niemand geglaubt hatte, dass ich es je erreichen würde. „Zum Wohl! Auf alle Lebenslieben und ewigen Freundschaften, alle Durchhalterinnen und Festhalter, Unenttäuschbare, Unbeirrbare, auf alle, die fünfe gerade sein lassen, verzeihen und sich versöhnen können!"

Der Subtext meiner Dankesrede war an die Ex-Freunde gerichtet, an alle, die mir in den Jahren abhanden kamen. Obwohl kein einziger Stuhl im Saal leer blieb, spürte ich die Lücken. Auf einer dieser Leerstellen saß Mary, dachte ich; irgendwann verloren gegangen, für immer vermisst.

Wir lernten uns 1976 als Teilnehmerinnen an einem Schüleraustausch kennen. Am 4. Juli, genau am Tag des zweihundertjährigen Jubiläums der amerikanischen Unabhängigkeit, flog ich das erste Mal im Leben über den großen Teich, um einen Sommer in Janesville, Wisconsin, zu erleben. Großes Abenteuer! Ich war sechzehn. Wie viele Jugendliche zählte ich mich zu den Unsterblichen. Meine Erwartungen an die Zukunft waren spätpubertär unverschämt.

Um vor der Reise mein Englisch noch ein bisschen aufzumöbeln, meldete ich mich für einen Konversationskurs in der Volkshochschule an. Eines Abends sollten alle Teilnehmerinnen erzählen, wie wir uns unsere Zukunft vorstellten. An welchen bekannten oder noch unbekannten Wohnorten sollte sich unser Leben fortsetzen, im Ausland oder im Inland, mit oder ohne Ehepartner, mit oder ohne Studium, mit oder ohne eigenem Haus?

Noch heute höre ich mich mit meiner Antwort über alle Grenzen fliegen: In einer Großstadt fern der Heimat würde ich studieren, vielleicht in München, aber auch für mindestens ein Jahr ins Ausland gehen, vielleicht nach Harvard, ganz bestimmt aber mit einem Stipendium in der Tasche. Nach dem Studium wollte ich mal hier, mal dort in der großen, weiten Welt Spuren hinterlassen, ob mit oder ohne Familie, war doch egal. Mindestens promovieren wollte ich, ach was, warum nicht gleich die

Habilitation! Und nebenbei, wie zur Entspannung, würde ich Romane schreiben. Zwei, drei fertige Manuskripte warteten in meiner Schublade bereits auf einen Verlag.

„Stop! You want to do everything, don't you?" Der Dozent hatte Recht. Ich wollte überall leben, alles Mögliche tun und schaffen, beanspruchte jeden Winkel der Erde für meine Ideen und mich, wollte die Welt verbessern, wollte mir alles und jeden untertan machen, gierig und skrupellos und dumm.

Achtung, hier komme ichichich! Der Moment, als der Flieger von der Rollbahn abhob, war mir wie ein Sprung in den Himmel vorgekommen, einen Himmel, der in Deutschland, in dem kleinen Unna, in dem Kuhdorf, in dem ich aufgewachsen war, keinen angemessenen Thronsessel für mich reserviert hielt. Schon flog ich in Chicago ein, über Wolkenkratzern, mehrstöckigen Kleeblatt-Kreuzungen, landete auf dem verkehrsreichsten Flughafen der damaligen Welt; alle zwei Minuten ein Start, eine Landung.

Nichts schüchterte mich ein. In Janesville waren alle Partys zur Zweihundert-Jahr-Feier in vollem Gang, als ich kam. Ich verstand solche „nationale Begeisterung" nicht. Was sollte das alberne Gewedel mit Pappfähnchen, dieser penetrante Applaus für Stars, Stripes und Uncle Sam? Eine Straßenparade wie in Disney World, und selbstverständlich die Nationalhymne. Selbst Mary summte mit. Als die Mutter meiner neuen Freundin mich fragte, ob wir in Deutschland etwa nie unsere Hymne sängen, nicht in der Schule, nicht zum Auftakt und Abschluss von Feierlichkeiten, nicht in der Kirche, schüttelte ich in arroganter Hochachtung vor der missglückten deutschen Geschichte den Kopf. „Deutsche sind nicht stolz auf ihr Land. Nie! Wir singen unsere Hymne nicht und hängen unsere Flaggen ganz selten auf, schon gar nicht in der Kirche."

Sprach es und stellte die eigenen Auffassungen nie in Zweifel. Deutsche sahen schon in der Spätpubertät sehr erwachsen aus. „Sixteen? You´re kidding!" Nein, deutsche Mädchen in diesem Alter trugen keine Shorts. Sie schalteten nicht schon vormittags den Fernseher an und fanden die Spielshows, durch die sie die Alltagssprache der Amis lernten, primitiv.

Deutsche rümpften ihre Näschen über das ach so verschulte Collegestudium und bezeichneten es als unakademisch. Deutsche sprachen über den Smalltalk auf amerikanischen Partys das unvermeidliche Todesurteil – „Oberflächlich!“ – und antworteten auf die Frage „How do you like America?“ nie mit „Great!“, sondern in differenziert zögernder Verhaltenheit. „Well ...“ Deutschen fiel nicht auf, dass sie unhöflich waren.

Und so weiter. Meine Gastfamilie wunderte sich über diese Deutsche, gab aber keinen Kommentar zu all den Vorurteilen, die ich bestätigt sehen wollte. Sie korrigierten auch meine deutsche Handhabung von Messer und Gabel nicht, sondern sahen amüsiert zu, wie ich eisern Stück für Stück meines Steaks abschnitt und den Bissen mit Links zwischen die Zähne schob. Alle Amerikaner um den Tisch herum schnitten ihr Fleisch in kleine Stücke, legten das Messer zur Seite und nahmen die Gabel in die rechte Hand. „Du dachtest, das sei barbarisch!“

Mary lacht. „Du warst überzeugt, wir hätten keine Tischmanieren gelernt.“

Wenn ich später meinen Mitschülern von diesem Sommer in der Provinz vorschwärmte, klagte ich über den Smog von Chicago. Ich gab damit an, dass wir die Autotüren von innen verriegelten, als wir durch das Ghetto fuhren, über das Elvis Presley eine Schnulze gesunden hatte. Mit dem „Museum of Science and Industry“ besuchte ich die erste interaktive Ausstellung meines Lebens und fand sie sensationell. Ich durchwanderte ein hundertfach vergrößertes Menschenherz, ein Plastikmodell, in dem man Venen wie Röhren umschlingen, Arterienwände betasten konnte.

Was ich niemandem erzählte: dass ich manchmal Heimweh gehabt hatte. Dass ich täglich auf Post von meiner Mutter wartete. Dass mir meine eigenen Eltern aus dem Abstand erstaunlich tolerant vorkamen, besonders nachts.

Mein Besuch aus Amerika ist in mein Gästezimmer eingezogen. Von hier oben hat Mary die perfekte Aussicht über die Dächer unseres mittelalterlichen Stadtkerns. Unna gefällt ihr gut. Ich brauche keine Erklärungen aufzuwenden, warum ich aus der Studentenstadt Münster in meinen Geburtsort zurückgekehrt bin. Ich kannte Unna noch aus der Schulzeit. Es ist eine Umgebung, die ihre Strukturen innerhalb eines Menschenlebens nicht wesentlich ändern kann. Der Grundriss bleibt. Was wechselt, sind die Fahrtrichtungen und Dekors. Ab und zu wird in der Fußgängerzone eine Fassade erneuert oder eine Etage aufgestockt: Schöne Motive für die Kamera einer Touristin.

Mary ist Innenarchitektin, ein Augenmensch. Sie bewegt sich also mit professionellem Blick durch meine Wohnung. Ihrem kritischen Blick entgeht so schnell kein Detail. Schon 1977, als sie einen Sommer in Deutschland verbrachte, sammelte sie alles, was sie an Kunst und Kultur zu sehen bekam, und notierte jede Beobachtung in ein Tagebuch. Übernimmt jetzt die Digitalkamera das Speichern von Erinnerungen?

In meinem Wohnzimmer, im Arbeitszimmer, ja sogar in der Küche macht es „Klick".

„Gefällt es dir?"

„Etwas farblos", meint sie. Ich lache laut auf.

„Überall Bücher!", ergänzt sie rasch. „Überall diese kleinen Modelle und Figuren."

Ich weiß, dass sich viele Besucher über die vollen Regale wundern, genauso wie über meine Drucke und meine Fotogalerie. Einen Lebensraum ohne Bilder und Bücher kann ich mir nicht vorstellen. Um mich wohl zu fühlen, muss ich die Gegenwart der Dinge spüren, muss merken, dass die Einbände meiner Bücher und CDs mich vertrauensvoll anatmen.

Mit der Bibliothek im Gästezimmer oben hat es noch eine besondere Bewandtnis. Sammeln und ordnen, sortieren und abheften, erfassen, etikettieren und katalogisieren: Irgendwie kam es mir immer schon darauf an, in meinem Leben aufzuräumen und seinen roten Faden zu dokumentieren. Vor ein paar Jahren gewann mein Ordnungscharakter die Oberhand und zwang mich, hier oben unter dem Dach ein Archiv einzurichten. Meine gesammelten Werke beanspruchten lautstark einen würdigen Platz. Dossiers, Buchrücken und Kassetten mit Belegexemplaren, penibel nach Jahrgängen sortiert, laden meine Gäste ein, im Schnee von gestern zu stöbern.

Was Mary mehr interessiert als meine ersten holprigen Gedichte und schlecht lektorierten Broschüren sind die Fotoalben, die ich ebenfalls hier gelagert habe. Sie quellen über von Reisebildern, Postkarten, Tickets und handschriftlichen Kommentaren, lauter angestrengten Versuchen, meine Eindrücke von einer sich öffnenden Welt zu konservieren. „Amerika 1976“: Weiß sie, wie wichtig dieser Schritt ins Erwachsenwerden für mich war, wie dankbar ich ihrer ganzen Familie für die Brücken bin, die sie mit mir in die Neue Welt überschritten hatten? Die Schwester in Nordkalifornien, den Bruder in San Diego. In den achtziger Jahren habe ich alle an ihren neuen Wohnorten besucht und wusste inzwischen, dass Smalltalk und Oberflächlichkeit nichts miteinander zu tun haben. „Kalifornien 1980“: Ja, es zog mich immer weiter nach Westen. Mary und ich entdeckten San Francisco und ich, wie ein Kommentar festhält, meine „pazifischen Gefühle“. Sie entstanden nicht nur durch die Sensation der kalifornischen Küstenlandschaft, sondern vor allem durch das Gefühl grenzenloser Freiheit, das mich zum ersten Mal allein über den Großen Teich, allein über den amerikanischen Kontinent, allein von meiner „Bed-and-Breakfast“-Unterkunft durch die Stadtteile getrieben hatte. Ich kam in dieser Fremde bestens zurecht; allein. Ich wusste, wo ich einkaufen konnte, ich sprach mit den Nachbarn, als hätte ich das Haus meiner Gastgeberin für Monate gemietet, als sei ich überhaupt eine Beinahe-Einheimische. Ich benutzte die Elektrobusse. Ich winkte ab, wenn ich auf der Straße Hasch oder Marihuana angeboten bekam. Ab und zu suchte ich Mary und ihre Schwester in dem Bürogebäude auf, in dem sie diesen Sommer arbeiteten. Wir kauften uns einen „salad to go" und verzehrten ihn unter freiem, pazifischen Himmel.

Unvergessener Nebel über der Bucht. Wie eine Schlange windet er sich zwischen den Pfeilern der Golden Gate Bridge hindurch und teilt die Landschaft in ihre klare und in ihre verhüllte Seite.

Mary hat die Wälzer vom Regal gezogen, und wir üben das Erinnern. „USA 1986", „USA 1989". Seltsam, wie unterschiedlich die Details des Gedächtnisses sind, auf die wir zurückgreifen. Es geht um gemeinsame Tage und geteilte Zeit. Aber die Deutsche erkennt amerikanische Orte wieder, die Amerikanerin redet von Stationen einer Deutschlandreise, die nicht nur in meiner Albensammlung eine Lücke hinterlassen hat.

„Bingen? Waren wir wirklich in Bingen?"

Wir stellen die Fotos zurück. Ich taste in der linken Ecke des Regals herum und schnappe mir ein Exemplar meiner ersten Veröffentlichung. „Leben, beten, meditieren", heißt das Buch. Es ist eine Anthologie aus dem Jahr 1975. Wahrscheinlich ist der Einband verblasst und das Papier längst gelblich geworden, aber in dem Privatarchiv meines Hinterstübchens hat sich der Titel als feuerrotes Paperback unter schneeweißen Buchstaben erhalten. Der Buchrücken fühlt sich makellos an, so, als hätte ich meine kostenfreien Belege nie durchgeblättert. „Erinnerst du dich?"

Mary weiß, was ich meine. Dieses schmale Buch habe ich ihr 1976 als Gastgeschenk mitgebracht.

„Leben, beten, meditieren." Hinter lauter Professorentiteln erschien mein Beitrag als Anhang, überschrieben mit „Jugendliche äußern sich" und unterschrieben mit meinem Namen. Mein Originaltitel muss unter den redaktionellen Schreibtisch gefallen sein, und im Gegensatz zu den Professoren waren den „Jugendlichen" auch keine Honorare für ihre Äußerungen gezahlt worden.

Egal. Ich hatte es geschafft! Ein Konvolut von Geschichten, das ich über einer bunten Verlagslandschaft verstreut hatte, war nicht mit dem üblichen, freundlich entschiedenen Ablehnungsschreiben zu mir zurückgekehrt, sondern mit einer „Einladung zur Mitarbeit". Als ein paar Wochen später die Packtasche mit den Belegen im Briefkasten steckte, trommelte mein Herz einen Triumphmarsch. Kein Kollege meines Vaters würde sich je wieder das Lachen verbeißen, wenn ich ihm erklärte, ich schreibe ein Buch. Hier war der Beweis! Mein literarischer Ehrgeiz war kein Größenwahn, sondern manifestierte sich in einem schwarz auf weiß gedruckten Namenszug zwischen zwei Buchdeckeln. Aus einer versponnenen Stubenhockerin war eine Jungautorin geworden, und dieses verkannte Genie kaufte ein halbes Dutzend Exemplare der Anthologie, um sie als gedruckte Existenzberechtigung an ihre Verwandten und Lehrer zu verteilen.

Auch meiner amerikanischen Gastfamilie hatte ich das Büchlein gleich nach meiner Ankunft überreicht. Man dankte höflich. Außer Mary konnte niemand mit einem deutschen Text in einer deutschen Publikation etwas anfangen, aber das kümmerte die stolze Jungautorin wenig. Gespannt wartete ich auf Marys Kommentar. „Touching!", sagte sie endlich. Meiner Freundin Ulla, der ich natürlich ebenfalls die Lektüre meines „Erstlings" zumutete, war nicht so berührt gewesen. „Das war aber doch alles ganz anders!", war alles, was ihr zu der Geschichte eingefallen war.

„Leben, beten, meditieren"? Das fromme Motto hat nie zu mir gepasst. Nie hatte ich gebetet oder gar meditiert, ohne mich durch ein Jucken im Hals, einen Druck in der Blase oder die gierige Vorfreude auf eine Süßigkeit ablenken zu lassen. Ich hatte mich auch nie „andächtig" aufgeführt, wie meine Großmutter mein stilles Wohlverhalten im Gottesdienst kommentierte. Ich ging nicht mal besonders gern zur Kirche und fand die Gotteshäuser höchstens als Touristin erlebenswert. Ich erinnere mich an den Erlebnisbericht einer fünfzehnjährigen, betend meditierenden Schülerin wie an eine Lügengeschichte.

Meine Assistentin legt das Buch auf den Scanner und biegt den Papp-Einband auseinander, bis der Buchrücken knackt. Der Scanner brummt sonor, vereinnahmt die verschämte Sinnsuche einer Fünfzehnjährigen zu einem Maschinen-Stottern, ein Texterkennungsprogramm schüttelt die Buchstaben durch und transportiert sie in neuer Schrift auf den Bildschirm. Per Knopfdruck wird die Sprachausgabe zum Vorlesen befreit: „Jugendliche äußern sich", leiert es durchs Zimmer. „Vera", wie der Hersteller die Kunststimme genannt hat, trägt ihren Namen zu Recht, arbeitet die eintönige Dame doch die Wahrheit heraus, dass diese gedruckten Zeilen sich weit entfernt von einem literarischen Fräulein Wunder bewegen. Ein Schulaufsatz, mehr nicht. „Was ich in London erlebt habe, als wir auf Klassenfahrt waren."

Das Nachlesen dieser Geschichte würde mir nichts als peinlich sein, habe ich gedacht. Eine ambitionierte Erzählerin habe sich ein spirituelles Erlebnis zusammengesponnen, um ihr ganz unspirituelles Ich in die Öffentlichkeit zu katapultieren. Eine Fälschung, dachte ich, ein Fake. Aber was ich nach so vielen Jahren zum ersten Mal wieder zur Kenntnis nehme, ist keine Lügengeschichte. Mein angebliches Erlebnis in der St. Paul's Cathedral war zwar erfunden; nie hatte ich in der Kuppelkirche zu beten versucht, und nie war ich dadurch beschämt worden, dass meiner besten Freundin eine fromme Geste gelang, mir aber nicht. Das Lied von Elvis Presley, das die Fünfzehnjährige zitiert, hatte ich erst Wochen nach der Rückkehr aus London zum ersten Mal übersetzt. Alles pathetisch. Alles stilisiert? Am Schluss ihrer übertriebenen Selbstvorwürfe bekennt die Ich-Erzählerin sich dann jedoch zu meiner ehrlichen Meinung, dass derartige Bekenntnisse gar nicht nötig sind, um sich als Christin zu fühlen. Mein Glaube hat nie ein öffentliches Beten oder eine kontemplative Versenkung gebraucht, um Glaube zu sein.

Ätsch. Erlöst steht die Erzählerin auf und verlässt das Gotteshaus, ohne sich je wieder nach Andacht und Ruhe zu sehnen. In eine Neuauflage des Sammelbandes würde ich einen herzhaften Biss in ein Butterbrot schmuggeln, um meinen Lesern das befreite Gefühl schmackhaft zu machen, das die Ich-Erzählerin aus dem sakralen Raum in den Alltag einer Klassenfahrt zurücktrieb. Wäre das Fälschung?

„Als du das erste Mal bei uns warst, dachte ich, dass du eine gute Pastorin werden würdest. 1977, in Deutschland, dachte ich das nicht mehr."

Wann hat Mary mir das gesagt? Die Bemerkung verletzte mich. Sie fasste sämtliche Missstimmungen zusammen, die unseren zweiten gemeinsamen Sommer zu einer zähen Geduldsprobe ausgedehnt hatten. Hier in Deutschland fielen Unterschiede ins Gewicht, die in Janesville, Wisconsin, keine Rolle gespielt hatten. Mary fand zum Beispiel wenig bis gar kein Vergnügen an den ausgedehnten Kaffeeklatschen mit meinen Schulfreundinnen. Wir trafen uns regelmäßig rund um einen Kuchen, den eine unserer Mütter gespendet hatte, zogen unsere Mitschülerinnen durch den Kakao, lachten bis zum Bauchschmerz. Mary urteilte uns wohl alle als reichlich albern ab, steigerte sich aber besonders heftig in eine Antipathie gegen meine Freundin Claudia hinein. Dass diese junge Frau wie eine Comicfigur reden und auf Zehenspitzen rennen konnte wie Otto Waalkes, minderte die schroffe Ablehnung durch die Amerikanerin nicht. „Ich hasse Claudia." Was hatte Claudia ihr getan? Sie sprach etwas laut, zugegeben, und sie war jähzornig, was sie zu unser aller Kopfschütteln manchmal an ihrem Mofa ausließ. Marys Kommentar: „Ich hasse Mofas!" Dabei hatte ich mir alle erdenkliche Mühe gegeben, einen rollenden Untersatz für Mary zu organisieren, damit sie mit mir und uns anderen Mofafahrerinnen die große Freiheit des Fahrtwindes genießen konnte, bei spontanen Spritztouren über die Dörfer. Fehlanzeige. Mofafahren in Deutschland machte einer Amerikanerin Angst, und wenn Claudias Gefährt wegen defekter Zündkerzen seine Besitzerin zu Wutanfällen trieb, winkte sie verächtlich ab. „Lächerlich."

Was Mary wirklich Spaß machte, war etwas ganz anderes. Sie freute sich jedes Mal auf die nachmittägliche Teestunde mit meiner Mutter und meiner Großmutter. Die drei schaufelten Kandiswürfel in ihre gemusterten Teetässchen, gossen den Tee aus der gemusterten Kanne dazu, rührten ein Löffelchen Sahne in die Brühe, fütterten sich und den Hund mit Keksen und redeten übers Handarbeiten. „Lächerlich" fand ich das und schwang mich allein auf meinen Mofasattel, um Claudia abzuholen und den Rest des Nachmittags mit ihr in der Eisdiele zu sitzen, zu lästern, Zigaretten zu rauchen. Für diese Genüsse, die ich für die wahren Höhepunkte des Daseins hielt, hatten weder meine Familie noch Mary einen Sinn.

Mit siebzehn war ich schwierig und permanent auf Opposition. Ich weiß noch genau, wie überlegen ich mich fühlte, wenn ich mich aus dem Wohnzimmer von meinen Eltern und ihrem Fernseher zurückzog und mich in meinem Zimmer einsperrte: einsam, unverstanden, auf einem holprigen, aber dem richtigen Weg. Ich hockte mich in den Fensterrahmen, steckte mir eine Zigarette an und blies den Rauch aus meinem Grübelkopf in Richtung Ruhrtal und Sauerland. Im Chor mit Joan Baez, deren Platten ich rauf und runter hörte, sang ich Klagelieder über die Ungerechtigkeit des Lebens und die skandalösen Zustände der Welt. Mal ließ ich mich von dieser Stimme in Euphorie schaukeln, mal landete ich in Zerknirschung. Wenn überhaupt jemand meine Gefühle und mich verstand, dann Joan Baez.

„Frustration" hieß die Erzählung, die ich in einer Nacht, die sich an eine rauchgeschwängerte Konferenz mit der Folk-Sängerin angeschlossen haben muss, zu Papier brachte. Der Titel brachte meinen Gemütszustand hemmungslos auf den Punkt: Es war die Abrechnung einer einsamen Seele mit allen feindlichen Mächten, durch die sie sich beengt fühlte, Eltern und Freundinnen eingeschlossen. Ich projizierte allen Überdruss, den mir der banale Alltag bereitete, in einen männlichen Protagonisten, der sich ebenso fehl am Platz fühlte wie ich.

Zum Teil hatte meine schwankende Laune mit den glühend heißen, eiskalten Wechselbädern meiner unglücklichen Liebe zu tun. Es kam aber noch etwas ganz anderes hinzu: Heute vermute ich, dass sich im Sommer 1977 bereits meine Gesundheit verabschiedete, ohne dass ich Symptome bemerkte. Ich fühlte mich beschwerdefrei unwohl in meiner ausgepolsterten Haut. Ich hatte zugenommen, und neuerdings fiel mir der Sportunterricht schwer. In dem ständigen Bemühen um Gewichtsabnahme hungerte ich vor mich hin und wurde immer gieriger, während Mary – damals sehr mager – aus freien Stücken immer nur eine einzige Kugel Zitroneneis „ohne Sahne" bestellte. Auch sie hatte natürlich bemerkt, dass ich seit dem letzten Sommer Speck angesetzt hatte. „Your face has changed a lot!", stellte sie fest. Ich fasste das als Beleidigung auf, vielleicht sogar als Ablehnung.

Dreißig Jahre später zieht Mary mein Abiturfoto aus dem Regal. Obwohl sie 1977 für ein paar Wochen mit mir zur Schule gegangen ist, kommt ihr kaum ein Gesicht aus dieser gewaltsam gezähmten Horde bekannt vor. „Wo ist Claudia?" Ich erinnere mich nicht. „Wo ist Ulla?" Keine Ahnung. Ich selbst muss in einer der mittleren Reihen zu finden sein.

„Da!" Mary hat mich gefunden, mittelblond und mit dem Scheitel rechts von meinem Wirbel. Ich stehe neben meiner Schulfreundin Sabine, die immer schon ein Stück größer, ein Stück erwachsener und ein Stück vernünftiger war als ich.

„Und Ulla? Und Claudia?"

Ach, Claudia. Diese Freundin wurde das erste Opfer meiner schriftstellerischen Skrupellosigkeit. Ich hatte die problematische Seite ihres Charakters karikiert, indem ich sie in eine Figur meiner Erzählung „Frustration“ einzeichnete. Neben meinem frustrierten Protagonisten schlenderte ein „Claus“ durch den gemeinsamen Schüleralltag und trug nicht wenig zu seinem Überdruss bei. Dieser „Claus“ diente als Gegenentwurf zu „Stefan“, wurde von ihm um seine sexuellen Erfahrungen beneidet, zugleich aber verachtet. Er redete wie eine Comicfigur, erfand Spitznamen für all seine Freunde, brüstete sich mit seinen Liebesabenteuern. Wer Claudia kannte, musste, wenn er meine Geschichte über „Claus“ las, zwangsläufig schmunzeln.

„Sag bloß, du hast das gar nicht gemerkt!“

Ich war überzeugt gewesen, Claudia hätte meine literarischen Verkleidungen von Anfang an durchschaut. Aber das hatte sie nicht, und als sie endlich dahinter kam, konnte sie ganz und gar nicht über das Bild schmunzeln, das ich, „frustriert“, wie ich mit siebzehn gewesen war, entworfen hatte. Sie fühlte sich verraten und verkannt und kündigte mir mit einer Verspätung von über fünfzehn Jahren eine Freundschaft, die sogar meine Erblindung überstanden hatte.

Ich bekam keine Chance, die komplizierten Beziehungen zwischen Leben und Literatur auseinanderzupflücken. Claudia hat mich nie wieder besucht.

„Siehst du überhaupt nichts?”

Die Frage kommt aus ihr heraus wie ein Schuss. Wie oft bin ich das gefragt worden, und wie oft blieb den Fragern die Frage im Halse stecken! „Können Sie gar nichts sehen? Überhaupt nichts, restlos nichts, nicht mal dunkel und hell, nicht mal Schatten, nicht mal den Schatten des Schattens?“

Wie oft habe ich diese ungestellten Fragen zitiert und zu beschreiben versucht, wie jedes Wort einen Graben aufreißt, einen klaffenden Riss zwischen der Welt eines Augenmenschen und mir. Was die meisten Leute außerdem noch wissen wollen, braucht Mary nicht zu fragen. Sie weiß: Nein, Susanne ist nicht von Geburt an blind. Sie kennt eine sehende Susanne. Sie erinnert sich an deren blaue Augen hinter der Brille. Sie hat das Foto des Augenmenschens Susanne vor dem Grand Canyon betrachtet und mit „Gott, siehst du da jung aus!“ kommentiert.

„Siehst du überhaupt nichts mehr?“

Als könne Mary es immer noch nicht recht glauben. Aber ihrer Stimme fehlt, als sie sich erkundigt, die hysterische Note des blanken Entsetzens. Das ist eine gute Grundlage, wie ich finde. Darauf lässt sich eine alte Freundschaft zu etwas Neuem aufbauen.

KAPITEL 3
EINE KRANKHEIT ZU HABEN

Abitur 1978. Wenn ich heute an die Abschlussfeier denke, fällt mir außer der Premiere als Rednerin der Satz ein, mit dem mein Religionslehrer mich in den neuen Lebensabschnitt entließ. „Ich wünsche Ihnen viele reale Erfahrungen!“, hatte mein Lieblingslehrer gesagt und meine Hand länger festgehalten als nötig. „Sie haben die Kraft, sie sprachlich zu verarbeiten.“

War das ein Kompliment? Mit den sprachlichen Fähigkeiten spielte er vielleicht auf die gerade gehörte Rede und die Klippen des Glücks an, oder er meinte meine Aufsätze, für die er mir in den Klausuren glänzende Noten erteilt hatte. Jedes Thema hatte ich als eine Chance genutzt, meine Gedanken frei über den Klassenraum hinaus fliegen zu lassen, zu einem geordneten Bündel zu straffen und in eine gut gegliederte Abhandlung zu kanalisieren. Ich wollte Theologie studieren, und nicht zuletzt hatte ich im Religionsunterricht dieses Lehrers das Denken gelernt.

Wie eifrig ich mich auch in puncto Realitätserfahrung noch als Musterschülerin erweisen sollte, konnte der Mann nicht ahnen. Immer, wenn ich an seine Formulierung denke, werde ich den Verdacht nicht los, dass er mit „realen Erfahrungen“ ein paar Dämpfer gemeint hat und dass er solche für nützlich, wenn nicht gar für nötig hielt.

Eigentlich hatte ich genau solche Zugriemen kürzlich erst angelegt bekommen, ein paar Wochen vor Beginn der Prüfungen. Ohne Vorwarnung war ich von der schulischen Bildfläche verschwunden. Stufenleiter und Vertrauenslehrer trugen mir etliche Unterlagen, die ich noch unterzeichnen musste, in die Privatstation des Krankenhauses nach. Kaum war ich aus dem Alptraum einer Intensivstation erwacht, unterschrieb ich diese Papiere und war dankbar. Nach der panischen Vorstellung, womöglich meine Klausuren nicht schreiben zu können, wandelten alle Helfer, die die bürokratischen Hindernisse für mich aus dem Wege räumten, in der Aura eines Erlösers durch die Klinikflure. Einzig und allein, dass ich rechtzeitig entlassen wurde, um in der schulischen Finalrunde mit allen anderen an den Start gehen zu können, zählte.

Und die Diagnose? Weggeschoben. Und die Zeit, die ich mich durch qualvolle Symptome geschleppt hatte?

An diese Wochen Anfang 1978 erinnere ich mich ungern. Ich war im Sportunterricht zusammengebrochen. Mein Atem roch sauer. Kurzatmig war ich geworden, dauerdurstig, schmal, vor allem unausstehlich für meine jeweilige Umgebung. In den beiden Wochen, in denen ich mich zusammen mit meinen Freundinnen im Ferienhaus meiner Eltern auf die Prüfungen hatte vorbereiten wollen, war mein Zustand untragbar geworden. Ich wanderte zwischen Bett und Toilette hin und her, gejagt wie ein Wüstentier auf der Suche nach Wasserstellen. Spaziergänge am Meer? Muschelsuchen im Watt? Ich sah mich nicht in der Lage. Die anderen jungen Frauen zeigten mir den Vogel. Sie schienen sich gegen eine Susanne zu verschwören, die täglich vier Liter französisches Mineralwasser trinken wollte. Statt ständig frische Getränke heranzuschleppen, füllten sie die hastig geleerten Plastikflaschen mit Leitungswasser auf und lachten sich krumm, wenn ich den Betrug nicht bemerkte. Bemerkte ich ihn doch, kam ich mir verraten vor. Die Welt um mich herum wurde rest- und ausnahmslos feindlich.

Der Knoten war geplatzt, der ewige Durst gelöscht. Nicht ohne Reue besuchten mich meine Ex-Feindinnen im Krankenhaus und waren wieder Freundinnen. Der Rahmen, aus dem mein Leben gefallen war, hing an der alten Stelle, und ich bemerkte nicht, dass mein Portrait daraus verschwunden war.

Es war mein erstes Mal Krankenhaus und ich eine gehorsame Patientin. Mir wurde viel Bewegung verordnet. Also legte ich meine Papiere regelmäßig zur Seite, um treppauf, treppab zu rennen, durch alle Gänge, über alle Stationen. Ich saß jeden Tag ein paar Minuten in der Kapelle und starrte auf das Kreuz. Habe ich auch gebetet? Dutzende Male rannte ich an den breiten Türen der Unfallambulanz vorbei, hinter denen mein Bruder gestorben war. Acht Jahre war das jetzt her. Das Bild von einer Trage, auf dem eine Kinderleiche abgedeckt lag, hatte meine bisherigen Vorstellungen von Kliniken zur Schreckensvision entstellt. Es war anders. Auch Sterben war anders. Ich wusste das jetzt. Seit sich in den Augen meines Hausarztes die Nähe des Todes gespiegelt hatte, wusste ich, dass es zumindest ganz, ganz anders anfing, und dass es eine große Überraschung war.

Die klinische Premiere dauerte vier Wochen und befreite mich von der Angst vor Krankenhäusern und Heimen, die meine Kindheit mir eingetragen hatte.

Nie mehr würde ich mich weigern, einen Ort zu betreten wie die Pflegestation, auf der eine meiner Großmütter ihre letzten, traurigen Jahre verbracht hatte. Ich hatte mich geekelt und gefürchtet und sie nur unter Zwang besucht. Dieser Horror war überwunden.

Dennoch fügte ich mich in meine neue Identität als chronisch Kranke und Dauerpatientin noch lange nicht ein. Es ging mir wieder gut, und ich schien in mein altes Leben zurückkehren zu können, ohne Einschränkungen. Hätte ich gewusst, wie oft ich in den folgenden Jahren auf Intensivstationen geschoben werden, mit Infusionen aufgefüllt, in medizinische Kanonenrohre geladen werden, Nadeln in Ohrläppchen, Hals- und Fußvenen spüren würde, hätte ich diese Prognose nicht verkraftet. Ich hätte meine Zimmergenossin nicht einfach „nett" gefunden, wenn ich in ihrer Herzmuskelentzündung ein Signal aus meiner eigenen Zukunft aufgefangen hätte, eine von rund einem Dutzend Krankheitserfahrungen, die mir noch bevorstanden. Dem Pfarrer, der mir ein Büchlein mit lauter „Patientengeschichten“ schenkte, war ich böse. Es sei ein Geschenk für Krankenhausmenschen, hatte er gesagt. Krankenhausmenschen? Wer war das?

Ich nicht.

Eine Frau wie meine Bettnachbarin, die jeden Morgen einen Liter Wasser trank, um beim Wiegen ihren Gewichtsverlust zu verschleiern: War das ein Krankenhausmensch?

So war ich aber nicht. So würde ich auch nie werden.

Noch wanderte ich als Fremde durch die Welt der Krankenakten, nur auf Stippvisite, nur eine Auszubildende im medizinischen Betrieb. Ich würde meinen Lehrbrief erhalten – und gehen, auf Nimmerwiedersehen. Die aseptischen Gerüche, die Uniformen des Personals und seine indiskreten Fragen nach meinem Stuhlgang, die Bettpfannen – immer wenn ich in diesen bangen Wochen spürte, in welche Tür ich meinen Fuß gesetzt hatte, zog ich ihn ganz schnell wieder zurück. Die Jung-Autorin auf Materialsuche nach realen Erfahrungen. Mehr nicht.

Was die minderjährige Schriftstellerin dann zu Papier brachte, findet sich gedruckt in einer Broschüre mit der Aufschrift „Der Tag, an dem ich glücklich war“. Das Heft erschien bereits kurz nach meinem Abitur. Ich packte mir die hundert Exemplare in einen Musterkoffer und drängte meine „erste Einzelveröffentlichung“ meinen Ex-Lehrern und Ex-Mitschülerinnen an deren Haustüren auf. Kaum jemand traute sich, das Angebot abzulehnen. Haben sie das Heft auch gelesen? Haben sie die Seite mit meinem Beitrag, deren Überschrift ihnen nach unserem Abi ins Gesicht gesprungen sein muss, gierig aufgeschlagen und gefunden, ich hätte es also nicht anders verdient gehabt, als krank zu werden?

„Eine Krankheit zu haben, das wünsche ich mir“, schrieb ich. Na bitte! Die Zeilen wären mir heute noch unheimlich, wenn ich nicht genau wüsste, wann sie entstanden sind. Es sind keine prophetischen Einsichten. Ich tippte sie mir keineswegs in hellseherischer Ergriffenheit noch vor meinem Krankenhausaufenthalt aus meinem Kopf, sondern frühestens zwischen zwei Abiklausuren, als ich längst wusste, wie sich das anfühlte: eine Krankheit zu haben. Meine Prosa redete meine Zerbrechlichkeit nicht herbei, sondern sie verarbeitete bereits den Zusammenbruch, den ich kurz vorher kennengelernt hatte. „Der Tag, an dem ich glücklich war" war der erzählerische Versuch, meine veränderte Lebenslage in Selbstironie zu tauchen und sie der Welt und mir selbst in süßsaurer Marinade schmackhaft zu machen. *Eine richtige Krankheit, mit Fieber und so, mit Lebensgefahr, Krankenhaus, mit besorgten Ärzten und dem Hinweis auf einen ernsten oder sehr ernsten Zustand. Verwandte und Bekannte würden kommen und mich endlich bedauern. Freunde würden mich fragen, ob sie mir helfen können. Ich würde endlich existieren. Die Krankheit, am besten tödlich oder zumindest unheilbar, würde die ganze Welt an meine Existenz erinnern.*

Eine Krankheit zu haben, das wünsche ich mir. Eine richtige Krankheit, mit Schmerzen und so, mit Todesangst und der Notwendigkeit, die Nachtschwester um Hilfe zu bemühen. Dann wüsste ich endlich, warum ich weine, ich hätte ja Schmerzen. Dann könnte ich meine Angst erklären, ich stünde ja schließlich täglich in Gefahr zu sterben. Die Leere im Kopf, die quecksilberschwere Verzweiflung, alles ließe sich endlich begründen, medizinisch, ich wäre doch krank. Ja, und dann würde ich sicherlich ruhiger werden und wieder schlafen können, weil doch die ewige Frage nach dem Warum geklärt wäre, weil die Antwort doch Krankheit hieße.

Wie viel Unbewusstes und wie viel kühle Berechnung klingt in diesem spätpubertären Lamento nach. In den letzten Sätzen flüchtet eine unbequeme, hellsichtige Ahnung unter eine Clownsmaske: *Eine Krankheit zu haben, das wäre schön. Aber ich habe keine, und das ist schrecklich. Es ist furchtbar und unerträglich zu wissen: Ich bin gesund.*

Die Last meiner Gesundheit war in Wirklichkeit längst von meiner Schulter gerutscht. Alle Energie, alle Vitalität, mit der meine Natur mich ausgestattet hatte, wurde seit Monaten aus meinen Zellen geschwemmt.

Ich erinnere mich klar an den völlig banalen Moment, als ich begriff, was mit mir los war. Es war im Auto meiner Mutter. Ich bemühte mich krampfhaft, mit meinem Oberkörper gegenzusteuern, während der Wagen in die lange Rechtskurve auf den Verkehrsring bog. Im Radio sang jemand: „Ich kann nicht mehr", und redete den Geliebten seiner Träume an. Ich aber fuhr endlich zum Arzt. Ich konnte nicht mehr. Meine Hosen schlackerten mir so weit um die Hüften, dass ich mir einen Gürtel um den Bauch binden musste, um sie nicht zu verlieren. Das, was als Schatten meiner selbst auf dem Beifahrersitz hin und her schaukelte, musste dringend internistisch untersucht werden. „Ich will nicht mehr", sang die Liebeskranke im Radio. Und ich? Wollte ich noch?

Meine Mutter hatte den Blinker gesetzt, zögerte jedoch, sich in den fließenden Verkehr einzuordnen. Stotterbremse. Mir war schlecht. Aber ich zwang mich, aufrecht zu sitzen. Ich redete mir ein, was längst eine Lüge geworden war: Ich hätte doch eigentlich allen Grund, zufrieden und glücklich zu sein, denn schließlich – und das war die Hauptsache – war ich doch gesund.

Gestern gesund, heute nur noch bedingt lebensfähig. Gestern noch entscheidungsfrei, jetzt stets kontrolliert und gebunden, als Behinderte dokumentiert und mit einem Notfallkettchen um den Hals. Gerade noch Seele, Herz, Gemüt, dann nur noch Körper. Gestern noch liebeskrank, heute Temperatur, Blutzuckerwert, Gewicht und Konsistenz des eigenen Stuhlgangs. Eigentlich ging mein erstes Leben schon in der Nacht zu Ende, als ich auf der inneren Intensivstation schlaflos geblieben war. Meine Mutter hatte mich aus der Arztpraxis direkt ins Krankenhaus gefahren. Bei der Notaufnahme reichte sie einem Doktor Oberarzt einen Einweisungsschein mit astronomisch angestiegenen Blutzuckerwerten. „Diabetes?" Der dicke Mann, in seinen knappen Kittel gepresst, sprach die Diagnose des Hausarztes nicht wie ein Fremdwort aus. Er zuckte ungerührt mit den Achseln, als er die Zahlen registrierte. „Präkomatöser Zustand?" Ich musste den Mann anhauchen. Ich blies ihm meinen sauren Atem auf die Brille, und der Grad meiner Zuckervergiftung schlug sich auf seinen Gläsern nieder. „Keine Angst! Mir ist das vor ein paar Jahren ganz genauso gegangen." Seine Arztpranke auf meiner Schulter. War das Solidarität oder Häme? „Keine Sorge!" War das Zynismus?

Ein Pfleger, der nicht viel älter sein konnte als ich, schob mich in den Glaskasten, in dem meine Krankheit und ich rund um die Uhr beobachtet werden mussten. Mittleres Bett, rechts und links Männer. Oder Leichen? Der Pfleger schob spanische Wände zwischen diese Menschenleiber und mich. Ich sollte meinen Leib entkleiden und meine Arme durch die Ärmel eines Engelhemdes stecken. Er band es mir persönlich auf dem nackten Rücken zu. Seine Fingerknöchel in Handschuhen. Direkt auf meinen Hinterbacken. In meinem Rücken die Zitterstimme meiner Mutter: „Ich habe schon mal ein Kind verloren!" Das letzte Mal, dass sie dieses Krankenhaus betreten hatte, lieferte sie meinen Bruder in der Ewigkeit ab. Ich begriff, dass ihre Klage nicht mich meinte, sondern diese alte Wunde, deren Ränder sich innerhalb der Klinikräume wieder öffneten.

In dem Glaskasten nebenan baumelten Infusionsflaschen von den Ständern wie unreife Früchte von einem kahlen Baum. „Ganz so weit ist es aber noch nicht!", sagte die Schwester; ob in meine Richtung oder zu meiner Mutter, weiß ich nicht mehr. Dann musste ich dem Doktor Oberarzt meinen Unterarm reichen. Auch ich bekam ein wenig Kochsalz in die Venen, viel Wasser, auch ich würde von den Säften aus dem Infusionsbaum ernährt werden. Vorher allerdings wurde mein Blut gebraucht, zur Analyse seiner gefährlichen Bestandteile. Der Oberarzt wusste, was zu tun war, um meinen präkomatösen Zustand nicht ins Koma abgleiten zu lassen. „Insulin!" Der Pfleger hatte schon eine Spritze aufgezogen. „Sie werden Insulin spritzen müssen." Na und?

Als er zustach, regte sich keine Muskelfaser in seinem Gesicht. Er sog mir mit jedem Tropfen meinen Lebensentwurf aus den Adern. In der gläsernen Kanüle der Saft, der mich ausmachte: rot und grell, sehr dickflüssig, sehr süß. „Sie werden sich dran gewöhnen", sagte er leise und ohne von seinen Kanülen aufzublicken. „Glauben Sie mir: Man gewöhnt sich. Ganz schnell."

Was meinte er? Die Insulinspritzen? Die Intensivstationen?

Dieser Doktor Oberarzt starb vor ungefähr fünfzehn Jahren, wenig, wenn überhaupt älter als ich heute. Er starb an der Krankheit, die auch für mich das Todesurteil sprach: Zuerst wurde der dicke Mann dünner, dann verlor sein Ärztegang an Eile, an Tempo, an Tritt. Eine Operation in Amerika, ein paar Jahre Aufschub. Leerlauf. Leerlauf. Doktor Oberarzt war zwar noch Doktor, aber kein Oberarzt mehr. Zuletzt soll er im Rollstuhl gesessen und von seiner Schwester versorgt worden sein. Ende des Doktors.

Ende des Bruders.

Alle sagten, es sei eine Erlösung gewesen.

Der Diabetes gehört zu den unterschätzten Defekten, die einen menschlichen Organismus destabilisieren, schädigen und schließlich zerstören können. Wo über die sogenannte Zuckerkrankheit geredet wird, lassen wir das Wort „Krankheit" am liebsten unter den Tisch fallen. Zivilisationsübel. Folge eines Luxuslebens, das sich vermeiden lässt. Was dann noch übrig bleibt, der „Zucker", klingt harmlos, wattig, süß. Man kann auf alles Süße, alles Zuckerwattige, alles, was eh ungesund ist, verzichten. Außerdem: Es gibt doch Insulin. Man kann das Hormon, das eine defekte Bauchspeicheldrüse nicht mehr produzieren will, technisch herstellen, flaschenweise aus jeder Apotheke holen, spritzen, fertig. Wo ist das Problem? Diabetes Typ 1 ist keine Krankheit; der Mensch, der sich das Übel zuzieht, gilt als „bedingt gesund". Disziplin, regelmäßige Kontrollen und die Ausrichtung der Lebensplanung nach dem Diktat einer Armbanduhr – mehr Bedingungen stellen nicht mal die Internisten. „Sie haben es selbst in der Hand." Der Verzicht auf Eis und Torte – macht knapp die Hälfte, nicht wahr.

Von jenem Doktor Oberarzt, den meine Erinnerungen soeben wieder ins Leben zurückgerufen haben, wurde erzählt, dass die Krankenschwestern der Inneren ihn öfter in einer Pizzeria neben dem Krankenhaus „erwischten". Dort schaufelte der Mediziner tellerweise Spaghetti in sich hinein. Zum Löffeln riesiger Eisbecher fuhr er in die Nachbarstadt, wo niemand ihn kannte.

„Dann war er also selber schuld."

„Dann durfte er sich nicht wundern."

„Er wusste doch über die Folgen Bescheid!" Gefäß- und Nervenschäden. Verkalkung der Adern. Nierenversagen. Erblindung. Bein ab. Auch ich wusste genau, was Diabetikern blühte, wenn sie ihre Diäten nicht einhielten, und weil ich das wusste, weil diese erbarmungslose Folge von Fehler und Folge mir ständig im Nacken saß und Angst machte, bestellte ich noch ein Eis, noch ein Stück Torte.

Natürlich nahm ich mir mit meinen achtzehn Jahren fest vor, die Folgen disziplinloser Handhabung meines Diabetes zu vermeiden, indem ich nie, nie disziplinlos handelte. „Man darf sich nicht hängen lassen." Spruch meines Vaters. Ich würde mich an alle diätetischen Vorschriften halten, fertig. Ich würde Insulin spritzen. Ich würde meinen Blutzucker regelmäßig überprüfen lassen. Fertig!

Meine Muter hatte sich bereits mit einem halben Dutzend Kochbücher eingedeckt und lud sorgfältig abgewogene Speisen mit je drei mittelgroßen Kartoffeln auf meinen Teller. Drei Broteinheiten. Jeden Mittag dasselbe. Einmal gab es Fisch. Ich weiß nicht mehr, warum diesem Produkt aus reinem Eiweiß eine Broteinheit zugerechnet wurde. Die Menge an Kohlehydraten, die meine Diät an diesem Mittag noch zuließ, entsprach einem Esslöffel. Statt satt zu werden, regte diese Hauptmahlzeit meine Gier an, mein Verlangen, meinen Lebenshunger. Bedrückt schnitten meine Eltern ihre Fischfilets in mundgerechte Stücke. Angesichts meiner Miniportion trauten sie sich selbst kaum zu essen, bis sie satt waren. Nur meine Großmutter ließ sich nicht einschüchtern. Sie sei nun siebzig Jahre alt, verkündete sie, und da lasse sie sich nicht mehr zur Diät verpflichten. Sprach es und nahm sich eine zweite, dicke, panierte Scheibe Fisch.

Ich fing an zu heulen. Hemmungslos weinte ich über meinem Teller. Es war das erste Mal, dass ich mir leid tat und dass ich genau wusste, warum.

TEIL II: ZEITLUPE

KAPITEL 1
KINDERBILDER

Meine ersten Erinnerungen: Ich weiß nicht, ob das, was ich dafür halte, sich in Wirklichkeit nicht aus den Dias zusammenfügt, die wir fast jedes Weihnachten betrachteten. Es war ein Familienritual: Mein Vater baute Projektor und Leinwand auf und schob Farbfoto nach Farbfoto ins verdunkelte Weihnachtszimmer. Eines warf meinen Bruder und mich an die Wand, wie wir uns um Zeitschriften zankten. Mein blonder Lockenkopf vor seiner dunklen Stirn. Habe ich das spiegelverkehrt, mit den Augen des Diaprojektors gesehen oder mit meinen eigenen Kinderaugen? Im Durcheinander unserer vier Patschpfötchen entstand ein Reißen und Zerren, ein Drücken und Schieben, aus dem sich ein knittriges Blatt nach oben quetschte; sein Festhalten gegen meinen Zugriff auf den Papierschatz. So jedenfalls kommt mir meine erste Erinnerung vor. Wir kämpfen, und zwar um des Kampfes willen, bestimmt nicht um die Magazine, die noch keiner von uns lesen kann. Christians rundes Gesicht verschwimmt, so dicht steht es vor mir. Er zieht an dem Heft, an meinem Handgelenk, meinen Schultern, bis das Papier zerreißt. Ich höre den Jungen vor Anstrengung stöhnen, dann auch noch quieken, und wenn ich mich noch ein Stück tiefer in die Szene versenke, spüre ich einen süßlichen Atemzug auf meiner Wange. Babygeruch. Ich rieche das Puder unter seiner Windel.

Spätestens diese Kamillewolke muss ich mir einbilden. Auf dem Foto war ich höchstens drei Jahre alt. Kann das wirklich meine älteste Erinnerung sein?

Ein anderes Bild steigt aus fast verschütteten Schichten meines Gedächtnisses auf: lauter bunte Eier. Dann die Freude, die meine Kinderbrust sprengen will, als ich auf dem Osterspaziergang Dutzende von diesen gefärbten, ovalen Fundstücken vom Waldboden auflese. Immer wieder Entzücken. Noch ein Ei und noch eins und wieder eins! Wie alt waren wir da? Zu jung jedenfalls für jegliches Misstrauen. Wir fanden es nicht seltsam, dass die Wundertüte, in der unsere Eltern die Ostereier aufbewahrten, nie überquoll.

So etwas lässt sich nicht fotografieren.

Zu seinem zweiten Geburtstag bekam mein Bruder einen Dackel geschenkt. Ich war drei Jahre und fünf Monate alt und beobachtete entzückt, wie eine Wurst mit Schlappohren sich aus einem Rucksack strampelte. Nita, Kurzhaar-Dackelin, war schon als Welpe keine Schönheit. Das braune, ungewöhnlich kleine Tier wurde Nachfolgerin der vielen „Lottis" in unserem Haus und platzierte seine weiche Schnauze fortan in den unteren Winkel aller Familienfotos.

Besonders zärtlich behandelten wir unseren Dackel allerdings nicht; dass andere Geschöpfe, auch solche auf vier Pfoten, Gefühle haben, mussten wir erst noch lernen. Wir zogen Nita an ihrem Rattenschwanz über den Linoleum-Boden und schoben sie im Puppenwagen durch die Flure. Ab und zu gerieten ihre winzigen Krallen uns unter die Schuhe. Das Aufjaulen, mit dem sie auf ihren Schmerz aufmerksam machte: Erinnere ich mich an dieses Geräusch? Meine Fingerkuppen erinnern sich an die feingeäderten, seidigen Ohren, und meine Nase würde jederzeit das eitrige Aroma ihres verschuppten Fells erkennen, das von einem Ekzem herrührte. Aber Nitas Hautkrankheit trat erst viel später auf.

Von jetzt an waren wir nicht nur zu zweit, sondern zu zweit mit Dackel. Ein früheres Stadium gibt es nicht. Mein Gedächtnis jedenfalls weigert sich, in die Tage zurückzusteigen, als ich noch alleiniger Nachwuchs im Elternhaus und dieses Haus, das auch das Elternhaus meiner Mutter war, ohne Stammhalter und ohne Hund war. Ich war die erste Susanne in der Familie und ganz ohne Vorbilder. Mein Bruder dagegen mit seinem abgenutzten Vornamen Christian musste von Anfang an Familienerwartungen erfüllen.

Es gibt zwar Fotos von mir als Einzelkind, aber auf diesen Bildern bin ich mir fremd. Ein Lockenbaby mit Sonnenhut im Kinderwagen wühlt in einem Papierhaufen. „Susanne kann schon Zeitung lesen", steht in der Handschrift meiner Mutter darunter. Auf einem anderen Bild thront die Prinzessin in ihrem Kinderstuhl und lacht aus zuckrigem, über und über mit Rübenkraut beschmierten Mund. „Papas Werk!", unterstellt der Kommentar. Von meinem Bruder existiert eine fast identische Aufnahme. Als musste die Szene unbedingt kopiert werden, thront endlich auch Christian der Dritte in dem Babystuhl, und wieder war es der Papa, der die klebrige Schweinerei anrichtete, diesmal an Mund und Lätzchen seines Stammhalters.

Was ich sonst über meine ersten Jahre erzählen kann, krame ich aus anderen Truhen. Der eine Kasten heißt Fantasie, den anderen füllen Familienlegenden. Braucht es viel Einbildungskraft, um sich in das Fließen, Glucksen, Perlen und Rauschen zu versetzen, das einen Embryo monatelang umspült? Mir fällt es leicht, mich in diese Wasserwelt ungeborener Blinder zurückzufantasieren. Ich horche in mich selbst hinein und verwechsle den eigenen, verlässlich regelmäßigen Puls mit dem Herzschlag meiner Mutter, der mein Ohr auf alles vorbereitet haben muss. Meine Welt war in Ordnung. Ich war kein sorgfältig geplantes, aber erwünschtes Kind. Eines Tages spürte ich zuerst einen Stoß, dann das Stolpern des Herzens und wie es schneller wurde. Da war meine Mutter im Bad hingeschlagen. Der Embryo muss sich erschreckt haben und zögerte seine Ankunft in einer Welt, die ihm Ecken und Kanten zu spüren gegeben hatte, hinaus.

Ich wurde drei Tage verspätet geboren. Kurz bevor meine Mutter sich von ihrem Ehemann ins Krankenhaus fahren ließ, hatte sie im herbstlichen Garten Laub geharkt, aber auch diese Übungen lösten noch keine Wehen aus. Mein Vater setzte die Schwangere und ihr zögerliches Kind an der Klinik ab und fuhr zur Arbeit. Alles andere wäre Ende der fünfziger Jahre nicht normal gewesen. Eine Geburt galt als eine Sache zwischen Mutter, Kind, Hebamme und Ärztin. Ein Platz für die Väter war im Kreißsaal nicht vorgesehen.

Meine Geburt musste eingeleitet werden. Wie alle eroberte ich mir die ersten Zentimeter der Weltreise ohne optische Täuschungen: saugend, schnüffelnd, schmatzend, krabbelnd, krallend und krakeelend. Als Susanne aus ihrer Wasserwelt gepresst wurde, kamen ein rundes Köpfchen und ein verkrüppelter Fuß ans Licht. Ihre Eltern erfuhren von diesem Schaden erst, als Mutter und Kind kurz vor der Entlassung standen. Vorher hatten diese Bescherung – Folge des Sturzes im Badezimmer – nur Ärzte und Schwestern zu Gesicht bekommen. Jetzt, als die Eltern ihr verpacktes Kind auswickeln und nackt begutachten durften, fehlte dem Baby die linke Ferse. Richtig vorstellen kann ich mir bis heute nicht, wie mein Fuß ohne Ferse ausgesehen hat. Ein Stumpf? Ein viel zu langer Unterschenkel, an dem die Zehen saßen? Unschwer dagegen, sich in das Leben zu versetzen, das seiner Tadellosigkeit von Anfang an hinterhergehinkt wäre. „Eine Katastrophe!“ Da waren die Eltern sich einig. Zum Glück sei dieser Schaden jedoch zu reparieren, versprachen die Ärzte. Alle Knochen seien schließlich vollzählig vorhanden, versicherten sie. Es bedurfte nur einer gewissen elterlichen Disziplin und Härte, eines konsequenten Willens zur Instandsetzung, über den meine Mutter und mein Vater von Natur aus verfügten. Auch wenn das Baby vor Schrecken und Schmerz brüllte wie am Spieß: Sie lieferten seine fehlgebildeten Knöchelchen regelmäßig einer orthopädischen Hand aus, die die versteckte Ferse aus dem Fuß herausmassierte.

Jeder, dem ich diese Geschichte erzähle, will meine Ferse sehen. Mein linker Fuß ist heute genauso geformt wie der rechte. Kaum zu glauben. Das erste medizinische Wunder meines Lebens.

Mein Elternhaus ist ein Haus, in dem sich Geschichten halten, auch wenn sie schlecht erzählt werden. Als warteten sie auf eine bessere Fortsetzung, hängen ihre Muster in der Luft wie alte Kleidungsstücke in den Schränken. Man braucht sie nur überzustreifen und sie fühlen sich vertraut an; ob sie passen oder nicht. Ihr Rahmen ist das gemeinsame Dach über den Köpfen von mindestens drei Generationen, die immer schon darunter gewohnt haben. Noch nach Jahren riecht es in jedem Raum nach ehemaligen Bewohnern, nach ihren Krankheiten, ihrem Sterben, ihren schlechten Angewohnheiten und Parfums, ja, nach den Haustieren, die sie gehegt, gepflegt und geliebt haben. Als ich meine ersten Nächte allein in meinem neuen Kinderzimmer schlafen musste, stieg ich in die letzten Stunden eines zwanzigjährigen Großonkels ein, die zwischen diesen Wänden noch immer einen Sog entwickelten und meine Fantasie mit auf die Reise nahmen. Damals stand noch ein Kirschbaum vor dem Fenster. Im Sommer wuchsen die schwarzen Fruchtkugeln in Griffhöhe. Ich hätte mir die beladenen Äste mit einem Fangkorb direkt auf die Fensterbank ziehen und in die Knackkirschen beißen können. Aber in den ersten, einsamen Nächten in meinem neuen Zimmer war das noch kein Trost. Mich beschäftigte etwas anderes: Hier unterm Dach also war Onkel Willi gestorben, und zwar am Abend jenes Tages, an dem ein Jäger seine dressierte Elster erschoss. Der junge Mann war von der Tuberkulose immer dünner und schwächer geworden. Die Speckschwarten-Diät, die sein Vater ihm verordnete, half nicht. Nichts half gegen das Verschwinden. Er wurde von seiner unheilbaren Krankheit aufgezehrt. Wenn ich an meinem Fenster stand, das auch sein Fenster gewesen war, wenn meine Augen Willis müdem Blick zu dem Waldstück in Richtung Ruhrtal folgten, stellte ich mir den letzten Tag des Sterbenden vor. Er suchte den Himmel nach seiner Elster ab. Kein Flattern, kein Vogelschrei. Die Elster kam nicht. Ich verstand, dass der junge Mann den letzten Rest Lebensmut aufgab, sobald er begriffen hatte, dass seine gefiederte Freundin nie wieder seinem Pfiff folgen würde, um über das Feld zu ihm ans Fenster zu fliegen. Widerstand zwecklos. Er wachte einfach nicht mehr auf.

Mit der Zeit verwandelten sich sogar Katzen und Hunde in Familienlegenden: Der Kater, der wie ein Wachhund auf dem Pfeiler saß und keine Fremden auf den Hof ließ, wartete ebenso auf Nachfolger wie Generationen von Promenadenmischungen namens Lotti. Irgendeine „Lotti" hatte immer zu diesem Haus gehört, genau wie ein „Christian", der seinen Namen vom Urgroßvater zum Großvater zum Urenkel vererbte. Sogar Christel, die Enkelin, gab ihr Bestes, um die Lücke in der Folge der Christians nicht allzu lange klaffen zu lassen. Sie, die lieber das Christianchen geworden wäre als das Christelchen, sie, die am liebsten Maurermeister geworden wäre wie der Papa, sie würde eines Tages die Lücke in den Generationen kitten und für den nächsten Christian im Hause sorgen.

Erblasten? Sie ließen sich auch nicht eliminieren, als ein Schwiegersohn der zweiten Generation, mein Vater, sowohl die Backsteinfassade verputzen und anstreichen ließ als auch Zwischenwände einreißen, Zwischenetagen ergänzen, andere Zimmer umbauen und weitere Zimmer anbauen. Das würgende Beißen von Kalk im Hals gehört zu meinen ältesten Erinnerungen; das Drehgeräusch einer Mischmaschine und wie Speis von einer Kelle auf einen Stein gespachtelt wird. Sobald mein Vater das Regiment im Haus übernommen hatte, wurden Schweineställe in Garagen umgewandelt, Remisen abgerissen, Hühnerställe zu Heizungskellern gemacht, Waschküchen zu Küchen, Schlafzimmer zu Büros, Heuböden zu Wohnräumen und Wohnungen zu größeren Wohnungen umgekrempelt. Der Städter hämmerte dem alten Bau mit einer Beharrlichkeit, die etwas Unerbittliches hatte, den eigenen Prägestempel aufs Dach. Er etikettierte die neu verputzten Wände mit einem weithin sichtbaren Schild, das allen Passanten den neuen Namen und neuen Beruf des Hausherrn bekannt gab. Trotzdem: Mein Vater ist immer ein Zugezogener geblieben. Er hatte zwar einen dritten Christian gezeugt, aber in der Verwandtschaft seiner Frau lief er unter der Bezeichnung „Christels Mann".

Durch dauernden Um-, An- und Ausbau entstand ein Haus der tausend Stufen, immense fünfhundert Quadratmeter mit lauter kurvigen Treppenhäusern und jeder Menge Zimmern, die sich in drei oder vier Richtungen öffneten. Auf fremde Besucher wirkte das verschachtelte Gebäude wie ein Labyrinth. Wer hier das erste Mal Gast war, lief Gefahr, mitten in der Nacht von meinen Eltern aufgegriffen zu werden, während er in den verwirrenden Treppenaufgängen herumirrte und weder zur Toilette noch ins eigene Bett zurückfand.

Wie sah mein Elternhaus aus, bevor eine Mauer rings um das Grundstück gebaut wurde? Kein Teich im Garten, nicht mal der Wintergarten am Wohnzimmer war überhaupt schon geplant. Mein Zimmer duckte sich direkt unter dem Dach zusammen und schaute nach Süden. Abends stand ich dort oben am offenen Fenster. Ich vernebelte mit dem Rauch einer Zigarette die klare Aussicht über das Feld, das Waldstück und die Straße ins Sauerland. Manchmal setzte ich mich auch in das Fenster und klopfte die Asche in eine der Pfützen, die sich auf dem Flachdach des Anbaus gesammelt hatten. Inzwischen ist beides verschwunden: Flachdach und Ausblick.

Aus meinem Zimmer ist ein Durchgang geworden, ein Raum, den Büromaschinen bevölkern. Er führt in das Gästezimmer. Nachdem alle Kinder ihr Haus verlassen hatten, machten meine Eltern ein Büro aus meiner und Willis Mansarde. Keine einzige Legende mischt sich unter das Klappern von Tastaturen.

Entzauberte Welt.

Mein Elternhaus ist immer ein Abenteuerspielplatz für Kinder gewesen. In dieser verbauten, überdimensionierten Puppenstube konnte man Schatzsuche und Verstecken zugleich spielen. Wer es darauf anlegte, wurde stundenlang nicht gefunden, und wer sich in irgendein Zimmerchen schlich, um in einer von zahllosen Schubladen herumzuwühlen, wurde bei dem verbotenen Kramen nie erwischt. Die Erwachsenen verrieten ihr Näherkommen durch lange, deutliche Schrittfolgen. Klapp, waren die Schubladen wieder zu und unsere Engelsgesichter harmlos verschlossen. Omma merkte nicht, dass wir ihre Seifensammlung durchstöbert und Pralinen aus einer Schachtel geklaut hatten, nicht ohne nach diesem Mundraub den Konfektkasten wieder sorgfältig zu restaurieren. Trotzdem rollte sie manchmal eine Zeitung zusammen und drohte uns Schläge mit dem Papierprügel an. Jetzt galt es zu flüchten. Die längste, aus sehr schmalen Holzstufen gezimmerte Treppe war glatt wie eine Rutsche. Wenn Omma mit ihrer Zeitungsrolle hinter uns her jagte, setzten mein Bruder und ich uns auf die oberste Stufe und holperten auf dem Hinterteil das Treppenhaus hinunter. Auch das war ein Abenteuer, wenn auch ein schmerzhaftes. Mein Elternhaus ist auch ein Haus der Frauen. Nur sein Erbauer, mein sauerländischer Urgroßvater, übte seinen patriarchalischen Haushaltsvorsitz auch körperlich aus. Christian der Erste: Er war eine männliche Anwesenheit, eine greifbare, eine haftbar zu machende Autorität, die jeden Tag ihre Kontrollgänge durch den Garten machte. In den Kriegsjahren versprach Uroppas Dasein als Herr des Hauses seinen Bewohnerinnen einen gewissen Schutz. Was allerdings von dem Patriarchen zurückblieb, war vor allem die morbide Seite seiner Körperlichkeit: ein heiseres Echo aus Hustenanfällen. Sein Asthma hielt zwar Besatzer, Vergewaltiger und Flüchtlinge auf Abstand, machte aber auch alles Braten und Backen zum Tabu. Nicht, dass die Frauen es nicht hin und wieder gebrochen hätten; aber dazu mussten sie sämtliche Schlüssellöcher mit Wattebäuschchen verstopfen und nach dem Essen stundenlang die Fenster aufreißen, sogar im Winter. „Er hat trotzdem gehustet!", sagt meine Mutter, die Enkelin. „Gehustet und gehustet." Das Bedauern, das ihrer Erinnerung anzumerken ist, gilt nicht dem asthmatischen Mann, sondern dem Terrorregime seiner geschädigten Bronchien. „Die letzten Jahre konnte er nur noch aufrecht sitzen. Sogar im Bett musste er sitzen. Sonst wär er im Schlaf erstickt."

In allen folgenden Generationen machten sich die Männer früh genug aus dem Staub, um keine bitteren Nachwehen, keine Erblasten zu hinterlassen. Die Söhne des Hauses gründeten einen eigenen Haushalt, oder sie zogen in den Krieg oder zur Arbeit oder in ein bestimmtes Zimmer im Erdgeschoss, wo ihr Sarg noch für drei Tage offen stand.

So erging es dem zweiten Christian, Vater meiner Mutter, der schon mit 44 Jahren gestorben und mit einem Handtuch um den Kopf im Wohnzimmer aufgebahrt worden war. Sein inoperabler Lungentumor brach auf und drängte ins Freie. Ein Rinnsal sickerte der Leiche aus dem Mundwinkel und roch giftig. Meine Mutter stand vierzehnjährig daneben und lernte, solche Abschiedsszenen keineswegs unheimlich zu finden. Sie nannte Tote, Särge und Leichenzüge, die sich bis ins Nachbardorf verlängerten, „natürlich". Als Mädchen hatte sie auf dem Grundstück tote Kleintiere eingesammelt – Spatzen und Mäuse, auch mal ein Karnickel –, um sie mit feierlicher Zeremonie und einer Ansprache zu bestatten. Jedes Fundstück erhielt mit einer umfunktionierten Zigarrenkiste einen eigenen Sarg. „Und ein Kreuz. Natürlich."

Mir ging es ganz anders. Schon die Vorstellung, mit einem Toten unter demselben Dach schlafen zu müssen, war mir ein Graus. Wann immer Mutter und Großmutter mit euphorischem Klingeln in ihren Seufzern vom Sterben und Tod meines „Oppas" erzählten, verursachte die sabbernde Leiche Christians des Zweiten mir eine Gänsehaut. Der tote Mann hielt unser

Wohnzimmer besetzt, als hätte er zwischen die Wände einen Schatten geklebt, einen unheimlichen Schatten neben anderen Totenschatten in diesen Mauern, die alle Umbauten und Renovierungen, alle Anstriche und Verputze überlebten. Es war, als hätte der Tod sich in den Mauerritzen festgebissen. Er wohnte zwischen diesen Wänden, seit Uroppa die ersten Kellen Speis aufgehäuft und verspachtelt hatte. Der Neubau wurde 1902 fertig, aber der älteste Sohn der jungen Familie verkraftete die Feuchtigkeit in dem Neubau nur ein paar Monate. Der Putz an den Wänden, in denen er hatte aufwachsen sollen, wurde erst trocken, nachdem das Kleinkind für immer ausgeatmet hatte. Hatte der Junge in einem weißen Sarg das Haus verlassen und hatte auch dieser Kindersarg bis zum Abtransport unser Wohnzimmer zu einem heiligen, unheimlichen Ort aufgebläht?

Erstaunlicherweise konnte meine Mutter darüber keine Auskunft geben. Sie wusste nicht einmal, in welchem der vier Gräber der Familiengruft das Kleinkind Erich bestattet lag. Umso eindringlicher rief sie einen dritten Männergeist ins Leben zurück. Es war die düstere Aura eines zwanzigjährigen Toten, von dem in unserem Haus nur als Sterbendem und Gestorbenen geredet worden war. Es gab kein Bild von Onkel Willi als Kind oder als jungem Mann. Nur sein unsterblicher Geist nistete noch in der Mansarde, die in der übernächsten Generation mein Jugendzimmer wurde.

Die Geister der Frauen, die durch die Mauern meines Elternhauses streiften, hatten nichts Morbides in ihren Flügelschlägen. Sie waren mit einer praktischen, zupackenden Veranlagung gesegnet, von der meine Mutter, das Christelchen, alles geerbt hat, ich so gut wie nichts. Auch wenn ich einige Versuche startete, meine Hände um Stricknadeln und Spatenstiele zu falten, war mir sehr früh klar, dass ich die Tradition der Frauen in diesem Haus nicht fortsetzen würde. Schuld daran waren weder mein Eigensinn noch die Faulheit, die mir unterstellt wurde. Es war mein Mangel an Begabung für alles, was man bei uns für typisch und legitim weiblich hielt. Treuherzig versprach ich meiner Mutter kurz vor der Einschulung, mir besonders im Handarbeitsunterricht große Mühe zu geben. „Das willst du doch, nicht wahr?“ Wo das Christelchen doch so fantastisch stricken und sticken konnte! Es hob seinen erwachsenen Zeigefinger. „Wo ich euch doch sogar Hosen und Mäntel nähen kann!“ Ich nickte eingeschüchtert, kam aber nie über die Herstellung eines orangefarbenen Teddys hinaus.

Uromma, Omma und Mutter: Handarbeiterinnen. Noch als Erinnerungen sorgten sie in allen Räumen für Sauberkeit und Ordnung, hoben herumliegende Wäschestücke auf, fegten Krümel zusammen, schrubbten die Böden und polierten das Silber im Halbjahresrhythmus, ob es angelaufen war oder nicht. Wer außer einer so fleißigen Witwe und ihrer Schwägerin hätte dem toten Oppa stündlich das Handtuch gewechselt, in das er noch als Leiche den Tumor absonderte, der ihn vergiftet hatte? Nur, wer zupacken konnte wie meine Omma, wer sich nicht mit Grübeleien aufhielt, wurde als Schwiegertochter in diesem Haus akzeptiert. Nur weil das riesige Grundstück mit dem riesigen Garten und der riesigen Arbeit sie nicht bange gemacht hatte, war sie in die Höhenluft dieses Bürgerhauses aufgestiegen. Frauen in diesem Frauenhaus hielten sich nicht mit Philosophieren auf.

Sie konnten nicht nur nähen, stricken, sticken. Sie backten siebenbödige Prinzregententorten. Sie rührten im warmen Schweineblut, dickten es mit Mehl ein, drehten die klebrige Masse durch den Fleischwolf und formten Möpkenbrote aus dem dunkelroten Teig. Sie gruben die Erde der Gartenstücke mit spitzen Spaten um, hackten Kartoffeln aus dem Boden, pflückten Stachelbeeren für Marmelade, sammelten Äpfel, Birnen und Pflaumen auf, schwangen Heckenscheren und Sensen, flämmten die gemähte Wiese im Obsthof ab, kochten Gemüse in Gläsern ein, schleuderten Honig, schlachteten Hühner und Schafe. Sie zeigten sich zäh in jeder Lebenslage und jedem Trauerfall, selbst wenn sie krank und behindert waren wie meine Urgroßmutter. Die Patriarchin litt an Tuberkulose und schließlich auch noch am grauen Star. Letzteres schien allen die ernstere Gefahr zu sein, denn wenn sie für ihre Familie kochte, verwechselte sie schon mal Zucker mit Salz. Aber es war nicht ihre Krankheit, die zu dem Urteil führte, sie habe „viel mitgemacht". Viel mitgemacht zu haben, klang in diesen Mauern nach einer großen Ehre mit schallendem Echo. Nein, nicht das Husten, das Fieber, das Übersehen der faulen Stellen beim Kartoffelschälen. Uromma hatte vor allem Routine im Überleben der eigenen Söhne entwickelt. Erst Erich, das Kleinkind, dann Willi, dann Alfred, der „im Krieg blieb", und dann auch noch Christian mit seinem Lungentumor. Zwischen diesen Wänden wurden nicht Bakterien und Viren übertragen, nicht mal die erbliche Schwäche von Lungenflügeln und Bronchien, sondern das Trauern um Söhne.

Nicht nur das Haus der tausend Stufen, sondern auch das Grundstück rund um dieses Haus bot ideale Entfaltungsmöglichkeiten – für den kindlichen Körper, aber mehr noch für die kindliche Fantasie. Garten, Obsthof, genannt „Appelkamp", Wiesenstücke, Sträucheranlagen und zwei Felder machten das Terrain zu einem Kinderparadies, um das mich meine Schulkameraden sicher oft beneidet haben. Für meinen Bruder und mich war die ungewöhnliche Ausdehnung des Geländes selbstverständlich. Wir nahmen unseren täglichen Abenteuerspielplatz nicht als das Privileg wahr, das uns geboten wurde.

Wächter in diesem Garten Eden war Omma. Kurz nach Sonnenaufgang bewaffnete sie sich mit einer Schaufel, einer Heckenschere, einer Harke, und bezog ihren Aufsichtsposten, den sie frühestens am späten Nachmittag wieder freigab. Ommas Garten war noch nicht das empfindliche Blumenmeer, zu dem er nach ihrem Tod mutierte. Er hatte noch lange nicht den Charakter eines gepflegten kleinen Parks, sondern war in verschiedene Nutzflächen eingeteilt, ein paar „wilde" Flecken eingeschlossen, wo uns der ungemähte Rasen und die Sträucher über die Köpfe wucherten. Mein Bruder und ich schlichen gern um die Omma herum, ohne bemerkt zu werden. Oder tat sie nur so, als hörte sie uns nicht durch die Büsche streifen? Wehe, wenn wir einen Fußball auf frisch eingesäte Flächen oder auf „ihre" Bohnen, „ihr" Kartoffelfeld kickten! Mit erhobenem Spatenschwert vertrieb der meckernde Erzengel uns aus dem heiligen Bereich, den er allein für sich, seine Aufgabe, seinen Lebenssinn reklamierte, und in dem Kinder nichts zu suchen hatten.

Was Christian und ich bei unseren Streifzügen an Ästen, Pfählen und Hölzern auftrieben, wurde je nach Bedarf Pfeil oder Bogen oder Schwert oder Pistole. Wir inszenierten unsere Abenteuer in verteilten Rollen. Beide legten wir uns einen Männernamen zu, der zu der offenen Handlung zu passen schien. Winnetou und Old Shatterhand, Max und Moritz, Oliver und Matthias gingen in den Kampf. Täglich durchstreiften wir die Urwälder aus Ziertannen, schwangen uns an Lianen aus Teerstricken von Apfel- zu Birnbaum, hockten uns als Späher in das ungemähte Gras hinter der Hecke, selbstgeschnitzte Speere oder eine gekürzte Bohnenstange als Waffe in der Hand. Alle paar Tage fanden wir einen Ort im Gesträuch, an dem sich eine „Bude" bauen ließ. In unserem Boot, einer verbeulten Zinkbadewanne, ruderten wir in Orkane, fielen bei Windgeschwindigkeit zwölf über den Wannenrand ins tosende Meer, reichten dem ertrinkenden Jim eine ungekürzte Bohnenstange und zogen Freund John aus den Wellen zurück. Gerettet! In der Pause, die nach dieser raschen Szenenfolge entstand, gab es Streit. Oliver wollte lieber Matthias heißen, John lieber Jim. Aber weder John noch Matthias gab seinen Namen freiwillig ab. Die schiffbrüchigen Helden stießen sich gegenseitig aus dem wackelnden Kahn, oder Christian angelte im Blättermeer des Vorgartens nach einer Mäuseleiche. Er hatte den steifen Kadaver schon eine Weile aus den Augenwinkeln begutachtet und eiskalt abgewogen, ob sich dieses Ekelobjekt zum Ärgern seiner Schwester eignete. Nichts kam passender. Er wusste, womit er dem blöden Matthias Angst machen und ihn zwingen konnte, den falschen Männernamen aufzugeben. Nun schöpfte er diesen pelzigen Fisch aus dem Wasser und schleuderte ihn mit hämischem Triumphschrei nach dem Cowboy, dem Prinz Eisenherz Matthias, der, plötzlich unverkennbar ein Mädchen, hysterisch zu brüllen begann und das Set verließ. „Der Christian hat ...!", heulte das Mädchen in Mutters Armen. Aber Mutter verstand Christian den Dritten immer besser als mich, besonders, wenn es um tote Mäuse und ähnlich „Natürliches" ging.

Was verboten war, machte am meisten Spaß: durch das Kornfeld zu stapfen, wenn die Halme hoch über den Kopf gewachsen waren, oder das Versteckspiel zwischen den Zierbäumen, wo unsere Schuhe in einer Erde, die von den Frauen des Hauses zunächst locker gehackt, dann säuberlich geharkt worden war, verräterische Profile hinterließen. Wir verstanden nicht, warum weder Mutter noch Omma zu unseren Schnitzeljagden applaudierten. Als Polizistinnen des Nutzgartens stellten sie uns ständig neue Bußbescheide aus.

Frauen waren eben Spielverderber. Sie erfanden sinnlose Verbote, gaben, wenn überhaupt, sinnlose Begründungen dazu. Warum darf Christian eine Lederhose tragen, Susanne nicht? „Das ist nun mal so. Susanne ist ein Mädchen." Ja, da hatte sie Pech gehabt. Mädchen bekamen immer wieder Puppen geschenkt, Schlummerles und Miniatur-Sabinen bis zum Erbrechen, obwohl sie nichts mit den Plastikbabys anzufangen wussten. Warum durften Mädchen nicht mit Fahrrädern fahren, die eine Stange und fünf Gänge hatten, warum bekamen sie keine Taucherbrillen geschenkt, sondern Kaufläden mit albernen, noch dazu leeren Packungswinzlingen mit den verlogenen Aufschriften „Salz“ und „Mehl“? „Mädchen spielen Kassiererin, Jungen kaufen ein!“ Das stand so fest wie Ommas Oberschenkel im Kartoffelbeet. Warum durften nicht auch wir Kartoffeln hacken, richtig mit der Hacke den Boden unter den Strünken aufhacken und die Strünke hochziehen? Das hätte Spaß gemacht. Stattdessen mussten wir uns damit begnügen, im Dreck zu wühlen, um die Knollen aufzulesen. „Weil ihr so nah an der Erde seid“, gab Omma im Brustton der Überzeugung von sich. Warum durften wir die schwachsinnige Irene, die mit ihrem Holzkarren über die Wiesen zog, um Futter für ihre Karnickel zu sammeln, nicht heimlich ausspähen? Warum war es nicht erlaubt, eine bestimmte Schallplatte von einem gewissen Ernst Neger aufzulegen, selbst wenn man hoch und heilig schwor, nicht auf den komischen Text dieser Lieder zu achten? „Ich möchte das nicht“, begründete meine Mutter das Verbot. „Warum möchtest du es denn nicht?“ „Weil ich es nicht will. Schluss.“

Der Sohn des Hauses gab sich mit solchen Nicht-Antworten zufrieden, die Tochter des Hauses, die furchtbar gern ein Junge gewesen wäre wie ihr Bruder, reagierte zickig; kein Wunder, wo doch schon ihr allererstes Wort „Nein“ gewesen war! „Du bist wie die Liesel!“, fauchte eine der Frauen sie an. Liesel war die jüngste Schwester meines Vaters und in der ganzen Familie als „frech“ verschrien. Warum? Immer dieselbe Frauengeschichte: Bei der Hochzeit ihres großen Bruders hatte die Siebzehnjährige sich geweigert, Seidenstrümpfe anzuziehen. Seither diente ihr biederer Vorname als Inbegriff der Aufsässigkeit. „Frech wie die Liesel!“ Eine Horrorvorstellung. Sogar äußerlich sollte ich dieser Tante ähneln, während Omma und Mutter sich einig waren, dass mein Bruder nach der Familie der Christians schlug. Was konnte Christian für sein schmales, ich für mein rundes Gesicht? Keine Antwort, nur ein Nichtlachen, das sich als Lachen ausgab.

Noch mit fünfzig weiß ich, wie zerstörerisch sich kindliche Ohnmacht anfühlt. Du kannst nichts gegen die Beschlüsse

Erwachsener machen, selbst wenn sie falsch und dumm und sinnlos und ungerecht sind. In meiner Magengegend floss eine Luftblase Wut zusammen, die ich loswerden wollte und nicht loswerden konnte. Also breitete sie sich weiter aus und wurde zum Bauchschmerz, zum Hass.

Manchmal lief auch mein Vater ins Lager der Spielverderber über. Eigentlich wollte er nur seine eigene Zeit als Pfadfinder aufleben lassen. Es war lange her, seit er Jungmännertouren bis nach Norwegen gemacht hatte, aber diese Fahrradreisen waren die schönste Zeit seines Lebens gewesen: Gitarrespielen am Lagerfeuer, Trinken aus eisigen Bächen, Nächte in freier Wildbahn. Wenn er sich hinreißen ließ, über diese Unvergesslichkeiten zu romantisieren, sank die Unterlippe des Christelchens jedes Mal fast bis aufs Kinn. Die Kinder dagegen sprühten Freudenfunken, als er mit dem Zelt nach Hause kam. Zuerst brachte er den Zwergen bei, wie man diese „Bude" aus Stoff aufstellte: Gummiseite nach unten, Schlaufen nach oben, Heringe in den Boden, dann die Stangen ineinander, dann hoch mit dem Zeltdach, und bitte erst ganz zum Schluss die Leinen straffen. Alle paar Tage mussten wir unsere Stoffhütte ab- und wieder aufbauen, weil der Zeltboden das Gras ausbleichte und die hellen Rechtecke auf der Wiese ein Dorn im Auge der Paradieseswächter waren.

Irgendwann brach der heiß ersehnte Samstag an. Papa hatte versprochen, mit uns ein Lagerfeuer vor dem Zelt anzuzünden. Ein echtes Feuer? Jubel. Und eine echte Suppe, die wir über der Feuerstelle kochen würden? Seligkeit. Emsig rührten wir unter Aufsicht des erfahrenen Pfadfinders stundenlang mit Holzlöffeln in einem Blechnapf. Wir kochten eine Milchsuppe mit Nudeln. Sie schmeckte verbrannt, aber köstlich und süß. Nach dem Essen stimmten wir in Papas Fahrtenlieder ein. Die blauen Dragoner, sie ritten, wohin auch immer. Sie ritten in eine Nacht ganz großer, erwachsener Freiheit.

Wir drei wollten diese denkwürdige Nacht natürlich im Zelt verbringen. „Versprochen?“ Na klar. Großes Ehrenwort. Wir waren mit Milchsuppe gestärkt und bestens vorbereitet. Die Sonne konnte untergehen. „Es tänzelte die Marketenderin“, schmetterten wir, wie wir es oft genug geprobt hatten. Was war eine Marketenderin? Ach, egal! Wir leierten diesen Text nur herunter, weil wir auf dieses Wort lauerten, das uns jedes Mal zu einem unsinnigen Reim anstachelte. „... Marketenderin“ war Stichwort für „Leg dich hin!“, das im Chor gebrüllt werden musste.

Dann fiel den Frauen ein, dass wir uns in dieser Sommernacht im Zelt womöglich erkälten konnten. Aber warum? Wie war es möglich, sich in einer warmen Sommernacht auf einer Luftmatratze in einem heißen, stickigen Zelt „etwas an der Blase zu holen“? „Es ist zu feucht draußen.“ Die Kindertränen weichten den Weiberbeschluss nicht auf. „Ich möchte es nicht!“ Und Schluss mit lustig.

Das Schlimmste war nicht das sinnlose Verbot, sondern die Erfahrung des Verrats. Mein Vater brach sein Versprechen. Der Pfadfinder räumte die Blechteller weg, zu müde, vor allem jedoch zu konfliktscheu, sich mit zwei rechthaberischen Hausherrinnen herumzustreiten. „Illoyal“ ist das Wort, das dieses Verhalten auf den Punkt bringt. Mein Vater offenbarte seine Unfähigkeit zur Loyalität. Da ich diese Vokabeln noch nicht kannte, musste ich ihn in Gedanken als „Verräter“ beschimpfen, als einen „Feigling“. Ich fluchte meinen Hass in mich hinein, während Christian längst den Schlaf der Unberührbaren schlief. Rache!

Frag ein Kind, ob es sich glücklich oder unglücklich fühlt. Es wird dich mit offenem Mund anstaunen, ohne antworten zu können. Es weiß, welche Wünsche vom letzten Wunschzettel nicht gestrichen werden konnten. Es hat Angst vor dem Spott der Schulkameraden, die sich über seine altmodische Kleidung lustig machen. Wenn die vier Kätzchen, auf die es aufpassen sollte, sich in vier Himmelsrichtungen absetzen, ist das eine Katastrophe.

„Glückliche" Kindheiten sind – nicht anders als unglückliche, schätze ich – abstrakte Projektionen aus dem Leben von Erwachsenen. Nach deren Meinung reicht es den Kindern zum Glück, wenn sie noch nicht „viel mitmachen" mussten. Die Gegenwart der Kinder, eine Sonderwelt, legt aber eigene Maßstäbe an Katastrophen. Es gibt keine Vergleiche, keine Relativierungen. Alle Unglücke machen gleich unglücklich, jede Träne zeugt von einem Moment tiefer Verstörung. Oder ist diese Beurteilung der beste Beweis dafür, dass meine Kindheit nur objektiv" „glücklich" genannt werden darf? Sie kam ohne „richtige" Unglücke, ohne „echte" Verstörungen, ohne „wirkliche" Katastrophen aus. Das blieb eine Basis.

Subjektiv wurde meine objektiv glückliche Kindheit von dörflicher Engstirnigkeit und männlicher Abwesenheit getrübt. Ich könnte diese blinden Flecken auch härter benennen: Frauenangst und Männerehrgeiz, Arbeitssucht meines Vaters, Rechthaberei meiner Mutter und Großmutter. Keines dieser Schlagwörter trifft den Nagel auf den Kopf, aber keines zielt völlig daneben. Die unterschiedlichen Machtansprüche, die sich auf diesem Terrain ausbreiteten, heizten eine egomanische Atmosphäre mit enormen Ansteckungspotentialen auf.

Mein Vater, das weiß ich heute, hatte sich selbst eine viel leichtere Rolle zugeschanzt als den Frauen. Die Polizistinnen mussten den Alltag regeln und den Objekten ihrer Erziehung Knöllchen anheften. Er dagegen bot ihnen an Feierabenden lauter Unvergesslichkeiten. Die weiblichen Spaßbremsen dagegen bereiteten fast täglich Anlass zu Tränen. Es war der Vater, der einen großen Pappkarton in die Küche stellte. Wir öffneten den Deckel und fanden eine winzige, schwarzweiße Katze in einer der vier Ecken. „Ein neues Purzelchen", nachdem Purzel Nummer Eins auf der Bundesstraße überfahren worden war.

Im Sommer brachte Papa riesige Eisbecher von der Arbeit mit. Nita, das Dackelfräulein, hörte die Kühlschranktür vom Garten aus, ordnete das Schnappen, das eine süße, cremige, nussig-vanillene Schokoseligkeit ankündigte, sofort richtig ein und signalisierte uns Kindern mit ihrem wedelnden Rattenschwanz, dass Papa nach Hause und ein paradiesischer Leckerbissen gekommen war.

Er übte sich als Vorleser, Vorsänger, Vorturner. Er spielte Fußball gegen uns, ein Tor von uns Kindern zählte wie fünf Treffer des Erwachsenen. Er brachte uns das Skatspielen bei, sobald wir rechnen konnten, lehrte uns das Reizen und Bluffen und Kombinieren. Er fuhr mit uns ins Unnaer Hallenbad und gab Schwimmstunden. Er machte mir Mut zu meinem ersten Kopfsprung vom Dreimeterbrett. Es war seine Idee, einen Ausflug zu einem Ponyhof zu machen und uns dann auch wirklich reiten zu lassen, obwohl meine Mutter Angst vor den Pferden und ihrem „bösen Blick" hatte. Mein Vater ging mit uns spazieren, vorsingend, erzählend, über gefallene Baumstämme balancierend. Wenn wir in die Nähe der riesigen, faserig aus der Erde gerissenen Baumwurzel kamen, die uns jedes Mal Angst machte, erfand er ein Reh, das gerade über das Feld gepirscht und im Wald verschwunden sei. „Wo?", riefen wir, „wo denn?", und folgten seinem glaubwürdig in eine bestimmte Richtung zeigenden Finger mit unseren Köpfen. Bevor wir unsere aufgerissenen Augen wieder auf das Wurzelmonster einstellen konnten, lag der gefällte Riese harmlos und geschrumpft in unseren Rücken.

Zauberwelt.

Mein Vater war es auch, der mich eines Abends aufklärte. Er tat das nicht freiwillig, drückte sich aber auch nicht vor dieser Aufgabe. Meine Mutter hatte verlegen gekichert und die Frage, wo die Babys herkamen, mit der euphemistischen Versicherung, dazu müssten sich Mama und Papa sehr lieb haben, unbeantwortet und mich stehen gelassen. Ihr Mann blieb sitzen, und zwar hinter seinem überdimensionalen Schreibtisch. Das Möbelmonster okkupierte fast ein Drittel des „Herrenzimmers“. Normalerweise ging der meterweit entfernte Vaterkopf wie eine Sonne über dem Globus auf, diesem faszinierenden, drehbaren Teil in der linken, äußeren Ecke der Arbeitsplatte. An diesem Erdball spielte ich herum, als ich dem Mann meine Pistole auf die Brust setzte. Ich wollte endlich wissen, wie eigentlich und woher. – Die Kinder? Er räusperte sich, verzog aber keine Miene. Ich kannte das Räuspern aus den Gesprächen mit seiner Sekretärin. Es signalisierte Sachlichkeit und nichts als Sachlichkeit. In einem Ton, der bestens zu einer Betriebsanleitung gepasst hätte, formulierte er einen technischen Akt. Etwas von Ineinander-Stecken. Ich hielt den Globus mit beiden Händen an. Erschrocken meinte ich, dieses Einsetzen und Anpassen von Körperteilen könne bestimmt nur in einer Arztpraxis gelingen. „Aber nein!“, staunte die ausgeknipste Sonne hinter dem Monsterschreibtisch. „Zu Hause!“ Ich fragte mich, was die ganze Prozedur mit dem „Liebhaben“ zu tun hatte, von dem meine Mutter gesprochen hatte.

Auch Christian wusste nicht, wo diese Kombination der Genitalien zielgerecht vollzogen werden konnte. Aber er hätte es am liebsten sofort ausprobiert. Die nächste Adressatin meiner Mission war meine Freundin. Ulla glaubte mir nicht. Um dem Mysterium des „Ineinandersteckens“ auf den Grund zu kommen, suchten wir eines Nachmittags in den Nachttischschubladen meiner Eltern nach Indizien – und wurden fündig. Aha! Es waren lauter Turnübungen, die die Paare in den seltsamen Heftchen vorführten. Warum machten unsere Eltern solch ein Geheimnis daraus?

Ein überdimensionaler Glanzpunkt war der Rundflug über Dortmund, den uns mein Vater spendierte. Eine männliche Sonntagslaune aus dem Auto heraus. Meine Mutter saß wie immer auf dem Beifahrersitz und wurde steif. Ehe sie ihren zögerlichen Protest in die Aufzählung von Gefahren umstimmen konnte, saßen wir Kinder im Heck eines Sportflugzeugs und wurden enterdet. Mama war nur noch eine Figur in der Größe eines Spielzeugsoldaten, dann eine Ameise, dann war sie weg. Unser Vater hatte neben dem Piloten Platz genommen und ließ sich die Instrumente erklären. Unter dem Propeller hinter meiner Scheibe schnürten sich der Flugplatz und dann das ganze riesige Dortmund zu einem Spielfeld zusammen. Wie flach das Gelände von hier oben aussah! Schornsteine und Häuser hatten ihre Höhenunterschiede eingebüßt. Wo waren die Anhöhen geblieben, die die Radler zum Absteigen gezwungen hatten? Die Kuppe der Hohensyburg war geköpft worden, aber jedes einzelne Ruder in den Booten, die sich über den See schlängelten, blitzte auf, wie von der Sonne entzündet.

Zauberwelt. Der Pilot schaltete kurz den Motor ab, damit wir ein Gefühl fürs Segeln bekamen. Mit dem Propellerlärm löste sich der Druck auf Magen und Schläfen auf. Wir schwebten durch ein windiges Pfeifen. „Angst?“ Nein. Nicht mal Christian, der der besorgten Mama länger nachgeschaut hatte als ich, fürchtete sich. Wir würden nicht abstürzen, nie.

Auf meinem zweiten Rundflug war mein Bruder nicht mehr dabei. An seiner Stelle hatte Vater ein Mädchen aus der Nachbarschaft zum Fliegen eingeladen. Wieder mussten wir Kinder hinten sitzen, und wieder heulte die kleine Maschine auf, um uns in die Sitze zu pressen und in den Dortmunder Himmel zu steuern. Diesmal bat mein Vater den Piloten, ein paar Meilen in Richtung Sauerland zu fliegen. Nach fünf Minuten tauchte unter den Propellern plötzlich mein Elternhaus auf. Irgendwie hing das Gebäude schief in der Landschaft. Es krümmte sich unter den Schleifen der kleinen Maschine zusammen, spreizte dann seine Giebel in alle Richtungen, als wehre es die himmlische Inspektion ab. Wir kreisten über Dachpfannen und Beete. Auf dem Wiesenstück, das „Bleiche“ hieß, hing wie so oft Wäsche auf der Leine. Taschentücher aus Stoff, Handtücher, Bettlaken, der Größe nach geordnet, flatterten zwischen hellgrünen Wäschepfählen und winkten uns zu. Dann wurde die peinliche Ordnung gestört. Mutter und Omma hatten unseren Flieger heranbrummen hören und stelzten wie schwarz kostümierte Hühner zwischen den Wäschepfählen hin und her, pickten einzelne Trockentücher aus der Wäschereihe und schwenkten mit den gemusterten Lappen über ihren Köpfen herum, um auf sich aufmerksam zu machen.

Es war zum Lachen. Die kurzbeinigen Gnominnen dort unten hatten nicht die Spur einer Vorstellung davon, wie genau alles von hier oben zu erkennen war. Gleichzeitig hatte ihr Winken etwas Rührendes. Aus Angst, trotz ihres Bemühens von uns übersehen zu werden, rissen sie schließlich ein Bettlaken von der Wäscheleine und winkten vierhändig mit ihrer riesigen, weißen Fahne.

Dann war die Vorstellung zu Ende. Der Flieger drehte zum Horizont ab.

Das Gewölbe, das die Insel meines Elternhauses vor fremden Einflüssen abschirmte, erhielt erst in dem Moment Risse, als ich eingeschult wurde. Einen Kindergarten hatten mein Bruder und ich nicht besucht. Die Schule nun gab mir die Chance, einen Blick in andere Welten zu erhaschen. Hinter dem engen Horizont unseres Grundstücks wohnten andere Familien. Sie spielten andere Spiele auf anderen Spielplätzen. Nicht alle Kinder wurden von Paradieswächtern in Schach gehalten. Es gab zum Beispiel Bauernhöfe und Scheunen mit Strohballen, in denen sich unbeaufsichtigt herumtoben ließ. Auch das machte Spaß, und wie! Vor allem standen anderswo moderne Häuser mit Flachdach, mit Wendeplätzen und Straßen vor der Tür, auf denen Kinder Rollschuh laufen lernten. Überall lebten andere Leute ein anderes Leben, nach anderen Regeln und mit Ansichten, die in Konkurrenz zu den ehernen Gesetzen unseres Frauenhauses traten.

Kindergeburtstage konnten auch ohne eine Armee von Tanten und Großonkel gefeiert werden, nur unter Kindern. Auch in Italien konnte man Urlaub machen, zum Beispiel auf

Campingplätzen. Es musste nicht immer ein Ferienhaus an der Nordsee sein. Andere Ommas hießen „Ama“ oder „Omi“ und hatten sogar einen Führerschein und ein Auto. Andere Mütter arbeiteten in Büros, nicht bloß als Sklavinnen im eigenen Garten. Wieder andere hatten fantastische Berufe gehabt, bevor sie zu Ehefrauen und Müttern degeneriert waren: Bibliothekarin oder Lehrerin. Sie trugen keine Schürzen und nicht ausschließlich Röcke. Wenn wir Kinder diese exotischen Mütter mit einem Buch in der Hand auf einer Gartenliege fanden, kamen sie mir vor wie Bewohnerinnen eines anderen, weniger von Mühsal beladenen und sehr viel helleren Sterns.

In seiner Rede zu meinem 50. Geburtstag gab mein Vater zum Besten, wie eilig Susanne es hatte, die Zauberwelt ihrer Kindheit zu verlassen, um „draußen“ endlich etwas Vernünftiges wie Lesen, Schreiben und Rechnen zu lernen. Aus Sorge, ihre Eltern könnten die Bekanntgabe des Anmeldedatums verpasst haben, quengelte sie so lange herum, bis Papa folgsam zum Lehrer ins Dorf marschierte und sich von ihm versichern ließ, dass der große Tag rechtzeitig in der Zeitung angekündigt werde. Es waren noch ein paar Wochen, bis endlich der „Ernst des Lebens“ anfing. Endlose Wochen. Um diese kleine Ewigkeit zu überbrücken, übte ich zu Hause schon mal heimlich das Aufzeigen. Nach den Informationen, die ich Omma und Mutter entlockt hatte, konnte sich eine Schülerin mehrerer Techniken bedienen, um zu „melden“, dass sie etwas zu sagen hatte. Sie konnte die flache Hand oder den Zeigefinger in die Höhe heben. Manche schafften es, ihren ganzen Arm durchzuschütteln und mit Daumen und Mittelfinger zu „schnipsen“. Aber das war etwas für Fortgeschrittene. Vorerst wollte ich mich mit einer mäßig raschen, gezielten, eleganten Hebung des naseweisen zweiten Fingers über die bescheiden eingekauerte Resthand begnügen. Täglich stand ich vor dem großen Spiegel im Hausflur und stellte mich als Schülerin in Pose.

Mein erster Schultag begann mit einem Gottesdienst im Nachbarort. Zu Fuß marschierten Mama und ich zuerst in die Kirche, dann ins eigene Dorf zu unserer Schule. Es war eine sogenannte Zwergschule mit nur zwei Klassenräumen. Was heute kaum noch vorstellbar ist: Auf diese zwei Zimmer wurden acht Jahrgänge aus je fünf bis zehn Schülern aufgeteilt. Meine Klasse bestand aus drei Mädchen und drei Jungen. Unser erster Jahrgang wurde mit lauter älteren Kindern zusammen unterrichtet. Ich frage mich, wie die Lehrerin diesen Unterricht eigentlich organisierte. Es kann nur wenige Lehrstoffe gegeben haben, die sich für alle Klassen eigneten. Wir beteten, sangen, turnten und feierten zusammen. In allen anderen Stunden mussten die Gruppen, die gerade nicht angesprochen waren, sich still mit irgendwelchen Aufgaben beschäftigen, bis die Lehrerin sich wieder ihnen widmete. Musste diese Aufteilung der pädagogischen Zuwendung nicht zwangsläufig ins Chaos führen?

So sehr ich mich auch bemühe: Ich erinnere mich an überhaupt nichts Chaotisches. Ich weiß nur, dass ich, wenn ich meine eigenen Aufgaben erledigt hatte, oft dem Unterricht der „Großen“ zuhören durfte und eine Menge dabei lernte. Schüchtern war ich überhaupt nicht. Manchmal meldete ich mich auf Fragen, die die Großen lösen sollten und nicht konnten. Keine Lehrerin hat mich je so individuell gefördert wie meine erste, und keine Schulatmosphäre hat mir so wenig Angst gemacht wie die Gemeinschaft in unserer Zwergschule. Als sie aufgelöst wurde und ich normalen Unterricht in einem normalen Klassenverband erhielt, wurde ich schlagartig schüchtern.

Den größten Spaß hatte ich, wenn wir Erstklässler in einen Nebenraum geschickt wurden, wo ich meinen Kameraden vorlesen durfte. Als hätten alle Buchstaben in meiner Umgebung – von Papas Zeitung bis zu den Wahlplakaten auf dem Schulweg – ungeduldig darauf gewartet, von mir entziffert und in mein Leben einbezogen zu werden, hatte ich innerhalb weniger Wochen lesen gelernt.

Zurück zum ersten Schultag. In unserer Dorfschule gingen die Einschulungen nicht nur die „I-Männchen“ etwas an, sondern alle Mitschüler im Klassenraum. Unsere mickrige Reihe von Neulingen durfte sich vor etwa dreißig erfahrenen, aber freundlich begutachtenden Augenpaaren aufstellen und darauf warten, dass die Großen uns vorgestellt wurden. Immer dasselbe Ritual: Die Lehrerin forderte die Jahrgänge zwei bis vier der Reihe nach auf, sich nacheinander zu melden. „Zeigt bitte auf!“, hieß es. Sie meinte die zweite Klasse.

„Zeigt auf!“ Mein Stichwort. Ich hörte nur „Aufzeigen“ und glaubte den ersehnten Moment gekommen, da meine wochenlange Probe sich bewähren musste. Noch ehe die Kinder aus der Zweiten die Finger heben konnten, geriet mein rechter Arm außer Kontrolle, und bevor mein Finger zum Gipfel des Schüler-Olymps hochgeschnellt war, war mir klar, dass ich gar nicht gemeint und mein übereifertes Aufzeigen ein Fehlstart gewesen war.

Welche Blamage. Ich verpatzte meine Premiere und machte mich im Ernst des Lebens zum Clown. Alle lachten. Da hatte ich wochenlang meinen Finger fürs „Aufzeigen“ konditioniert und schoss gleich beim ersten Auftritt über das Ziel hinaus. Wurde rot bis zu den Haarwurzeln. Das Lachen schwoll auch noch an. Sogar die Mütter, die sich schwerbusig und breithüftig auf die kleinen Schulstühlchen quetschten, lächelten scheinheilig unter ihren Dauerwellen hervor. Ich war gedemütigt und tief überzeugt, mich ganz schrecklich, ganz unvergesslich und fürs ganze Schülerleben blamiert zu haben. Erstaunlich, dass ich am nächsten Tag trotzdem ohne Angst zum Ernst des Lebens zurückkehrte. Das Erschrecken über meinen Fehlstart saß mir für immer im Kopf. Scham. Beschämung. Vermeintliche und echte Blamagen. Ich weiß genau, wie das nagt. Die ersten achtzehn Jahre meiner Lebensgeschichte arbeiteten sich an solchen Schreckensmomenten oder an der Furcht vor ihnen entlang.

Im Jahr 1966 wurden die Erstklässler um Ostern herum eingeschult. Auf dem Foto, das mich mit meiner lila Schultüte zeigt, trage ich ein Kopftuch und eine Wollstrumpfhose. Diese Aufmachung entsprach den absonderlichen, aber unbeugsamen Kleidungsvorschriften unseres Frauenhauses. Meine freche Tante Liesel hatte dieses Gesetz übertreten und sich ein für allemal diskreditiert. Ich benötigte etwa zehn Jahre Schülerleben, bis ich es schaffte, die Rolle der Aufsässigen zu übernehmen und zum Beispiel Jeans, die bei uns nur „Nietenhosen" genannt wurden, als legitime Textilien für meinen Schulbesuch durchzusetzen. Bis zu diesem Durchbruch durchlitt ich qualvolle Jahre, in denen mir diktiert wurde, was Mädchen wann und zu welchem Anlass anzuziehen hatten – „und wenn du dich auf den Kopf stellst!"

Eine Regel der Frauen lautete: keine Kniestrümpfe vor Mai. Der Kalender diktierte die Kleidung, nicht etwa das Wetter. „Vor Mai ist der Boden zu feucht." Kein Sonnenstrahl, keine Quecksilbersäule, die über 25 Grad anstieg, weichte dieses Prinzip auf, erst recht nicht der Hinweis auf die Kniestrümpfe und Sandalen der anderen Kinder. Die Enkelinnen von Omi und Ama machten sich nämlich regelmäßig lustig über meine Strumpfhose und mich.

Mir fällt kaum ein Verbot ein, das mich so quälte wie das Verbot von Kniestrümpfen vor Mai. Meine Wollstumpfhosen waren kratzig, hässlich gerippt, dreckig braun und warfen wurstige Falten. Vor allem aber waren sie Zielscheibe des Spotts aller Kniestrumpf-Trägerinnen. Um der Häme meiner Freundinnen zu entgehen, hätte ich mir meine Strümpfe heimlich in meine Unterhosen stopfen und irgendwo auf dem Schulweg gegen die verhasste Strumpfhose austauschen müssen. Aber wohin dann mit dem blöden Stück? Außerdem hätte ich mich auf dem Heimweg erneut in das kratzige Wollteil zwängen müssen. Wo überhaupt? Und gehörten nicht unbedingt Sandalen zu Kniestrumpfen, Sandalen statt der geschnürten Halbschuhe?

Die Zwangslage war aussichtslos. Ich bekam Bauchschmerzen. Aber auch die nützten nichts. Meine Mutter stellte mir keine Entschuldigung aus, sondern schickte mich mitsamt des verhassten Kleidungsstücks unter die Wölfinnen.

Meine erste Freundin war Ute. Obwohl ich mich nicht erinnere, je Sandkuchen mit ihr geformt zu haben, fand ich es nett zu hören, wie Ute sich vor kurzem jemandem als meine Sandkastenfreundin vorstellte. Utes Familie gehörte zu den Zugezogenen, die es schwer hatten, als Bestandteil unserer konservativen Dorfgemeinschaft akzeptiert zu werden. Weil diese „Städter" nicht sofort in den Schützenverein, die Freiwillige Feuerwehr und den Gesangverein eintraten, wurden sie von den Ureinwohnern für arrogant und eigenbrötlerisch erklärt. Aber solche hinterwäldlerischen Vorbehalte kümmerten uns Kinder nicht.

Ein Foto verrät, dass ich mit Ute, ihrem Bruder, meinem Bruder und zwei anderen Kindern aus unserer Schule den ersten Kindergeburtstag meines Lebens gefeiert habe. Sieben Kerzen auf einer Prinzregententorte. Alle betrachten andächtig das schokoladene Kunstwerk und warten darauf, dass das Geburtstagskind die Kerzen ausbläst.

Die Freundschaft zwischen Ute und mir wurde erschüttert, als eine Dritte ins Spiel kam. Auch sie zog ins Dorf zu den „Neureichen", in direkte Nachbarschaft zu Ute. Das Mädchen-Duo wurde zum Trio. Jeder weiß, wie schwierig sich Freundschaften zu dritt gestalten. Unser Mädchen-Dreieck fügte sich ganz selten zu einem gleichschenkligen Gebilde, in dem jede von uns zu ihrem Recht, ihrer Anerkennung kam. Meistens nahmen zwei der drei Seiten die dritte in die Zange, um sie unter Spannung zu setzen. Nein, zerbrochen ist keine von uns an diesen Konflikten. Aus heutiger Perspektive erscheinen sie harmlos, lächerlich, übertrieben – wie fast alles, was wir als Kinder für Katastrophen halten. Aber wenn ich meine Ängste von damals einfach lachend von der Bildfläche schöbe, würde ich weder ihrer Heftigkeit gerecht noch dem bitteren Beigeschmack, von dem noch heute meine Erinnerung geprägt ist. Ganz so harmlos war das Dreieck nicht. Es gab Momente, da quälte ich mich mit Bauchschmerzen zur Bushaltestelle, weil ich mich vor den Hänseleien meiner Freundinnen fürchtete.

Die Dritte verfügte über ein fein ausgebildetes Gespür für das, was in unserem Alter das Allerwichtigste war: „beliebt" zu sein. Diese Beliebtheit war eine quantitative Größe: Wer bei den meisten Mitschülern beliebt war, hatte recht und machte es richtig. Die „Unbeliebten" verdienten Vernachlässigung, standen sie doch mit Recht am Rand. Als deutlichster Beweis dafür, dass man nicht zu den Versagern gehörte, den wenig oder gar nicht Beliebten, galt die Position in der Mitte, und die füllte die Dritte in unserem Mädchen-Bunde voll und ganz aus.

Ehe wir uns versahen, bewegten Ute und ich uns in ihrem selbstbewussten Herrschaftsbereich. Während wir kämpfen mussten, flog ihr der Sieg im Kampf ums Beliebtsein zu. Mit unterschiedlichen Taktiken setzten wir alles daran, sie zur besten Freundin zu gewinnen. Ute wollte sie kopieren, ich wollte immer eine bessere Alternative kennen. Dabei merkte ich nicht, dass ich ihr mit solcher Rechthaberei verdächtig ähnlich war.

„Du bist ehrgeizig!", fauchte mich jene zweite Schulfreundin an, der ich hier den Namen Ulla gegeben habe. Ulla hatte nach einem guten Grund gesucht, um nicht mit mir, sondern mit ihrer anderen Freundin den Nachmittag zu verbringen. „Euer Dackel stinkt!", rechtfertigte sie ihre Absage. Das stimmte, war aber trotzdem eine Gemeinheit. Am tiefsten beleidigte mich der schnippische Zusatz: „Das hat übrigens auch Omi gesagt. Dass du ehrgeizig bist."

Da hatte ich es. Bevor die ärgerliche Klangfarbe in Ullas Stimme meinen „Ehrgeiz" eintrübte, hatte ich ihn für eine durchweg positive Eigenschaft gehalten. Bei uns zu Hause wurde man dafür gelobt. Ehrgeiz, das war der Antrieb meines Vaters, des Volksschülers, zu höheren beruflichen Weihen. Ohne diese Motivation übersprang niemand die Hürden des Lebens. Mit Ehrgeiz verbanden sich weitere preußische Tugenden wie Fleiß, Beharrlichkeit und Willenskraft. Wenn mein Bruder nach fünf schlappen Kniebeugen die Übung aufgab, warf unser Vorturner ihm mangelnden Ehrgeiz vor. Ich verstand nicht, wieso etwas so Nützliches wie Ehrgeiz plötzlich verachtet wurde. Wieso redete die Familie meiner Freundin überhaupt über mich? Womöglich wurde in jenem Haus, in dem mein „Ehrgeiz" sich offenbart hatte, auch über die beruflichen Weihen des Volksschülers gelästert, den die ehrgeizige Susanne zum Vater hatte, oder man amüsierte sich über ihre Omma, die es mit der Grammatik nicht so genau nahm? Bei anderer Gelegenheit hatte dasselbe Mädchen meiner Mutter ein angemessenes Urteilsvermögen abgesprochen, weil „deine Mama nicht gut in der Schule war". Aber diese Meinung gründete auf einem Missverständnis. Meine Mutter hatte aus ganz anderen Gründen das Gymnasium verlassen müssen, Gründen, die eine Beamtenfamilie sich einfach nicht vorstellen konnte.

Vielleicht war auch mein angeblicher Ehrgeiz ein Missverständnis. Erstens war die Omi immer sehr nett zu mir gewesen, und ich konnte mir nur schwer vorstellen, dass sie mich hinterrücks verurteilte, zweitens passte die Vokabel nicht zu der Szene, die ihre Enkelin als Beweis für meinen Charakterfehler vortrug. Mein Ehrgeiz hatte sich verraten, als es mir nicht gelingen wollte, die Mischbatterie im Badezimmer zur Abgabe von Wasser zu bewegen. Eine solche schicke, mit einem Schwunghebel ausgestattete Armatur sah ich zum ersten Mal. In unserem Badezimmer gab es nur einen Kran für kaltes und einen für heißes Wasser. Die Ventile waren dreieckig, und man drehte sie auf wie Schlüssel. In dem fremden Badezimmer war alles anders, alles neu. Ratlos fragte ich die Omi, wie ich denn die Wasserhähne bedienen müsse. Das war alles. Omi zeigte es mir und lachte dabei. War das Spott gewesen?

„Du bist ehrgeizig!" In der Tat: Ich wurde leicht nervös und unsicher, wenn mir irgendeine Kleinigkeit nicht auf Anhieb gelang, und ich hatte ständig Angst, mich zu blamieren. Aus Ullas Vorwurf lernte ich allerdings etwas ganz anderes: Die Stille in dem Haus mit den modernen Armaturen, diese beeindruckende Ruhe, in der kein Bruder seine Schwester ankreischte, keine Omma in Plattdeutsch vor sich hin schimpfte und erst recht nicht mit einer gerollten Zeitung hinter Kindern her stampfte, diese konzentrierte, fast meditative Stille umfasste ein Verschweigen dessen, was wirklich gedacht wurde. Das war gefährlich. Es gab eine Konvention, die die Ansichten unter innerfamliärem Verschluss hielt, bis sie aus dem Waffenschrank gezogen wurden, durch Zufall oder mit der gezielten Absicht, jemandem weh zu tun. Über manchen vermeintlichen Freund des Hauses, manchen freundlich empfangenen Gast war längst eiskalt das Todesurteil verhängt worden, ohne dass der Kandidat es ahnte. Irgendwann würde die Hinrichtung erfolgen. Landeten alle Geheimnisse, die ich meiner besten Freundin ins Ohr flüsterte, kurze Zeit später an ihrem Abendbrottisch, um von ihrer Familie kräftig durchgekaut zu werden?

Angesichts des modernen Bungalows der Familie meiner Schulfreundin war meine Wertschätzung für das eigene, eigenwillige Schnörkelgebäude von Elternhaus vorübergehend gesunken. Dort war alles altmodisch, von den roten Backsteinen bis zu den Giebeln, die wie Vogelhäuschen auf dem Dach hockten. Bei den Anderen gab es nur eine einzige Treppe, und die führte in den „Hobbyraum", einen geheizten, möblierten Keller mit vielen Gesellschaftsspielen. Nebenan stand eine Tischtennisplatte. In unserem Keller dagegen standen bloß Gläser mit eingekochten Birnen. In dem modernen Haus gab es keinen Flur mit Stolperstufen, sondern eine vornehme Diele. Einbauküche. Ledersofa. Am meisten faszinierten mich die langen Regalwände über dem offenen Kamin. Sie waren von vorn bis hinten und von oben bis unten mit Büchern gefüllt und verliehen dem großen Wohnzimmer eine Feierlichkeit, eine Gewichtigkeit, die sich nahtlos in die gedämpfte Stille des Akademikerhaushalts fügte. Es war die typische Atmosphäre einer privaten Bibliothek, und die war neu für mich. Die Anordnung der Bände folgte einer Systematik, die ich noch nicht durchschaute, die mich aber jedes Mal in ihren Bann zog. Jedes Werk hatte hier einen überlegt ausgewählten Ort, und je nachdem, was die Mutter gerade wissenswert fand, zog die ehemalige Lehrerin garantiert einen passenden Band aus dem Regal.

Bei uns waren alle Bücher doppelreihig hinter Schranktüren gesperrt, als müsse man sich ihrer Existenz schämen. Bevor mein Vater zu dem „Hausbuch Wilhelm Busch“ greifen und uns von den „bösen Kindern“ vorlesen konnte, musste er jedes Mal eine Glastür oder eine Schublade öffnen. Nachschlagewerke gab es in der Büchersammlung meiner Eltern nicht. „Der Schweizerische Robinson“ machte sich neben abgegriffenen Readers-Digest-Heften und „Ein Kampf um Rom“ breit. Die „Buddenbrooks“ standen eingeschüchtert zwischen Romanen, die monatlich vom Bertelsmann-Buchclub ins Haus geschickt wurden.

Ich nahm mir fest vor, meine eigene Büchersammlung niemals in einem Schrank einzusperren, sondern sie um mich herum atmen zu lassen.

Im Gymnasium traten Ulla und ich nur noch im Doppelpack auf. Manche Lehrer warfen unsere Vornamen durcheinander. Offensichtlich wirkten wir wie Zwillinge, obwohl wir äußerlich wenig Ähnlichkeit hatten. Pech und Schwefel klebten uns nicht nur bei harmlosen Streichen zusammen. Unser Bündnis weitete sich auch zu einer unerträglichen Kampfeinheit gegen bestimmte Mitschülerinnen aus. Besonders brave, besonders schüchterne oder besonders „hässliche“ Mädchen stachelten unsere Lust auf, ihnen das Leben schwer zu machen. Ich wette, dass wir unseren Opfern schlaflose Nächte bereiteten. Heute würde unser

„Ärgern" wahrscheinlich als handfestes Mobbing verbucht. Es machte uns Spaß, über den Schulhof zu fliegen, jemanden als Zielscheibe auszusuchen, zu besiegen. Ja, ich sollte mich dieser Untaten schämen, und als mir ein paar unserer ehemaligen Opfer beim letzten Abi-Treffen unerwartet herzlich die Hand schüttelten, wäre mir sogar beinahe die angemessene Reue gelungen. Heute sage ich: Ulla und ich waren die reinste Plage. Aber wir hatten unendlich viel Spaß dabei. Und diesen Spaß, den wir uns auf Kosten anderer leisteten, kann ich nur halbherzig bereuen.

Es ist schwer, das Lieben zu lernen. In diesem Punkt erfüllte keine von uns die elterlichen Erwartungen. Ullas „schrecklicher" Vater und meine „unmögliche" Mutter: Was wussten diese Erwachsenen von unseren hohen und tiefen Gefühlen? Was ahnten sie von den Wechselbädern zwischen Himmelsjauchzen und Todesbetrübnis?

Wir waren überzeugt, dass Eltern keine Ahnung hatten; wie das ist, wenn ein harmloser Blick wie ein Blitz einschlägt; wenn du meinst, eine schnippische Bemerkung zerrt dir am Lebensfaden, und der Akkord, den eine braune Hand einer Gitarre zu entlocken weiß, jahrelang von Ohr zu Ohr wandert. Von solchen verzweifelten Seligkeiten erfuhren nur Tagebücher, erste Schreibversuche und die beste Freundin.

Natürlich wussten wir immer, wer hinter einer von uns und hinter wem jede von uns „her war" und wie aussichtsreich, wie aussichtslos solche Ambitionen waren. Fantasien. Versuche. Enttäuschungen. Ulla und ich wussten voneinander, wer mehr als ein Schulfreund war und um wen wir uns die Augen aus dem Kopf heulten. Wir wissen auch heute noch, wessen Name uns jahrelang bis in die Träume verfolgt hat, und heute tut es uns beiden leid, dass wir all das voneinander wissen.

Vorbei.

Unser Gymnasium galt als die „linke“ Schule von Unna. 1969 wurden wir dort als zweiter Jahrgang eingeschult. Eine junge Schule bedeutete junge Lehrkräfte. Wenn meine Lehrer also gerade erst ihre Ausbildung abgeschlossen hatten, so müssen sie zu jener Studentengeneration gehört haben, die heute als „68er“ das Altwerden übt. Wieso hatte kein einziger meiner Lehrer, erst recht keine Lehrerin etwas Revolutionäres? Herren in Stoffhosen und kurzem Hemd oder Pulli, Damen im Kostüm, Dämchen unter so dick aufgetragenen Schminkschichten, dass das Make-up ihre Blusenkragen bräunlich einfärbte. Sie alle wirkten durch die Bank weder unautoritär noch „links“. Konservativ oder gar faschistisch waren sie auch wieder nicht. Vor niemandem brauchten wir Angst zu haben; eine Ausnahme war der einzige Choleriker des Kollegiums, der seine Wut an den Lautsprechern ausließ, durch den zentrale Ansagen erfolgten. Eines Tages riss er die Box aus der Wand. „Jetzt ist Ruhe!“ Niemand hat damals gelacht, auch nicht, als uns eines Tages von unserem Direktor mitgeteilt wurde, dass einer unserer Lehrer sich eine Kugel durch den Kopf gejagt hatte. Es war das traurige Ende eines Diplom-Physikers, der einen Ausflug in die Pädagogik versucht hatte und gescheitert war. Ein paar Wochen hatte der gehemmte Mann vor befremdeten Schülern gesessen, pausenlos in einem Physikbuch geblättert und uns die Definitionen von „Wichte“, „spezifisches Gewicht“ und ähnlichen Kuriositäten vorgelesen: ein sinnloser, bedrückender Unterricht ohne Lernfortschritte. Später kam das Gerücht auf, die Schüler hätten mit ihren Frechheiten zur Depression und schließlich zum Suizid des Physikers beigetragen. Ich erinnere mich allerdings nicht an Frechheiten, sondern lediglich an Verwirrung und Langeweile. Als der Direktor uns dann mitteilte, unser Lehrer habe sich erschossen, reagierten wir erschrocken, aber nicht mitleidig. In allem war dieser Mensch uns fern und fremd geblieben, sogar in seinem selbst gewählten Ende.

Der Suizid dieses Unglücklichen gehörte zu den seltenen Sensationen, die ich mit meinen Lehrern erlebte. Die anderen blieben vollkommen unauffällig: pädagogisch und politisch maßvoll, und mit einer menschlichen Harmlosigkeit gesegnet, von der ich erst im Nachhinein ahne, dass sie nur äußerlich war. Erdbeben und Geisteskrankheiten fanden woanders statt. Alkoholische Exzesse und Grabschereien kamen erst später vor, sadistische Neigungen fanden in anderen Jahrgängen ihre Opfer.

Wirklich?

Viele Mitschüler durchschauten die Charaktere unserer Lehrer besser als ich, die in beinahe jeder Figur nur einen netten Menschen sah. Oder wollte ich unterschwellige Stöße einfach nicht mitbekommen, weil ich nicht zu denen gehörte, die Schäden davontrugen? Ich kam mit allen Lehrern einigermaßen zurecht, klagte selten über ungerechte Noten. Aber das Zentrum meines Schülerlebens pulsierte außerhalb der Klassenräume und Klausuren. Schule fiel mir leicht, weil sie zu den angenehmen Nebensächlichkeiten gehörte.

Trotzdem will ich nicht ausschließen, dass ich von meiner Schule, meinen Lehrern die entscheidenden Impulse für meine gesamte Lebensplanung erhalten habe. Angeblich ist die Schule nach dem Elternhaus ja der Raum, von dem Heranwachsende am intensivsten geprägt werden. Meine Lehrer wirkten so unauffällig, vielleicht auch so unbewusst und gedankenlos auf meine Entwicklung ein, dass ich die Einflüsse heute unterschätze. Für meinen Religionslehrer allerdings gilt das nicht. Ohne seine intellektuellen Anstöße hätte ich vielleicht nie entdeckt, wie eng Theologie und Denken zusammenhängen, dass sie eine intellektuelle Auseinandersetzung erfordern, die Fragen aufwirft und Spaß macht. Spätestens, als mein Religionslehrer mir zu meinem Abitur „viele reale Lebenserfahrungen" wünschte, von denen ich als Schülerin wohl zu wenige gesammelt hatte, muss er geahnt haben, wie gut mir die wissenschaftlich disziplinierte Gottessuche tun würde.

Ein anderer Lehrer prägte mich auf einer anderen Ebene. Der unscheinbare Mann – ebenfalls Theologe, allerdings von der anderen Fakultät – steckte mich mit seiner unverhohlenen Liebe zu Büchern an. Mit näselnder Stimme, aber einem faszinierenden Deutschunterricht zog er selbst die pubertierendsten Störenfriede in seinen Bann. Immer, wenn ich später in einer F.A.Z. nach dem Feuilleton blätterte, musste ich daran denken, wie dieser Lehrer von den Stunden geschwärmt hatte, die er jeden Nachmittag in seiner Bibliothek und über dieser Zeitung verbrachte. Er freue sich jeden Mittag, erzählte er, auf diese Sitzung zwischen lauter flüsterndem, Geheimnisse bergendem Papier, und lasse sich nur in Notfällen von diesem Rendezvous abhalten.

Die „linke" Schule von Unna schaffte es nicht, einen politischen Menschen aus mir zu machen. Man musste wohl in einer Großstadt aufwachsen, um die politischen Umbrüche Ende der sechziger und Anfang der siebziger Jahre unter den eigenen Haut- und Haarpartien zu spüren. Ich bekam keine Gänsehaut und hörte nichts über Straßenschlachten und Wasserwerfer. In dem Fernseher, den wir seit Mitte der sechziger Jahre besaßen, schwammen Delfine in Floridas Meer herum, rannten Collie-Hündinnen gegen halbwilde Pferde um die Wette, bevor das Programm einen schielenden Löwen als Freund eines kreischenden Affen präsentierte. Politik kam in den Nachrichten, und die Nachrichten kamen zu spät für uns Kinder. Nicht mal die Mondlandung von Neil Armstrong wurde in unserer Familie live verfolgt.

Das erste Ereignis mit politischen Folgen, das ich mit vollem Bewusstsein wahrnahm, war die Olympiade in München und der mörderische Anschlag auf die israelische Mannschaft. In meinem Kopfkino laufen Bilderfolgen nacheinander ab wie zusammengeschnittene Streifen: eine Feier zum Auftakt der Begegnung der Jugend, Jubeljubel, direkt danach eine Trauerfeier. Beides zum Heulen. Innenminister Genscher vor der todstillen Kulisse des Stadions: Es flattern seine Hamsterbäckchen, und Omma wischt sich verstohlen eine Träne von der Backe. Das Leben ging weiter, der Jubel, Applaus. Heide Rosendahl siegte. Und siegte.

Ähnlich bewegt von politischem Geschehen war ich fünf Jahre später im deutschen Herbst. Mit einer Gruppe Schulkolleginnen hielt ich mich in einem kirchlichen Heim auf, wo wir uns auf einer „Berufsfindungstagung" über unsere Zukunft orientieren sollten. Ulla und ich wussten längst, was wir werden wollten: sie Lehrerin, ich Pfarrerin. Was brauchten wir noch Beratung?

Wir nutzten diese knappe Woche fast ausschließlich für Albereien. Wir blieben im Jugendheim, saßen also nicht in dem Ausflugsbus, der die jungen Leute zu einer diakonischen Einrichtung fuhr und auf Hin- und Rückweg von der Polizei kontrolliert wurde. Statt an den Vorträgen zur Berufsfindung teilzunehmen, verwüsteten wir die Zimmer der Schulkameradinnen, die gerade einen Vortrag besuchten. Solche „Streiche" standen uns eigentlich schlecht zum siebzehnjährigen Gesicht. „Na und? Wenn's doch Spaß macht!"

Das Fernsehzimmer, das eine Nachrichtensperre über die Geschehen in der Lufthansa-Maschine mitteilte, betraten wir nie. Eines Mittags rief ein junger Mann, den wir insgeheim „Radio" getauft hatten, dass Ensslin und Baader und Raspe sich umgebracht hatten. Mäßiger Schock. Am Abend dann: Hanns Martin Schleyer war tot. Auch über dieses tragische Ende einer Entführung unterrichtete uns das zweibeinige Radio. Wir albernen Hühner nahmen uns vor, diese bedrohlichen Ereignisse ernst zu nehmen. Ich vermute, dass wir über die Krise, in der unser Land eierte, redeten. Mir fällt sogar eine Art Krisensitzung in einem der Mädchenzimmer ein; sechs, acht Jugendliche auf zwei Betten. Wir lachten nicht mehr, brachten auch keine Zimmer mehr durcheinander. Aber Angst?

Es war das Alter, in dem wir noch unsterblich waren. Es gab keine Angst.

KAPITEL 2
DAS TRAUMA TRÄUMEN

Träumst du eigentlich in Bildern oder in Stimmen?" Ich mag es, wenn mich jemand so etwas fragt. Die wenigsten Leute wagen es, sich nach den „Geheimnissen" der Blinden zu erkundigen. „Was bleibt von einem geliebten Gesicht? Was sieht man, wenn man nichts mehr sieht?" Jeder will es wissen, aber niemand fragt die Blinden danach.

„Ich träume immer seltener in Bildern", antworte ich und erkläre mit bedauerndem Unterton, dass auch die Farbe in diesen Nachtaufnahmen immer blasser wird. Ist das ein Preis des Alterns, den alle Späterblindeten bezahlen müssen?

In den ersten Jahren nach meiner Erblindung mischten sich permanent grellbunte Flächen in die Landschaften meines Schlafs, als ob Orange und Zinnober, Türkis und Grün sich mit Gewalt in Erinnerung brüllen wollten. Das hat nachgelassen. Auch die Gesichter verlieren immer mehr an Tiefe und Kontur, und wenn sie über den Monitor in meinem Kopf huschen, fließen sie in die Breite und werden unkenntlich. Es gibt nur ganz wenige Bilder, die die Zeit nicht wegrasieren kann: Bilder, die weh tun. Sie kauern still hinter der Stirn, als warteten sie darauf, dass ein Vorhang sich öffnet.

Der Tag, an dem der Tod aus den Mauerritzen kriecht, sieht immer noch nach etwas Neuem in Mamas Gesicht aus. Sie stürzt in die Küche. Etwas hat ihren schmallippigen Mund ins Zentrum einer Verzerrung geschoben, etwas, das weh tut; ein neugeborener Schmerz, der durch die Haarwurzeln in Mamas Kopf gestiegen ist. Er stopft ihren Schädel voll, er hämmert von innen und klopft, bis der Druck ihr aus den Augen quillt.

„Was ist passiert?“

Mama schweigt. Sie stellt sich dicht vor unsere Nasen. Ich rieche das Gummi ihres Hüfthalters. Mamas Körpermasse nimmt uns Atem und Aussicht. Ihre fleischige Hand schiebt meinen Bruder und mich vom Küchenfenster weg nach nebenan, damit sich unsere Perspektive ändert und der Süden hinter dem Fenster verschwindet. Wir müssen uns setzen.

„Warum? Was ist los?“

Vor ein paar Tagen saß jemand anderes in meinem Sessel fest: unsere zweite Omma, „Oma Brille“, quoll fast über die Holzlehnen. Lahm ist sie, die Oma Brille, sehr dick, und sie schleppt ihre gelähmte Unförmigkeit im Schneckentempo durchs Haus, an einem vierfüßigen Stempel von Gehstock. Richtig sprechen kann sie auch nicht. Eigentlich ist nichts richtig an dieser zweiten Omma. Nur ihr Lachen stimmt. Lachen kann sie, bis ihr die Tränen vom Brillenrand in den Mund laufen. Wie diese Oma da in dem Wohnzimmer-Sesselchen lagerte, flossen die Lachtränen und gluckten die Lachblasen in ihrem Gaumen, dass es ansteckend war. Alle lachten wir wie die Irren: Oma Brille und ihre ersten Enkel. Vor ihren plumpen, orthopädischen Schuhen drehte sich unser Kätzchen um seine eigene Achse. Ein Fellkreisel auf vier blitzschnellen Pfötchen jagte seiner eigenen Schwanzspitze nach und ärgerte sich über das Tempo, in dem der Schwanz versuchte, sich aus dem Staub zu machen. Dummes Kätzchen. Wirbelndes, kreiselndes, trampelndes Kätzchen. Wie hat die Oma Brille darüber gelacht! Mir ist, als drücke ich einen letzten Rest Gelächter platt, als ich mich auf Oma Brilles Platz setzen muss.

Was ist passiert?

Mama sagt uns, was wehtut: Das Kätzchen ist angefahren worden. Das dumme kleine Kätzchen wollte die Bundesstraße überqueren, drehte sich nicht nach den Autos um, und zack, wurde es von einer Stoßstange erwischt. Meine Fantasie beißt sich an einem Schlag, einem Knall, einem Flug von vier Pfoten fest. Etwas bricht sich den Rücken. Etwas schleppt sich auf zwei Pfoten nach Hause und schreit jetzt vor Schmerzen. Gleich muss die Katze erschossen werden.

Christian quiekt wie ein Schweinchen, als er das hört. Ich heule los. „Das ist unsere Katze! Die darf keiner erschießen. Die wird wieder gesund."

Ganz bestimmt wird die wieder gesund.

Aber meine Mutter bestand wie immer auf allem, das den Tod zum Schicksal und dieses Schicksal zwingend machte. Wer so böse von einem Auto zertrümmert wurde wie unser Kätzchen, der konnte nicht anders. Mit gebrochenem Rücken musste man sterben.

Dann schellte der Nachbar, der das Gewehr mitbrachte, und unsere Mutter ging mit ihm in den Keller. Zum Töten. Mein Bruder jaulte, ich wimmerte. Es war unsere Katze. Wir hatten sie lieb.

Wie sich der Schuss in unseren kleinen Ohren breit machte, weiß ich nicht mehr. Aber wie das Kätzchen nach diesem Gnadenschuss aussah, daran erinnere ich mich haar-, pfötchen- und schnurrbart-genau. Christian und ich waren ans Küchenfenster zurückgeschlichen und schauten nach unten. Aus der Kellerluke reichten zwei Hände einen geflochtenen Korb ins Freie. Die Katze lag auf ihrer rechten Seite, den Schwanz wie immer neben dem Hinterlauf drapiert. Die obere Hälfte, die, die sie uns sehen ließ, war wundfrei. Sie sah heil aus wie immer. Sie schlief. Unsere Katze war tot und würde im Garten vergraben werden. Aber sie schlief.

So harmlos sah er aus, der Tod. Er war aus den Mauerritzen unseres Hauses geperlt wie ein Bröckchen Mörtel, war in den Keller gerollt, hatte sich zu einer Gewehrkugel zusammengekrümmt und zu dem Kätzchen in den geflochtenen Sarg gelegt. Wie alle Haustiere begrub die Omma jetzt diesen Kasten unter dem Haselnussstrauch, und ich würde jedes Mal, wenn ich dort Nüsse aufsuchte, Angst davor haben, einen Katzenknochen aus dem Laub zu buddeln.

Eine kalte Schulter zum Abschied. Wie lange habe ich nicht mehr daran gedacht? Mein Bruder hat mir zum Abschied keinen warmen Händedruck hinterlassen, sondern den Anblick von Hinterkopf und Rücken. Immer, wenn meine Erinnerung sich unserer letzten gemeinsamen Szene nähert, friert sie hinter den Augen fest.

Ich stehe hinter Christian. Komme nicht von der Stelle. Komme nicht an ihm vorbei. Sein sommersprossiger Rücken katzbuckelt unter weißen Baumwollrippen und biegt mir ein paar von seinen Wirbeln entgegen. Oberhalb von Baumwollträgern und Schulterblättern muss ein fleischfarbener Nacken mit dunklem Haaransatz anfangen, aber den zeigt er mir nicht. Braune Augen; wenn ich mich recht erinnere. Aber erinnere ich mich recht? Haben seine Augen meine Beine im Spiegel fixiert, oder war ich es, die sein seitenverkehrtes Gesicht suchte?

Zehnjährig stehe ich auf der obersten Treppenstufe und blicke abwärts in eine der Zwischenetagen, in unser Badezimmer. Ich registriere, dass der Zugang zum Waschbecken versperrt ist. Das kopflose Hindernis hockt breit auf einer der unteren Stufen und schaukelt, sein Kinn zwischen den Knien. An diese Jungenknie erinnere ich mich haut-, härchen- und knochengenau. Sie waren rund. Meine eigenen dagegen wirkten ungepolstert und eckig mit ihrer hervorspringenden Kniescheibe. Die runden Knie, sagte meine Großmutter immer, seien Engelknie, die eckigen Bengelknie. Der Bengel war ich.

Das Mädchen der Bengel, der Junge ein Engel: warum? Ich bin nicht mehr sicher, dass Omma sich der Gemeinheit, die ich in dem Satz hörte, bewusst war. Auf alle Fälle passte sie fugenlos in ihre abschätzigen Urteile über das Kind, das der ungezogenen Liesel glich und aus der Rolle fiel, die sie ihm überstülpen wollte. Schon die kleine Schwester ihres Schwiegersohns war alles andere als ein braves Engelchen gewesen, und nun eiferte Susanne ihr nach. Der Mädchenbengel trug die Engelslocken nur zum Schein, wusste Omma. In Wirklichkeit war er frech. Er gab Bengelantworten, die in unserem Haus „Widerworte" hießen. Auf Christians Engelszunge waren dieselben Worte nicht frech, nicht ungezogen, sondern sie klangen „ulkig".

Engel Christian war kein Rebell. Der Junge schüttelte höchstens einmal den Kopf, blieb aber brav, gab keine Widerworte und kam nach der Seite aller Christians und Christels in der Familie.

Warum das so war, verstand ich nicht. Warum die Omma dem Engel alle Streiche, die er mit dem Bengel zusammen ausgeheckt hatte, augenzwinkernd verzieh, der Bengel jedoch stets für seine Bengeleien bestraft wurde. Ich musste meine Harmonika wieder abgeben, die Omma mir geschenkt hatte, nur weil mir ein Widerwort herausgerutscht war. Der Engel kicherte nur, und zwar boshaft. Seine Harmonika durfte er behalten.

Einmal hatte der Bengel dem Engel die Haare geschnitten, genau so wie ein Mann im Frisiersalon sich kurz zuvor an den Locken des Bengels zu schaffen gemacht hatte, ritsch ratsch, weg mit der Pracht, nur mit der falschen Schere. „Verboten" hatte der Engel nach dieser Operation ausgesehen, verboten und erstaunt aus großen, braunen Augen unter seiner Stoppelstirn hervorgeschaut, aus einem Gesichtsrahmen mit ausgefransten Schläfen.

Es war ein Verbrechen, das nur Bengeln passieren konnte. Die Entstellung ihres Engels vergaßen Mutter und Großmutter mir nie! Die Frauen des Hauses proklamierten meine unverzeihliche Bengelschuld. Eine Hand hatte sich einen Holzlöffel aus der Küchenschublade gewühlt. Sie bearbeitete mit dem Werkzeug den Bengelhintern und reichte ihn an eine zweite Frauenhand weiter, auf dass er seinen wütenden Tanz mit einer frischen Partnerin fortsetzen konnte. So unverzeihlich war die Schuld des Bengels, dass der Löffel einen halben Tag auf dem

Küchentisch lauern und auf einen dritten Einsatz warten musste. Der Vater des Frauenhauses war selten vor Schlafenszeit zu Hause und kam auch an diesem Abend spät. Aber er ließ es sich nicht nehmen, seinen Holzlöffeltango aufs Hinternparkett des Tochterbengels zu legen. Aller gerechten Dinge waren drei, und alle drei Erwachsenen fanden sie gerecht, diese „Strafen". „Das tut sie nie wieder!", hieß es. „Das wird ihr eine Lehre sein."

Strafe? Schuld? Lehre? Der Bengel wünschte sich, dass auch Engel eines Tages bestraft werden würden, für welche Schuld auch immer. Er hasste sich selbst für die eckigen und er hasste den Engel für seine runden Knie.

Aber Kinder vergessen. An dem Dienstagmorgen, als der Katzbuckel mir den Weg ins Badezimmer versperrte, waren alle Rachegedanken längst geschmolzen. Was sich in meiner Stirn festsetzte, war nur die Erinnerung an Christians kalte Schulter. Ich huschte an dem gerippten Torso vorbei und nahm eine andere Treppe nach unten. Wie der Engel sein Gefieder zusammenraffte, mit seinen Flügeln schlug, wie er von den Stufen abhob und aus dem Weg flatterte, bekam ich nicht mit.

Einspruch meiner Mutter: „Als ob ihr nur geprügelt worden wäret!" Sie hat sich der Prügelszene im Badezimmer zu und schnell wieder abgewendet. Kurzes Hinschauen, dann rasch das Bild überblenden. So gelingt es dem Christelchen immer, vor spitzen Gedanken die Tür zuzuschlagen. Die Tochter übertreibt mal wieder, denkt sie. Hat die nicht immer dazu geneigt, Unwichtigkeiten zu dramatisieren? Als Schulkind fiel es ihr schwer, ihre Fantasie zu zügeln oder in sturzsichere Bahnen zu lenken. Ihre erste Lehrerin beschwerte sich, weil die Susanne, wenn sie ihren Mitschülern im Nebenraum etwas vorlesen sollte, immer den eigenen Senf über die harmlosen Geschichtchen strich und so lange schärfte, bis das zweite Schuljahr über Tisch und Bänke stieg. War ihr einfach nicht abzugewöhnen, der Blödsinn. Jede Anekdote wird gleich zum Roman.

„Als ob ihr keine behütete Kindheit gehabt hättet!“

Recht hat meine Mutter, wie immer. Wir sind wirklich nur selten geschlagen worden, und zu behaupten, ich gehörte zu dem traurigen Heer der misshandelten und ungeliebten Kinder, wäre gelogen. Aber sind Erinnerungen nicht immer Lügen, selbst wenn sie mit Tatsachen arbeiten?

Der Holzlöffel in der Küchenschublade ist eine Tatsache. Es wäre töricht, darauf einen verspäteten Rachefeldzug gegen meine Eltern zu gründen. Aber in der Dramaturgie einer Lebensgeschichte verliert eine weitere Tatsache, dass nämlich eine antiautoritäre, gewaltfreie Erziehung noch nicht in Mode war, an Gewicht. Der Spannungsbogen einer Biografie interessiert sich nicht für den langweiligen Alltagsfrieden. Er lebt von den unvergesslichen Sekunden kindlichen Entsetzens, vom Aufschrei und vom „Bitte nicht!“ Das Gefühl der Ohnmacht schaukelt sich von Schlag zu Schlag, von einer Ohrfeige zur anderen. Lange Strecken elterlicher Zärtlichkeit und kindlicher Geborgenheit werden zwischen den zackigen Ausschlägen von Unvernunft und Dummheit zerrieben, oder sie verkommen zur bloßen Redundanz.

Als ob wir nur geprügelt worden wären. Nein, das sind wir nicht. Aber meine Erinnerungsarbeit hat sich auf die Traumata verlegt. Sie bürdet sich Altlasten auf, weil das die einzige Möglichkeit ist, sie ein für allemal abzuwerfen.

Ich fische also im Trüben und erjage jenen Holzlöffel, der unmittelbar neben Christians kalter Schulter an die Oberfläche gestiegen ist. Es sind zwei blutige Beutestücke, zwei Fetzen aus verschiedenen Zeitabschnitten. An welcher Stelle hängen sie zusammen?

Mein Vater lässt sich, seit er seine eigene Sterblichkeit in den Knochen spürt, hin und wieder zu einer Art Bedauern hinreißen. Er räumt die Möglichkeit ein, Fehler gemacht zu haben, was seine widersprüchlichen Erziehungsmethoden betrifft. „Wir waren überfordert und zu jung.“ Manchen Schritt des Holzlöffeltangos zöge er gern zurück, wenn es ginge. Es geht aber nicht. Manche Handgriffe sind so endgültig wie das Einschrauben von Sargnägeln. Dem alten Mann bleibt nur, alles, was in dem Frauenhaus schief gelaufen ist, einer Toten in die Schuhe zu schieben: „Schuld hatte sowieso die Omma!"

Fakt ist, dass meine Großmutter, wenn sie noch leben würde, immer noch darauf bestünde, dass Schläge mit einem Holzlöffel noch niemandem geschadet haben. Was für ein Irrtum! Wer am längsten unter den Striemen des Löffeltangos gelitten hat, zu dem die Omma angeblich aufhetzte, war gar nicht ihre Enkelin. Es war der einstige Tanzpartner des Prügels, mein Vater. Wenn er uns schlug, tat ihm das schon beim Ausholen leid.

Mussten nicht Männer seines Schlags Konsequenz beweisen? Was sie einmal angefangen hatten, wurde zu Ende gebracht. Konsequenz gehörte zu den Prinzipien.

Plötzlich weiß ich, wie die Bilder zusammenhängen, und puzzle mir die Szenen zurecht. Ein paar Tage vor dem Dienstag, als mein Bruder mir mit kalter Schulter jegliches „Auf Wiedersehen" verweigerte, war es wieder so weit. „Ab und zu müssen Kinder den Hintern versohlt kriegen", mit einer bestimmten, konsequenten und prinzipiellen Regelmäßigkeit. „Die Blagen warten geradezu auf Dresche!"

Schon hatte der Prügel sich aus der Küchenschublade gewühlt. Verführerisch schmiegte er sich in die Männerhand. „Darf ich bitten?"

In seiner Erinnerung nimmt die Stimme des Holzlöffels den Sopran der Schwiegermutter an, wird greisenhaft schrill, überschlägt sich und drängt meinen jungen, überforderten Vater, seinen Neunjährigen im Bad vom Toilettensitz zu zerren und den Holzprügel auf seinem nackten Hintern zu zertrümmern. Wieso und warum?

„Hab ich es dir nicht gesagt?" Christian schreit und windet sich. „Was hab ich dir gesagt?"

Keiner erinnert sich, was mein Vater gesagt, was er befohlen und was mein Bruder nicht befolgt hatte. Kann es überhaupt einen triftigen Grund dafür geben, dass ein erwachsener Mensch derart seine Beherrschung verliert?

Zehnjährig stand ich auf der Treppe und spielte Publikum für die schmerzhafte „Lehre“. War das endlich die gerechte Strafe für egal welche Schuld?

So etwas verliert sich aus keinem Vaterkopf. So etwas verschließt er ein für allemal in seinen Gedankentiefen und gibt den Schlüssel verloren.

Ich bin sicher, dass unsere Familie nie dem Idyll entsprach, das man beim Bild von einer heilen Familie vor Augen hat. Aber wirklich zerbrochen ist sie nicht unter dem Holzlöffel meines Vaters, sondern wenige Tage später, als mein Bruder seine „Strafe“ längst wieder vergessen haben dürfte.

Der Totenschein hält 7 Uhr 35 als den Zeitpunkt fest, an dem mein Bruder im Krankenwagen verstarb. Es war am 28. April 1970, 7 Uhr 35. Meine Mutter bestreitet die amtliche Festschreibung des Endes einer glücklichen Familie. Heute wisse sie, ereifert sie sich, dass Christian schon auf der Straße tot war. Damals habe sie es einfach nicht wahrhaben wollen.

Dann bestreitet sie gar nichts mehr, sondern schweigt. Jahrelang hat sie über nichts anderes geredet als über diesen 28. April. Wieder und immer wieder hörte ich mir als Kind, als junge Erwachsene an, wie meine Mutter diese Stunden erlebte – bis ihr Alptraum zu meinem eigenen Alptraum wurde.

Sie hat den Knall gehört, den Schlag einer Stoßstange in den Kinderrücken. Sie hat dann aus dem Küchenfenster nach Süden geblickt. Hundert Meter unterhalb des Hauses segeln Blätter vom Himmel; Fetzen aus Christians Schulheften. Eine Stoßstange hat seinen Tornister aufgerissen und den Inhalt durch die Luft gepumpt. Sein eigener Flug ist schon zu Ende.

Laut Aussage des Fahrers lief der Junge urplötzlich auf die Straße. Er hat sich aufspießen lassen. Er hat sich auf eine Motorhaube, dann auf den Asphalt der Bundesstraße schleudern lassen. Eine Minute später beugt sich seine Mutter über den Körper. Regungsloser Gesichtsausdruck – Staunen? Das verdrehte Bein sieht aus, als gehörte es nicht zu seiner Hüfte. Da war er schon tot, wie ihr heute klar ist. Damals hat sie nur immer an das verdrehte Bein gedacht. Das mit dem Bein, sagte sie sich, kommt wieder in Ordnung. Zur Not bleibt er im Rollstuhl.

Im Krankenwagen dann beobachtete meine Mutter, wie der Junge ganz blau im Gesicht wurde. „Was wird der denn so blau?" Der Fahrer schwieg. Alle Gesichter über allen weißen Kitteln, die das verunfallte Kind umschwebten und in die Ambulanz rollten, schwiegen. Der Pförtner, den eine hysterische Frau mit Schürze um zwei Groschen zum Telefonieren anbettelte – „Mein Sohn hatte einen Unfall, ich muss meinen Mann anrufen" – schwieg und schüttelte den Kopf. Auch die Besucherin, der sie am Mantel zerrte – „bitte geben Sie mir Geld!" – schwieg. Aber sie schenkte meiner Mutter zwei Groschen zum Telefonieren. Da öffneten sich die Schiebetüren vor den Behandlungsräumen der Ambulanz. Geballtes Schweigen platzte in den Gang und presste einen Arzt heraus. Auch der hatte keine Worte, die eine Mutter verstehen konnte. Er versuchte es mit dem Satz: „Zu schwere, innere Verletzungen." Es mochten Leber, Niere, Milz und Därme zerstoßen worden sein. Dann rief er nach einem Assistenten, nach einer Schwester, nach einer Spritze, die den Schrei zum Schweigen bringen sollten, in den meine Mutter sich verwandelt hatte.

Und was hat ihre Tochter, was hat die Schwester des Toten aus dem Alptraum gemacht?

Sie hat geschrieben, wie immer. Mit dieser Geschichte wagte ich zum ersten Mal, über den Todestag meines Bruders zu schreiben, allerdings in sehr poetischer, indirekter Weise und nicht aus meiner eigenen Perspektive.

Obwohl es jetzt Jahre her ist, drängt die Szene sich immer noch in meine Träume. Menschen in grünem Kittel führen mich hinter einen Vorhang in einer Intensivstation. Ich spüre ihre Finger an meinem Oberarm wie eine Druckstelle, sie fordern etwas von mir. Menschen in grünem Kittel stellen mich vor ein Bett, in dem mein Kind unter Schläuchen und einem Laken begraben liegt. Sie sagen, mein Sohn sei tot. Sie flüstern, aber es klingt wie ein Brüllen, ein Lärm: Ihr Sohn ist tot. Aber ich höre ihn atmen, das ganze Zimmer leer atmen, ich sehe ihn schwitzen, das Leichentuch durchschwitzen, ich berühre seine warme Haut, er fiebert. Die Menschen im grünen Kittel fragen mich, ob sie sein Herz herausschneiden dürfen. Sie fragen leise und diskret, aber es ist ein lauter, ein fordernder Schrei: Wir brauchen sein Herz! Aber ich sehe den Pulsschlag meines Sohnes auf dem Monitor über seinem nicht mehr durchbluteten Kopf. Ich höre den regelmäßigen, lauten Ton der künstlich beschleunigten Frequenz seines Herzens. Ich sage nein. Noch immer, nach Jahren heute, schreie ich Nein, lauter als alle digitalen Geräusche, lauter als das kanalisierte Atmen meines toten Kindes, lauter auch als die Pumpen, die sein Blut durch die ermatteten Gefäße jagen. Die Grünen lassen nicht locker. Die Nieren vielleicht, die Hornhaut? Bitte. Bedenken Sie. Alles ist brauchbar. Alles wird benötigt, schnell. Solange der Körper noch warm ist. Ehe das Blut gefriert.

„Wenn mich damals ein Arzt gefragt hätte, ob ich Christians Organe hergeben würde, hätte ich dem Kerl die Augen ausgekratzt!"

Diesen Satz meiner Mutter vergesse ich nie. Sie war nicht gefragt worden. 1970 gehörten Transplantationen in Deutschland noch zu den medizinischen Hirngespinsten, und ein Toter mit „inneren Verletzungen" wäre auch nie ein Organspender gewesen. Es bestand also keinerlei Anlass, einem Mediziner die Augen auszukratzen. Erst als Ende der 1980er Jahre Diskussionen über die skandalösen Umstände aufkamen, unter denen die Angehörigen von hirntoten Unfallopfern um Zustimmung zur Organentnahme gedrängt wurden, umgab sich der alte

Satz mit aktuellen Gerüchten. Meine Mutter wurde zur Gegnerin von Organentnahmen und verstand alle Transplantationskritiker. „... dem Kerl die Augen ausgekratzt!" Damals blähte der Satz sich auf, grub sich aus den Vergessensbahnen meines Gedächtnisses und beanspruchte lautstark sein Recht, gehört zu werden. „Ich hätte dem Arzt die Augen ausgekratzt. Ich hätte Nein gesagt." Einmal aus den unterirdischen Mäandern gekrochen, wucherte dieses Bekenntnis in die Elegien einer erfundenen Mutter aus, die lauter gute Gründe für das Nein zur Organspende variierte. Sie lauern auf mein Einlenken, meine Vernunft, meine Barmherzigkeit mit allen, die die Nieren und die Augen meines Sohnes gut gebrauchen könnten. Aber ich gebe ihnen nichts. Nein, sage ich, kühl und ohne Tränen. Mein totes Kind soll sterben dürfen, mit brauchbaren Organen. Niemand soll sie ihm entnehmen, bevor sie kalt geworden sind."

Fast zwanzig Jahre hatte es gedauert, bis ich in der Lage war, wenigstens das Trauma meiner Mutter in Worte zu fassen; in die fremden Worte einer anderen, einer fremden Frau mit ihren Gefühlen. Es vergingen mehr als zwanzig weitere Jahre, bis ich die Katastrophe vom 28. April 1970 aus der Perspektive des Geschwisterkinds ins Auge fassen konnte.

7 Uhr 35. Die Schwester ist im Laufschritt auf ihrem eigenen Schulweg, als das Herz ihres Bruders das Pulsieren einstellt. Sie rennt und sieht sich selbst dabei zu. Von oben bewegen sich Arme und Beine wie in Zeitlupe.

Es ist ein freudloser Morgen. Meine Schulfreundin ist krank. In der fünften und sechsten Stunde droht mir „Textiles Gestalten", ein Fach, das ich hasse. Wie immer im Vorfeld dieser Handarbeitsstunden strickt meine Fantasie an dem abwegigen Wunsch, die letzten beiden Stunden könnten ausfallen. Je langsamer sich die Zeiger meiner Armbanduhr auf einen Riss in der Zeit zu bewegen, ruckweise, zögernd, desto sicherer werde ich: Kein Textiles Gestalten heute. Eine Vorahnung?

Wenn ja, dann wird sie in der zweiten oder dritten Stunde erfüllt. Jemand ruft unseren Englischlehrer aus dem Klassenzimmer, meine Mitschüler aus den Vokabeln und mich aus den Ahnungen. Die Wirklichkeit flüchtet sich wieder in Zeitlupe, in unendlich gewichtigen, langsamen Bewegungen. Ich blättere, blättere, blättere und kriege den Kopf nicht hoch. Der Lehrer bleibt vier, fünf Minuten draußen. In der Klasse wird es laut. Als er zurückkommt, steht dem Mann das Schweigen im Gesicht und stülpt sich wie eine Saugglocke über die Unruhe. Noch bevor ich meinen Namen höre, weiß ich, dass das Schweigen mir gilt. Es ist soweit. Kein blödsinniges „Textiles Gestalten" heute. Alle Maschen fallen, ich kann gehen.

Die Schwester darf nach Hause gehen. Doch, doch, sie könne jetzt nach Hause gehen. Der Englischlehrer besteht darauf, dass sie ihre Sachen packt, sofort. Er spricht Deutsch und redet mit einem Unterton, diesem Unterton.

„Warum? Was ist los?"

Keine Antwort. Ihre Bücher poltern in die Tasche, ein blecherner Verschluss klackt, ein Stuhl schrammt unter den Tisch und Schuhe quietschen. In der Tasche liegt Blei. In meinen Beinen: Blei. Tausend Schritte bis zur Tür. Tausend entsetzte Augen. Die Lehrerhand, die sich auf meine Schulter legt, katapultiert mich sanft aus der Kindheit hinaus vor das Klassenzimmer.

Draußen steht jemand, der nie und nimmer in diesen Flur gehört. Ich sehe ihm an, wie deplatziert er sich fühlt: mein Onkel. Schweigend. Er soll die Schwester aus der Schule holen, bevor das Gerücht sich bis in den Schulbus verbreitet.

Niemand muss mir sagen, dass es um Tod geht. Das einzige Erlebnis, das ich bis dato mit dem Sterben gehabt habe, ist die Erschießung des Kätzchens gewesen. „Meine Katze ist gestorben", denke ich. Es ist absurd. Vor meinen Augen rollt sich wieder ein totes Tier in seinem geflochtenen Sarg zusammen und schläft der Ewigkeit entgegen.

Ein Blick in das Gesicht meines Abholers verrät sofort, dass es schlimmer sein muss als damals, viel schlimmer. Ich denke:

Beide Katzen sind überfahren worden und tot. Etwas Schlimmeres gibt es in meinem Kindskopf noch nicht. Wenn Omma gestorben wäre, denke ich, würden sie mich nicht aus der Schule holen. Aber wenn beide Katzen tot sind, dann muss mein Onkel mir diese Katastrophe unverzüglich mitteilen.

Der Onkel sagt aber nichts von meinen Katzen. „Dein Bruder ...“, stammelt der Mann. Groß ist er. Sehr blass. „Es ist etwas passiert mit deinem Bruder.“ Er schiebt mich aus dem Gebäude. „Was denn?“, will ich wissen. „Dein Bruder“, versucht er es, „dein Bruder wird wohl nicht wiederkommen.“ Aber da irrt sich mein Onkel. Er übertreibt. Was er mit dem vagen „wohl nicht“ abzufedern versucht, schleicht sich als „ganz bestimmt“ in mein Kinderherz und vergiftet es mit Hoffnung. Er ist doch mein Bruder. Der wird wieder gesund. Ganz bestimmt wird der wieder gesund.

Diesmal ist es mein Vater, der auf allem besteht, das den Tod zum Schicksal und dieses Schicksal zwingend macht. Er sitzt in seinem Auto, aber nicht am Steuer. Ich rutsche zu ihm auf die Rückbank.

„Der Christian ist tot“, höre ich meinen Vater sagen. Das glaubt er doch selber nicht. Vor ein paar Stunden hat der Christian mir noch den Weg ins Badezimmer versperrt. Ich lache auf. „Tot? Wieso tot?“

Überfahren worden, sagt Papa. Er ist überfahren worden. Meine Fantasie beißt sich an einem Schlag, einem Knall, einem Flug von zwei Armen, zwei Beinen, einem Ranzen fest. Etwas bricht sich den Rücken. 7 Uhr 35. Etwas stirbt.

Ich denke: „Gott sei Dank, nicht meine Katzen. Christian ist tot, aber meine Katzen leben.“

Von diesem dummen Gedanken an setzt sich der Todestag meines Bruders aus Schreckensbildern zusammen. Wie meinem Vater die Tränen unter den Brillengläsern her und über die Pausbacken laufen. Bild Nummer eins: Ich hatte nicht gewusst, dass dieser Mann weinen kann. Wenn wir Kinder in seiner Gegenwart losheulten, mussten wir uns immer sein „Quak nicht!" anhören. Auf der Höhe der Kaserne lernte ich: Auch Väter müssen weinen. „Quak nicht!" Es lag mir auf der Zunge. „Nun quak doch nicht!" Ich schluckte es herunter.

Endlose Fahrt, immer bergauf. Das Auto erreicht die Kuppe und bewegt sich den Berg abwärts, in Richtung Ruhr. Dann setzt mein Onkel den Blinker und bremst, um nach rechts in unsere Einfahrt abzubiegen. Bild Nummer zwei: Die Bremsspuren. Bremsspuren kurz hinter dem Grundstück, von einer Straßenseite zur anderen. Nach meinem Gefühl blieben die Stigmata einer Tötung für Jahre sichtbar und entweihten die Fahrbahn, machten eine Bundesstraße zur Todesstrecke. Ich brauchte nur aus meinem Zimmer in Richtung Süden zu schauen und hörte es quietschen; den Schlag, den Flug, die harte Landung. Nie wieder konnte ich an dem Unglücksort vorbeifahren, ohne ihn mit dem letzten Blick meines Bruders wahrzunehmen; wie alles vor mir verschwimmt und verrutscht.

Bild Nummer drei wird von meiner Mutter ausgefüllt. Ja, die hässliche alte Frau, die auf dem Sessel hockt, ist meine Mutter. Wie ein nasses Tier kauert sie in demselben Sessel, in dem mein Bruder auf die Nachricht von unserem angefahrenen Kätzchen mit einem Quieken reagierte. Aber ich kenne sie nicht. Ein solches Gesicht habe ich noch nie gesehen. Ein so zerstörtes, aus der Balance gerutschtes Gesicht: Wie kann das Mama gehören?

Sie presst mich an sich und gräbt mir ihre Krallen in die Schulterblätter. Warum klappert sie mit den Zähnen? Wie eine kranke Katze kriegt sie die Kiefer nicht unter Kontrolle, klappert, zuckt mit den Lippen, schluckt, schluckt, schluckt. „Kaukrämpfe" nennen die Tierärzte dieses Symptom. Mama hat Kaukrämpfe.

Als sie seine Lungen und sein Herz abstellen, wird es ganz still und kalt, und alles kommt zur Ruhe. Als ich vor dem Bett in die Knie gehe, dreht sich der ganze Raum wie in Zeitlupe um meinen Kopf.

Ich wollte nicht, dass sie ihm noch mehr Gewalt antun. Vor einer Stunde war mein Sohn von einem Auto aufgespießt worden, sein Schädel war auf dem Asphalt einer Straße aufgebrochen. Ich wollte nicht, dass sie ihm auch noch seine Haut aufschlitzten und in seinem empfindlichen Körper nach den Gefäßen fischten. Sein Gehirn war mitten im Tageslicht auf einem bunten Bild, einem unbekannten Kindergedanken zerschellt, einfach stehengeblieben, als eine Stoßstange ihm den Rücken brach. Ich wollte, dass mein Junge noch ausatmen durfte und die Farben dumpf, die Gedanken langsam und schwer werden spürte, die allmählich einsetzende Kälte. Er sollte sein Blut gerinnen spüren. Er sollte sehen, wie der letzte Schatten sich über sein Leben legte. Mein letztes Geschenk an ihn war der Abschied, um den dieser schnelle Tod ihn betrogen hatte. Es war ein Teil von mir, das da unterging, aber ich wollte keine Faser des Schmerzes missen. Ich wollte den Körper umarmen, in dem mein Liebstes versunken war, ich wollte mein Ohr an seine verschwiegene Brust drücken und hören, dass sein Herzschlag aufgehört hatte.

Verwaiste Geschwister sind erst in den letzten Jahren ins Visier von Kinder-Psychologen, Sozialwissenschaftlern, Lebensberaterinnen und Buchautoren gerückt. Heutzutage bezweifelt niemand, dass die Zersprengung eines Familiengefüges nicht nur die Eltern und deren Ehe bedroht, sondern auch Leib und Seele von vereinsamten Schwestern und Brüdern. Es ist eine Zerreißprobe. 1970 sah man das anders. Nur wer erwachsen war, wer über bewährte Ausdrucksmittel verfügte, das eigene Elend zu inszenieren, dem wurde Trauer zugestanden. Nur der Verlust von Mutter, Vater und Großeltern galt als Verlust, nur ihr erwachsener, alles überschwemmender Schmerz als Schmerz. Die Alten durften hysterisch werden oder zur Salzsäule erstarren, die Kinder mussten sich beherrschen. Schmerz? Wieso Schmerz? War ich geschlagen worden, oder was? „Sie hat das ganz schnell verkraftet", sagten die Großen über die kleine Schwester. „Sie hat das gut verpackt."

Heute wissen die Experten, dass das „Verpacken" nicht ohne die Schnitte abläuft, die die seidenen Kordeln beim Festzurren in die Fingerkuppen ritzen. Die Verlassenen beißen die Zähne zusammen, bis es knirscht. Ihnen werden Erwartungen aufgehalst, die den Toten gegolten hatten, die aber nicht mit ihnen zu Grabe getragen werden konnten. Jetzt stülpen sie sich über das Kind, das geblieben ist, und schneiden ihm die Luft ab. „Mögen Sie Trost in Ihrer Susanne finden!" Solche Sätze standen in der Kondolenzpost an meine Eltern. Ich durfte sie nicht enttäuschen. Ich würde mir Mühe geben, so viel Mühe. Ich durfte auf keinen Fall hinter ihren Erwartungen zurückbleiben, auch wenn diese Erwartungen nicht mir, sondern einem Gestorbenen galten. „Versprich mir, dass du deinen ersten Sohn Christian nennen wirst!" Ich schwor es. „Unser Christian wäre bestimmt Kaufmann geworden! Er hätte genauso gut Mathe gekonnt wie sein Vater." Ich nahm es zur Kenntnis. Mathe bis zum Erbrechen: Ich wollte üben, üben, üben, um die Rolle der letzten Hoffnungsträgerin der Familie zu erfüllen.

„Vermisst du denn deinen Bruder gar nicht? Warum kommst du nie mit zu seinem Grab?"

Das fragten die weißhaarig gewordenen, schwarzen Frauen, wenn ich an ihrem Kaffeetisch vorbeiflitzte, wo sie zweimal täglich zum gemeinsamen Weinen zusammenrückten. „Fehlt dir der Christian denn gar nicht?"

Die Frauenfront aus Großmutter und Mutter stieß Christians Schwester zurück. Sie hatten an ihrem eigenen Heulen und sich selbst genug. Meine eigenen Tränen vertrockneten hinter einer Clownsmaske: meine Art des Trauerns und Vermissens. Das Weinen klappte nicht, so sehr ich es auch versuchte. Habe ich je meinen Bruder beweint? Die Stelle hinter den Rippen, von der aus sich sonst immer die Tränen in Richtung Augen aufmachten, meldete nur einen Hungerschmerz; als ob Magenwände aneinanderrieben. So fühlt sich die Kinderseele einer verlassenen Schwester an: wund, aber trocken. Sie denkt, was da den Hals hochkriecht, sei ein Kitzeln, und lacht.

Niemand darf merken. Niemand soll wissen. Niemand kommt auf die Idee. Zwei Tage nach Christians Tod ging ich wieder zur Schule und sprang meinen Gummitwist in den Pausen, so schnell und so hoch, dass kein Beobachterblick auf meinem dunkelblauen Pulli hängenblieb.

„Sie hat etwas sehr Schweres durchgemacht", stellte der Internist fest, der sich 1978 um die Ersteinstellung meines frischen Diabetes bemühte. Er meinte den Tod meines Bruders und richtete diese Diagnose an meinen Vater, der während der Visite neben meinem Krankenbett stand. Ich schüttelte den Kopf, mein Vater zuckte die Achseln. Etwas Schweres: Was sollte das heißen? „Sie hat Angst vor dem Abitur!", behauptete mein Vater. „Angst vor den Prüfungen." Und ich? Habe ich nicht schuldbewusst genickt?

Armer Papa, arme Omma, arme Mama.

Bis heute muss ich mir, sobald ich auf den Tod meines Bruders zu sprechen komme, Sätze anhören wie „Deine armen Eltern! Die haben es aber in ihrem Leben nicht leicht gehabt!" Und ich? Und der Tote, der es uns allen so schwer machte?

Ich brauchte ein halbes Leben, um die Wunden meiner Seele mit Christians Tod in Zusammenhang zu bringen. Als stehe einem Kind diese Art Schmerz noch nicht zu! Noch heute erwische ich mich dabei, wie ich von dem Verlust erzähle, als ginge er nur meine Eltern an; meine Mutter, die ihn mit zehn Jahren Trauer, meinen Vater, der ihn nie verarbeitete.

Und ich?

Meine Art des Trauerns: schreiben. Ich erinnere mich an den Titel einer Erzählung. „Wen die Götter lieben", hieß das Stück. Über Christians Traueranzeige hatte das Motto gestanden: „Wen die Götter lieben, den rufen sie früh zu sich." Soweit ich mich erinnere, war der Held meiner Geschichte ein junger Mann, der seinen Selbstmord plant. Er wollte früh aus dem Leben gehen, auf dass die Götter ihn liebten.

Meine Art des Trauerns: über andere Tode weinen, über andere Brüder anderer Schwestern Tinte und Tränen vergießen. Zwei oder drei Jahre nach Christian traf es einen Passenden. Ein anderer Spielkamerad von mir verunglückte tragisch und tödlich genug, um die Steine in meiner Brust ins Rollen zu bringen. Er stürzte über ein Treppengeländer in die Halle seines Schulgebäudes und brach sich das Genick. Knack. Wieder ein Flug durch die Luft. Wieder ein enterdet geerdeter Engel. Seine Schwester stand in der Pausenhalle und sah zu, wie ihr Bruder näher und näher kam und tot war. Um das Leid dieser Schwester, das Unglück dieser Familie musste ich unbedingt weinen. Ich wollte zu dieser Beerdigung. Ich wollte auf jeden Fall schulfrei bekommen, lauerte neben meiner Mutter, die meine Klassenlehrerin anrief, auf die betroffene Reaktion dieser Frau, die sich nun Gedanken machen würde. „Ja, sie sind zusammen aufgewachsen“, sagte meine Mutter. Am nächsten Morgen genoss ich alle Lehrerblicke, die mich verfolgten, weidete mich an dieser Aufmerksamkeit für eine Schülerin, die einen kleinen Freund zu Grabe tragen würde. Die Rechnung war aufgegangen. Meine Lehrer machten sich Gedanken. Ich warf meinen kleinen Rosenstrauß auf einen Kindersarg, ich schüttelte Hände, ich stammelte etwas von „Beileid“, ich wischte mir ein Tränchen von der Backe. Es tat gut, Abschied von dem Spielkameraden zu nehmen, einen Abschied, der seit Jahren fällig gewesen und mir nicht geglückt war.

Danach konnte ich endlich aufschreiben, was dieser Junge gedacht hatte, als er dem Boden entgegenstürzte. Er hatte überhaupt keine Angst gehabt. Nein, er war nicht entsetzt gewesen. Das Letzte, was er gesehen hatte, war seine Schwester, die in der Pausenhalle dem Sturz zugesehen hatte, als wartete sie auf die Landung. Sie wartete immer noch auf diese Landung, und sie tat es ein Leben lang.

Meine Art des Trauerns: ein Kondolenzbrief an eine Familie in unserem Dorf. Ihr kleiner Sohn war im Gartenteich ertrunken. Was ich diesen fremden Leuten geschrieben habe, weiß ich nicht; etwas wie „Es gibt keinen Trost"? Ich schrieb diesen Brief im Namen meiner sprachlosen Eltern, die die Dankbarkeit der Empfänger ernteten. „Dass gerade Sie uns Ihr Mitgefühl ausgedrückt haben ..."

Meine Art des Trauerns: immer nur nachgetragen, immer nur nachgeholt, immer nur pseudonym gezeichnet.

Gegen die „Schwesterpflicht", meinen toten Bruder im Sarg zu besichtigen, hatte ich mich erfolgreich gewehrt. Während der Traueransprache dicht neben der verschraubten Kiste in der Friedhofskapelle sitzen zu müssen, reichte für Alpträume. Die Gesichter von Klassenkameraden am Rande des Leichenzugs waren Zurschaustellung genug. Omma und ich hinter den Eltern: Trauernde zweiter Klasse. Zur Beisetzung wurde ich in die erste Reihe gepflanzt. Ich atmete auf, als der Sarg sein Rumpeln einstellte und in der Erde stand. Entgegen ihrer Ankündigung sprang meine Mutter nicht in die Grube. Sie zitterte kurz, aber dann flog nur ein Rosenstrauß.

Das Bild des toten Christian wurde ich nicht los. Die Erwachsenen, die ihn aufgebahrt gesehen hatten, beschrieben mir einen nicht ganz geschlossenen Mund unter halb geöffneten Augen. Diese Augen schlossen sich nicht, als ich meinen kleinen Blumenstrauß auf den Sargdeckel geworfen hatte. Nachts öffnete sich der Sarg: Ein totes Kind im Totenhemd durchbohrte mich mit toten Augen. Sie folgten mir auf Schritt und Tritt durch die Tage. Sie kamen hinter den Bäumen hervor, wenn ich jenseits von Eden durch unseren Garten wanderte. Eines Morgens glühten sie mir auf dem Weg zur Haltestelle aus einer Katzenleiche entgegen, der die Gedärme aus dem Bauch quollen. Am schärfsten beobachteten sie mich, wenn ich ins Visier des Portraits geriet, das schon kurz nach seinem Tod in unserem Wohnzimmer hing. Der Maler hatte sich an das letzte Foto von Christian halten müssen, um das Kind zum Kunstwerk zu machen; echt gerieten nur diese Augen. Sie wanderten nach links, nach rechts, geradeaus, je nachdem, aus welchem Winkel ich dem Toten ins tote Gesicht starrte. Es war ein Zwang. Immer wieder schlich ich um die Zeichnung herum und stellte meinen Bruder zur Rede. Konntest du nicht besser aufpassen? Musstest du von Cowboyhüten träumen, statt dich nach den Autos umzudrehen? Was hast du da angerichtet! Unser Dackel vermisst dich. „Dass eines der Kinder vor mir sterben würde, und dann auch noch der Junge!", jammert die Omma und schnäuzt ein Dutzend Stofftaschentücher mit ihrem Kummer voll. Und Mama. Mama, ein Geist in schwarz.

Christian senkte nicht mal die bohrenden Augen. Der Tote hatte keine Ahnung, wofür er sich zu schämen hatte, und ich wusste nicht, dass meine Wut zu den normalen, gesunden Trauerphasen gehörte, die auch mir nicht peinlich sein mussten. Ich schämte mich für diesen Zorn. Aber hatte *er* die Niete gezogen oder ich? Wem war das Glückslos des Überlebens zugefallen, mir oder ihm?

„Jetzt bist du eben Einzelkind. Du musst mit niemandem mehr teilen."

Die Toten nehmen den Überlebenden jegliche Berechtigung, sich zu beschweren. „Dankbar solltest du sein! Dankbar!" Allen verwaisten Geschwistern geht es wie dem Brudermörder Kain, als er unstet und flüchtig wurde auf Erden, als er keinen Ort mehr jenseits von Eden fand, an dem er sein Haupt zur Ruhe legen konnte: Schlafstörungen, Zwangsgedanken, Suizidfantasien, um nur einige der Macken beim pathologischen Namen zu nennen, die verwaiste Geschwisterkinder entwickeln können. Ich fürchtete mich monatelang vor dem 11. Tag nach meinem 11. Geburtstag und redete mir ein, dass dieses Datum, kurz vor Weihnachten, mein Todestag sein würde. Es entsprach dem neunten Tag nach Christians neuntem und letztem Geburtstag. Zahlenmagie? Zwangsgedanken? Heutzutage würde man Kindern mit solchen Ideen eine psychologische Begleitung empfehlen. Damals ging niemand mit mir, zu keiner Art Arzt. Mein Vater verrückte mein Bett auf die andere Seite des Zimmers und dachte sich eine Wasserader aus, die schuld an meiner Schlaflosigkeit gewesen sei, und die nun hier, an dieser Seite der Wand, an meinem Kopf vorbeilaufe, ihn in Ruhe lasse. Ich glaubte diesem Märchen. Aber ich stahl mir auch Schlaftabletten aus einer Packung, die eine Heilpraktikerin, selbst Mutter, meiner Mutter verschrieben hatte.

„Träumst du noch immer in Bildern?"

Ich träume nur noch selten in Bildern, und wenn, dann nicht mehr von einem toten Bruder in seinem Sarg. Die Alpträume gehören zur Vergangenheit. Die erstarrten Pupillen von Tierleichen sind nicht mit in meine blinden Jahre gezogen, und ich habe auch nicht den fünfzigsten Tag nach meinem fünfzigsten Geburtstag als meinen Todestag errechnet. Etwas ist geheilt; etwas, aber nicht alles.

Ich habe meine Eltern nie gefragt, warum Christians Portrait keinen Platz mehr in einem renovierten Wohnzimmer gefunden hat, einem Wohnzimmer, das sich mit einem verglasten Erker wieder zu der Stelle unter dem Haus öffnet, an der er verunglückt ist. Ich habe sie auch nicht gefragt, warum sie nicht wollten, dass sein Name in der Ansprache zu ihrer Goldenen Hochzeit vorkam. In unserer Familie fragt man so etwas nicht. Man weint ungefähr zehn Jahre einem Kind hinterher, man arbeitet zehn Jahre mit der eigenen Karriere die Schuld ab, die man sich nicht vergeben kann. Dann legt man den Unfall zu den nie eröffneten Akten des Staatsanwalts.

Die Ehe meiner Eltern hat gehalten. Aber als der Pfarrer sich schüchtern bei seinen Goldjubilaren erkundigte, ob er von Christian sprechen solle, sagten sie Nein.

Als ob es ihn nie gegeben hätte!

In den Sommerferien des Todesjahres verbrachte eine Cousine von mir ein paar Wochen in unserem Haus. Vermutlich hatten ihre und meine Eltern die Idee gehabt, dass mir eine Spielkameradin nach Christians Tod guttun würde. Ich erhielt die Gelegenheit, mich „abzulenken“.

Jutta und ich stromerten durch das Gelände. Wir inszenierten das Indianer- und Piratenspiel neu, mit veränderter Besetzung. Christian war verschwunden. Zwischen uns Mädchen wurde mein Bruder nie zum Thema gemacht.

Ist es Zufall, dass ich in dieser Zeit mein erstes „Buch“ schrieb? Wenn es regnete, arbeiteten Jutta und ich an einem Manuskript über die gefährlichen Abenteuer von drei, vier oder fünf Freunden. Es wurde eine Art Krimi. Ich weiß nicht mehr, ob die Geschichte gut ausging, aber ich bin sicher, dass ich beim Schreiben nicht eine Sekunde an Christian dachte.

Reden wir über Spätfolgen. Großspurig verkünde ich: „Ich habe früh genug lernen müssen, was einige Leute noch mit siebzig nicht wissen. Dass ich nicht der Nabel der Welt bin, dass sich weder Gott noch seine Schöpfungen um meine kleinen Probleme drehen, dass ich überhaupt ziemlich unbedeutend im Weltgeschehen bin und meine Rolle nicht überschätzen darf. Das habe ich schon als Kind gelernt, dessen Kindheit mit zehn Jahren zu Ende war.“

Schon könnte ich mir auf die Zunge beißen. Wen will ich immer noch glauben machen, dass mein Trauma kein Trauma, sondern eine nützliche Station in einem Reifungsprozess ist?

Ich bezweifle, dass es mich wirklich vom eigenen Ichichich weggeführt hat. Es hat mein Ichichich vielmehr davon überzeugt, nie und von niemandem gebührend beachtet worden zu sein. Immer noch stehe ich auf meinem vermeintlichen Außenposten, fuchtele mit den Armen, um auf mich aufmerksam zu machen, und klopfe wild gegen geöffnete Türen. Kommt mein Hang zur übertriebenen Eifersucht nicht aus eben dieser Zurückweisung, suche ich nicht immer noch nach einem Menschen, der nicht nur bei mir, sondern bei dem auch ich die erste Geige spiele?

Zu erwähnen wäre auch der vielsagende Augenaufschlag einer Kommilitonin, der ich einmal ein Kinderfoto von mir zeigte: Susanne sitzt auf dem Schoß eines Klassenkameraden und grinst in die Kamera ihrer Schulfreundin. Mein Lachen quillt aus sehr runden Backen, der Arm des Jungen umschließt eine kleine Taillenfalte. Das Foto wurde 1971 aufgenommen, ein Jahr, nachdem ich zur verwaisten Schwester degeneriert war. Achim, so hieß der Junge, war der Erste, der den schönen Satz „Ich liebe dich!" zu mir sagte. Die Linse der Fotografin bannte aber damals schon eine angestrengte Pose auf die Platte.

„Und du?" Meine Kommilitonin rümpfte ihre Nase. „Deine Freunde?", winkte sie ab, um mit einer messerscharfen Analyse meiner missglückten Beziehungen fortzufahren: „Deine Männer waren doch immer wie kleine Brüder für dich!"

Wahr? Wahr. Einer, mit dem ich es gerade wieder versucht hatte, hatte vor kurzem eine andere geheiratet, die ihn weniger brüderlich behandelt hatte als ich.

Wie tief in welche Zellen die Prägungen reichen, die auf das Konto des toten Bruders gehen, will ich gar nicht genau wissen, aber dass dieser Verlust ein Schlüsselerlebnis war, bestreite ich nicht mehr. Was hatte der alte Chefarzt damals gesagt? „Sie hat etwas Schweres erlebt." „Ja", würde ich heute antworten. „Ja, ich habe etwas verdammt Schweres nicht nur er-, sondern auch überlebt."

„Ermordete Kinder und andere Geschichten von Gottes Unmoral" nannte ich 1998 eines meiner Bücher. Jeder Psychologe, der meine Lebensgeschichte mit diesem Titel in Verbindung bringt, zieht wahrscheinlich die Brauen hoch. „Ermordet": meine Variante der Ausdrucksweise meiner Mutter, die gern sagte, ihren Sohn hätte jemand „totgefahren". Hätte ich ohne das tote Kind in meiner eigenen Familie je begriffen, wie tief Geschichten wie die vom bethlehemitischen Kindermord unsere Gottesbilder verwandeln müssen? Ein Gott, der die Kinder nicht schont, ist kein Kuschelgott. Er bewegt sich in Dimensionen, die sich weit von unserer Menschenmoral entfernen. Ein amoralischer Gott ist er, eine Herausforderung, und alles andere als harmlos. Er handelt jenseits von Gut und Böse. Er versieht einen Mörder, einen Kain mit seinem Schutz, drückt ihm sein Handsiegel auf die Stirn und befiehlt: „Dass niemand mir den Kain erschlage! Dass niemand diesen verwaisten Bruder töte!“

KAPITEL 3
GOTTESSUCHE

Hast du nie mit deinem Gott gehadert?

Diese Frage liegt angesichts von trauernden, von kranken, von behinderten Menschen besonders nahe, erst recht, wenn ein derart geplagter Mensch von Beruf Theologin ist.

Die gelernte Theologin krümmte sich nach ihrer Erblindung zwanzig von vierundzwanzig Stunden am Tag auf ihrer Matratze zusammen wie ein ausgeschabter Embryo. Die professionelle Gottessucherin biss sich in ihrer Aussichtslosigkeit ins eigene Fleisch, um zu spüren, dass Beine und Arme noch da waren.

Ja, sie waren noch da. Ja, ich schmeckte so wie früher. Der Biss war kein Akt der Selbstaggression, sondern ein Bestandteil meiner Trauerarbeit, ein wichtiger, ja, ein lebensnotwendiger Schritt auf dem Weg ins Blindenleben.

Meine Eltern wollten nicht wahrhaben, dass ich alles Recht der Welt hatte, meine ersten blinden Tage im Bett zu verbringen, um nur meinen Körper, seine Grenzen, seine Nerven zu erproben. Woher nahm die immer so „tapfere" Tochter die Tränen, mit denen sie ihr Kissen flutete?

„Zu Hause wird nur geheult", beklagte mein Vater sich bei seinen Angestellten im Büro. Es war, als sei eine Staumauer gebrochen. „Was nützt das? Man darf sich doch nicht so hängen lassen." Die verlorene Tochter strafte seine Versuche, ihr zu helfen, mit unverhohlenem Hass. Ja, er hatte ihre Post geöffnet. Ohne zu fragen. Ja, das hatte er getan, denn schließlich war die Post wichtig gewesen. Eine Grenzüberschreitung? Nein. Das sah er nicht ein. „Sie kann doch selbst nichts mehr lesen!"

Eines Morgens stapfte er mit schweren Schritten zu mir, dem Embryo auf der Matratze, hinauf. Mein Vater, ein übergewichtiger Körper, brachte das ganze Treppenhaus zum Dröhnen. Mein Vater, ein schwitzender, ein übel riechender Körper, baute sich vor mir auf und schnauzte mir entgegen, was er für den Beweis meiner falschen, gescheiterten Lebensentscheidung hielt: „Jetzt kannst du ja mal deinen Gott fragen, was dieses Elend zu bedeuten hat! Ich kann dir jedenfalls keine Antwort geben. Ich nicht."

Er hatte anscheinend ernsthaft geglaubt, dass alle, von denen er argwöhnte, sie stünden mit Gott auf Du und Du, vom Schaden verschont und vom Unglück übersehen, vom Pech links liegen gelassen werden. Mit diesem Irrtum war er natürlich nicht allein.

Mit dem Tod meines Bruders hatte sich ein großes Fragezeichen aus einem Nebel namens Gott geschält. Er hatte unter diesem Allerweltsnamen zwar seit Jahr und Tag in meinem Elternhaus gewohnt, aber nur als konturenloses Wesen. Christian der Erste, mein Urgroßvater, hatte ihn aus seiner Heimat, dem pietistischen Teil des Sauerlandes, importiert. Unter dem eigenen Dach ließ er Ihn unwidersprochen Schicksal spielen, ohne je so viel Aufhebens um ihn zu machen wie die zahlreichen Pfarrer und Religionslehrer in seiner Familie. Ich zögere, mein Elternhaus und seine Atmosphäre als „fromm" zu bezeichnen; die dortige Frömmigkeit bestand in erster Linie aus Konvention und Zustimmung zu allem, „was sich gehörte". Wenn praktische, handfestere Interessen mit den Regeln des Glaubens kollidierten, wurde der Glaube ohne große Überlegung in die zweite und dritte Reihe abgeschoben. Es gab Wichtigeres.

Überall, wo sich am Horizont Zweifel am Überkommenen abzeichneten, wurde dem Fragezeichen vorzeitig der Kopf abgebissen. So hatte der Glaube in diesen Mauern von Generation zu Generation an Profil eingebüßt, ohne je den Sprung zu Atheismus, Materialismus oder auch nur zaghaftem Nachfragen zu wagen. Warum mussten die Söhne im Haus so früh sterben, warum machten die Frauen so viel mit? Nur „Angeheiratete" wie Omma wagten solche Fragen zu stellen. Söhne und Töchter des Hauses beugten den Nacken unter den „Schicksalsschlägen".

„Das ist nun mal so. Da kann man nichts machen."

Der Gott meiner Kindheit war einfach nur „lieb", nicht mehr und nicht weniger. Er trug diese Eigenschaft wie einen Vornamen. „Lieber Gott" wurde behandelt wie ein unauffälliger Untermieter des Haushalts. Die alte Kirche im Nachbarort war nur eine Art Zweitwohnung für Liebergott und wurde nur von Omma regelmäßig aufgesucht. Meine Mutter ließ sich an Karfreitag, Buß- und Bettag und Totensonntag vor dem Altar sehen, ihr heidnisch angehauchter Ehemann kam am Heiligen Abend, um Lieder zu singen, im Gesangbuch herumzublättern und um seine Kinder vom Weihnachtszimmer fernzuhalten. Während wir in der Kirche die Wartezeit bis zur Bescherung überbrückten und zusahen, wie Liebergott seine christliche Form als Baby annahm, flatterte er zu Hause als ein weibliches Flügelwesen ins Wohnzimmer: Das „Christkind" mit lauter Geschenken. Weder Jesus, der männliche Säugling, noch das weibliche Engelkind waren mit dem Weißhaarigen auf dem Himmelsthron in Einklang zu bringen, einem Erwachsenen, der auf der letzten Seite unserer Hausbibel von apokalyptischen Gewittern umtost wurde. Widersprüche?

Uns fielen keinerlei Widersprüche auf. Mein Bruder und ich blätterten unbekümmert in dem schweren Buch. Das nackte Kinn des einen oder anderen Apostels wurde mit einem Ziegenbärtchen verschönert; nicht auszuschließen, dass selbst der schlanke, gekreuzigte Heiland eine respektlose Warze neben die Wunde in seiner Seite gemalt bekam. Niemand hinderte uns an dem Missbrauch einer „heiligen" Urkunde zu künstlerischen Zwecken. Eines Tages verschwand sie in einer Mülltonne und wurde von niemandem vermisst.

Der Gott meiner Kindheit war eine unbestrittene Anwesenheit, die weder Beurkundungen noch Beweise noch sichtbare Indizien noch überzeugte Behauptungen benötigte, um von mir geglaubt zu werden. Er war da. Er war unsichtbar, aber da. Sein Vorhandensein hing nicht von Blitz und Donner ab, nicht mal vom Fischessen am Karfreitag. „Urvertrauen" – bekanntlich schon in die Seelen der Säuglinge gepflanzt – ist das treffendste Wort für solchen Kinderglauben. Ähnlich müssen die Nomaden in Palästina ihren „Gott der Väter" um sich und die Wüste herum gespürt haben, als ständigen Begleiter, unverzichtbar wie Atemluft und ebenso unaufdringlich, ebenso geschmackfrei. Der „Ich bin da" stellte zwar ein paar lästige Anstandsregeln zur Verfügung, forderte aber nichts, das ich nicht auch freiwillig gegeben hätte. Ich plapperte Mittags- und Abendgebete – „Ich bin klein, mein Herzchen ist rein, soll niemand drin wohnen als Jesus allein" – vor mich hin, als wollte ich einen Rekord im Schnellsprechen aufstellen. „Komm, Herr Jesus, sei unser Gast, und segne, was du uns bescheret hast." Gott hatte offene Ohren und hörte mir zu, wann immer ich meine Hände faltete und ihn anredete, manchmal auch, wenn ich die Hände zu falten vergaß. Als Lauscher und Spion stellte ich mir diesen aufmerksamen Zuhörer nie vor, auch nicht als Aufseher, der seine Röntgenaugen bis in mein hinterstes Hinterstübchen schickte. Mochte er mich ruhig durchschauen. Nachsicht mit ungeduldigen Kindern, die etwas Besseres zu tun hatten als zu beten, gehörte zu seinen sympathischsten Charakterzügen. Sein Augenzwinkern machte ihn schon früh zu meinem Verbündeten, meinem Waffenträger gegen unbegründete Befehle von Mutter und Omma. Auf diesem soliden Sockel ließen sich Glaubensgebäude bauen, die nicht so leicht einstürzten.

Der Tod meines Bruders stellte nicht Gottes Existenz in Frage, wohl aber seine Eigenschaft „lieb". Als ich mich kurz nach dem Unfall weigerte, allein für die Tischgebete zuständig zu bleiben, erfolgte kein Widerspruch von den Erwachsenen.

„Warum willst du nicht mehr beten?“ Diese Frage kam nie. Damals hungerte ich nach einer solchen Frage, genau wie ich zeit meines Studiums nach etwas Interesse an den Inhalten meines Fachs hungerte. Heute weiß ich diesen Mangel an Glaubensprägung durchaus zu schätzen. Ich wurde nicht mit vorgefertigten Antworten abgespeist und bekam das Fragen nicht satt.

„Was ist der Unterschied zwischen evangelischem und katholischem Gott?“

Es war im ersten oder zweiten Jahr auf dem Gymnasium. Ein Unnaer Pfarrer unterrichtete Religion und gab eine Antwort, die ich nie vergessen habe. Das sei wie mit dem Fahrrad, das wir uns alle so sehnlich wünschten. Der eine Vater schenkte es einfach, der andere stellte Bedingungen: Wenn wir dreimal eine gute Note nach Hause brachten, dann, nur dann bekämen wir das Fahrrad geschenkt. Oder besser: Wenn wir jede Woche das Auto wuschen, vier- bis fünfmal hintereinander, mit Reinigung des Innenraums, dann hatten wir uns unser Fahrrad verdient.

„Und die Evangelischen müssen gar nichts für das Fahrrad tun?“

„O doch“, sagte der Pfarrer. „Sie sind so froh und glücklich über das Fahrrad, dass sie freiwillig das Auto waschen. Ihr Leben lang.“

Mein Vater hatte alle paar Jahre seinen Beruf gewechselt und sich vom kleinen Angestellten bis zum selbstständigen Steuerberater hochgearbeitet. Als Kind wurde ich im Fahrwasser dieser Karriere mitgeschleppt. Solange mein Vater mich samstags in sein Büro mitnahm und mich auf ausgedienten Schreibmaschinen herumspielen ließ, stellte ich mir vor, später auch einmal hinter einem solchen Schreibtisch mit Papieren zu rascheln. Eine Weile glaubte ich sogar, ich könne leitende Angestellte in der Firma meines Chefvaters werden. Eine Volljuristin als Tochter prüfte väterliche Vertragsentwürfe, die zwischen Steuer- und Strafrecht schwebten, nagelte sie in der Finanzwelt fest und setzte ihr staatlich geprüftes Okay darunter.

Kein Zweifel: Über diese Kooperation mit mir wäre mein Vater begeistert gewesen. Die Einsicht, dass ich weder zur Kronprinzessin noch zum Zahlenmenschen taugte, enttäuschte ihn sehr. Mit dem Entschluss seiner Tochter, weder Jura noch Betriebswirtschaft zu studieren, musste er die letzten Reste eines Traums begraben, den Traum von einem Nachfolger, der den eigenen Traumpalast ausbauen, der aber auch stets in seiner vorgestanzten Fußspur hinter ihm herhinken musste. Die Tochter mit ihren ganz eigenen Träumen, mit ihren eigenen, seltsamen kleinen Geschichten, die er ihr von seiner Sekretärin in graue Textmappen binden ließ, diese Tochter wurde ihm von Jahr zu Jahr fremder. Einem Kollegen hatte sie auf Nachfrage erzählt, sie schreibe an einem Buch, der Kollege hatte gespottet.

Warum ausgerechnet Theologie? Warum nicht Medizin, Sprachen, Journalistik? Das waren doch alles interessante Fächer und hoch geachtete Berufe: Ärztin, Anwältin, Lehrerin, Professorin. Warum eigentlich nicht? Meine beste Freundin wollte Mathematik, meine zweitbeste Landwirtschaft studieren. All diese Pläne schienen einleuchtender als meine dickköpfig verfochtene Theologie. Alle Roben und Kittelchen passten besser in die moderne Landschaft als ausgerechnet ein Talar.

Mit einer Berufung kann ich ebenso wenig aufwarten wie mit einer Bekehrung. Es war allenfalls eine Eingebung. Die Idee blitzte auf, als ich gerade fünfzehn war. Eines Tages brummte wie immer das Mofa unter mir die lange Bundesstraße hinauf Richtung Heimat. Ich liebte dieses Fahrzeug. Es machte „Dörflerinnen" wie mich von den Fahrplänen der Linienbusse unabhängig und schaukelte uns in einem überdrehten Hochgefühl von Freiheit, grenzenloser Freiheit über Land- und Bundesstraßen. Ich beschleunigte mein Maschinchen – und mir stand die Welt offen. Die Zukunft ließ sich steuern wie der Lenker in meinen Fäusten. Alles lag in meinem Handgelenk. Die Kraft des Motors übertrug sich auf meine Muskeln. Ich allein bestimmte die Richtung. Mit dem Wind im Gesicht und der Energie, die in allen Fasern vibrierte, konnte ich fahren, wohin ich wollte. Ich konnte alles werden, was ich wollte. Ich konnte auch Pastorin werden, wenn ich es wollte, und plötzlich wusste ich, dass ich genau das werden wollte. Als ich den Gashebel nach vorn schnacken und mich die restlichen Meter im Leerlauf den Berg hinunterrollen ließ, wusste ich: Theologie wollte ich studieren, nichts anderes.

Meine Verwandtschaft gewöhnte sich nur mit Mühe an einen – wie ein Onkel es zwischen Tür und Kratzfuß ausdrückte – „Herrn Pastor" in der Familie. Er öffnete und verbeugte sich vor der angehenden Frau mit Talar. Hut ab. „Guten Abend, Herr Pastor!", machte er sich lustig. Frauen im Talar hatte er noch nie gesehen. Wahrscheinlich bin ich für die Äste meines Stammbaums, die ich mit diesem Mann teile, immer ein exotischer Wildwuchs geblieben, und sicher gehört es zu meinen vergeblichen verfochtenen Missionen, gegen den hartnäckigen Irrtum normaler Menschen zu kämpfen, Theologinnen seien irgendwie unnormal.

Zunächst hielten nicht nur meine Eltern den Plan für eine fixe Idee, die sich irgendwann verlieren würde. Schließlich war ich kein gebender, sondern ein nehmender Typ, wie meine Mutter stichelte. Als Exemplar dieser egoistischen Menschensorte passte ich nicht in ihr Bild von Pfarrern. Außerdem hatte ich inzwischen Kostüme, Blüschen und Lackschuhe aus meiner Garderobe verbannt. Eine Pastorin in Jeans? Niemand konnte sich die freche Susanne im Talar vorstellen, zumal sie nie und auf niemanden je den Eindruck eines „frommen" Menschen gemacht hatte. Oder gab sie ihre besondere Nähe zu Gott überall preis, bloß nicht in ihrer Familie? „Du hast doch immer so gern gelacht!", stellte meine Patentante im Brustton der Überzeugung fest. Lachen und Theologie: ein Widerspruch?

Als ich mit achtzehn Jahren und meinem frisch diagnostizierten Diabetes im Krankenhaus um meine Abiturprüfung zitterte, appellierte dieselbe Tante an meinen morbide gewordenen Menschenverstand. „Wär das denn jetzt keine Gelegenheit für dich, Medizin zu studieren?" Entweder glaubte sie an die ärztliche Allmacht, oder die menschliche Ohnmacht war für sie ein Beleg dafür, dass weder Gott noch Glaube noch Theologie je belohnt wurden. Nicht mal – angehende – Theologinnen wurden von Krankheiten verschont, wie man aus meinem Beispiel lernte. Was sollte dann all diese Mühe um Gott und seine Wissenschaft?

Was man sich in keinem Zweig meiner Verwandtschaft vorstellen konnte: Theologie ist Gottessuche. Sie ist eine Wissenschaft, in der ich gelernt habe, die richtigen Fragen über Gott und die Welt zu stellen, keinem Fragezeichen mit einer Antwort den Hals zu brechen, die Geheimnisse auf behutsame Weise offen zu halten, die Bewegungen, die mal näher zur Wahrheit führen, mal weiter von ihr weg, als das eigentliche Geschäft meines Fachs aufzufassen.

„Dein Zugang zum Glauben ist also rein intellektuell!"

Diese Zusammenfassung einer Freundin trifft wahrscheinlich den Kern. Ich habe mich immer gegen die Vorstellung aufgelehnt, Glauben sei nur etwas für Dumme oder Naive. Mein Religionslehrer hatte mir bewiesen, dass es im Gegenteil um Denken ging, um Verstehen, um Interpretieren von Weltgeschehen. Bis heute wehre ich mich dagegen, den Glauben in einer Sonderwelt zu verorten, dem das Wissen überlegen ist. Glauben und Wissen dürfen einander nicht ausschließen.

„Wo bleibt dann aber das religiöse Gefühl?"

Für Christen, die sich eine Religion nicht ohne „Praxis", feierliche Gefühle und liturgische Formen vorstellen können, klingt meine Art der Beschäftigung mit Gott und der Welt wahrscheinlich kümmerlich. Mir dagegen reicht ein Glaube nicht, der sich dem Denken verweigert. Glauben ist denkbar und Denken glaubhaft.

„Wo bleibt die spirituelle Dimension? Wo bleibt das ganz Andere, das Undenkbare, Unerdenkliche?"

Ich bestreite nicht, dass es eine religiöse Unmittelbarkeitserfahrung gibt und dass sie für die meisten Menschen zum Glauben gehört. Ebenso überzeugt bin ich jedoch davon, dass es sehr wohl einen tiefen Glauben auch ohne eine ausdrücklich gelebte Spiritualität gibt. Was heißt denn „Glauben", und was ist „fromm"? Mir haben Theologie und Glauben die Muster angeboten, nach denen ich das Chaos der Welt ordnen, ihre Ideologien bewerten, die vielen verschiedenen Gesichter von Menschen schätzen und jede Wahrnehmung in ihrer Tiefe ausloten kann. Das reicht mir. Ich brauche keinen spontanen oder unmittelbaren Kontakt zu Gott und habe immer schon Probleme mit seinem „Geist" gehabt. Von einer evangelikalen Massenveranstaltung namens „Christival" bin ich Mitte der siebziger Jahre geflohen. Wir sechszehnjährigen Besucherinnen wurden zur Missionierung wildfremder Zeitgenossen auf die Straßen, sogar vor ihre Haustüren geschickt. Ich fühlte mich von solchem Eifer abgestoßen, ohne meine eigene, nüchterne Glaubensweise als minderwertig zu empfinden.

Wenn ich heute über die Eingebung einer Fünfzehnjährigen nachdenke, entdecke ich wichtige Stationen auf meinem Weg zur professionellen Gottessuche. Die erste war bereits der kirchliche Unterricht zur Vorbereitung der Konfirmation. Zwei Jahre Zeit waren damals für eine wöchentliche Zusammenkunft rund um den Gemeindepfarrer zu investieren. Die Tatsache, dass unsere Gruppe aus nur vier Konfirmanden bestand, machte das Unternehmen hoffnungslos kurios. Gegen den Zeitgeist und gegen die pädagogischen Grundsätze der siebziger Jahre musste ich Bibelstellen, Katechismus und Liedtexte aus dem Gesangbuch auswendig lernen, natürlich auch jeden Sonntag zum Gottesdienst in unserer Kirche erscheinen. Ich habe diese Pflichten gehasst. Der Pfarrer war ein frommer Mann, bei dem ich stets das Gefühl hatte, sein Glaube erhebe seine Fußsohlen ein paar Zentimeter über den Erdboden. Mein Ehrgeiz war es, ihn mit meinen Fragen aus dieser heiligen Sphäre herunterzuzerren. Ich erinnere mich an kein einziges Thema unserer Dialoge; nur, dass es Zwiegespräche waren, die meine männlichen Mitkandidaten in einen gelangweilten Dämmerzustand entließen, meinen Kopf und mein Mundwerk jedoch in Bewegung versetzten. Ich selbst empfand mich als rebellisch und fühlte mich ausgesprochen wohl in meiner Antihaltung. Der Pfarrer versuchte nie, mich auf die stille, die fromme, die brave Seite zu ziehen. Er war Michaels Bruder, kein Dogmatist.

Wenn man hört, welchen Konfirmationsspruch er für mich aussuchte, könnte man ihm außerdem eine hellseherische Begabung zutrauen. „Ich bin das Licht der Welt. Wer mir nachfolgt, wird nicht in der Finsternis bleiben, sondern wird das Licht des Lebens haben." Ist das ein zynischer oder ist es der ideale Spruch für einen Menschen, der einmal sein Augenlicht verlieren wird? Es hat etwas Ironisches, das von dem frommen, immer leicht über dem Boden schwebenden Mann nie beabsichtigt worden ist. Ich glaube auch nicht, dass der Pfarrer Gott den sarkastischen Humor zutraute, der mir als Blinder bei der Offenbarung Christi als „Licht" lange Zeit das Ohr gekitzelt hat. Mittlerweile denke ich anders über das Licht und die Welt. Sie braucht es als Wärme, die auch den Blinden anzieht und die Richtung weist.

Auch die zweite Station auf dem Weg zur Theologie verdanke ich dem, was sich „kirchliche Sozialisation" nennt: der Zeit als Kindergottesdienst-Helferin.

Ein sehr weltlicher Pfarrer in Jeans saß jeden Freitag vor einem Kreis junger Leute, die den sonntäglichen Kindergottesdienst mit ihm gestalteten. Zu dieser bunten Runde gehörte ich, trank jeden Freitagabend Rotwein mit Orangensaft und redete wieder über Gott, Welt und Menschen. Sonntags stand ich vor einer Rasselbande von zehn- bis zwölfjährigen Mädchen und Jungen. Wenn die „Kleinen" dann zu der „Helferin" – einer Autorität – aufschauten, kam ich mir sehr erwachsen vor. Aufgereiht und gezähmt, wie sie waren, ließen sich die Kinder widerspruchslos von mir in biblische Geschichten entführen, zum Beispiel in die Palmenstadt Jericho und zu einem blinden Mann namens Bartimäus. Bettler war er, dieser Bartimäus, erzählte ich meinem gebannten Publikum. Was blieb ihm anderes übrig, als am Wegesrand zu hocken und auf milde Gaben von Leuten zu warten, die es besser hatten als er? Als dieser Bartimäus mitbekam, dass Jesus sich in seiner Nähe bewegte, veranstaltete er ein mächtiges Theater. Der Blinde brüllte wie ein Verrückter. Er brüllte so lange, bis Jesus stehenblieb und ihn fragte, was er eigentlich von ihm wollte.

Na, was wohl? Was für eine Frage! Was konnte ein behinderter Mensch sich schon anderes wünschen als die Heilung von seinem Leiden?

Genau so selbstverständlich erschien es meinem Publikum, dass dieser Wunsch prompt erfüllt wurde. So kannten die Kinder Jesus aus einem Dutzend anderer Geschichten der Bibel. Er machte die Blinden sehend, die Lahmen gehend, die Aussätzigen rein und die Verrückten normal.

Stimmte das? Konnten Geschichten aus uralten Zeiten, in denen Blinden das Augenlicht und Dummen Verstand geschenkt wurde, heute noch wahr sein?

Auf solche Fragen suchte ich in meinem Studium Antwort. Ich war neugierig, nicht gläubig. Was mich sonst noch in die theologische Fakultät zog, würden die Therapeuten übertriebenen Ehrgeiz, Psychologen Größenwahn oder Geltungssucht nennen, die Theologen Hochmut. Etwas anderes, etwas weniger Schwieriges, etwas Oberflächlicheres, etwas weniger Besonderes als Theologie kam für mich einfach nicht in Frage. Ich wollte tief schürfen, wo andere sich damit begnügten, an lästigen Verkrustungen herumzukratzen. Etwas Absolutes musste es sein, etwas Radikales oder was ich dafür hielt. Ich bewunderte mich selbst für meinen faustischen Mut und ging davon aus, dass auch alle anderen meinen Mut und mich bewunderten. Dass ich irgendeine Hürde auf dem steinigen Weg ins pastorale Berufsleben nicht schaffen würde, kam mir nicht in den Sinn. Wer zu bedenken gab, dass ich erst noch Griechisch und Hebräisch lernen müsse und dass die Sprachprüfungen von nur einem knappen Drittel aller Anfänger auf Anhieb bestanden wurden, wer immer also an meiner intellektuellen Eignung für das Fach zweifelte, den lachte ich aus. „Nicht nur die Medizinstudenten müssen schlau sein!", gab ich von mir. Bis heute reitet mich ein Schalk in meinem Nacken, solchen Bemerkungen eine weitere über die Durchschnittsnote meines Abizeugnisses folgen zu lassen. Selbstverständlich! Mit meinem Numerus Clausus hätte ich Medizin studieren können – wenn ich gewollt hätte. Aber ich wollte nicht. Mich interessierte nur noch Theologie.

„Theologie ist interessant – oder gar nicht." So lautete der Titel meiner ersten Vorlesung in Münster. Ich hätte erwartet, Theologie sei vielleicht interessant oder langweilig, mystisch oder politisch, lebensnotwendig oder ein Luxus. Brot für die Welt oder Opium des Volkes. Interessant – oder gar nicht? Welch unpassende Alternative!

Die Vorlesung wendete sich ausdrücklich an Studienanfänger und wurde von einem der berühmtesten Professoren des Fachbereichs angeboten. In den 1950er und 1960er Jahren war Willi Marxsen eine Art Star am Theologenhimmel und öfter in der Presse gewesen.

Ende der 1970er befand sich sein Stern längst im Sinken; der bevölkertste Teil des Theologenhimmels erstrahlte über Tübingen, und von dort stellten die Namen Moltmann, Jüngel und Käsemann die biederen Münsteraner Exegeten in ihren politischen Schatten. „Willi" war nur noch Legende, aber das war Grund genug für Anfängerinnen wie mich, sich vor seinen Seminaren zu fürchten, die Säle zu seinen Vorlesungen jedoch zu stürmen.

Bestimmte inhaltliche Erwartungen hatte ich nicht. Abenteuerliche Gerüchte unterstellten dem berühmten Gelehrten Anfeindungen aus frömmlerischen Kreisen, Vorwürfe von Blasphemie, ja Prozesse im Namen der „Kirchenzucht"; ein Aspekt, der ihn mir grundsätzlich sympathisch machte. Angeblich gehörte Marxsen zu den Kirchenleuten, die anderen Christen ihren guten Glauben austrieben. Hatte nicht eine Mitschülerin etwas Ähnliches über mich getuschelt, als sie von meinem Studienfach erfuhr? Wenn ich Pastorin werde, sei das ein Grund, aus der Kirche auszutreten, hatte sie behauptet. Die bissige Bemerkung hatte mir wehgetan, auch wenn ich mir nichts anmerken ließ. Marxsen und seine Probleme mit der kirchlichen Basis steuerten sofort wieder gegen die Verunsicherung. Anscheinend waren es keineswegs die schlechtesten Theologen, die solchen beleidigenden Geschossen ausgeliefert wurden. Vielleicht war eine gewisse Kantigkeit von Gesicht und Charakter sogar Bedingung für theologische Qualität.

Marxsens Lieblingsidee, so wusste jeder Münsteraner Student, war die vom plötzlichen Hereinbrechen der Gottesherrschaft in die Welt, einem endzeitlichen Ereignis, das alle Regeln auf den Kopf stellte und immer und in jeder denkbaren Hinsicht überraschend kam. Aber der Verkünder dieser Botschaft hatte nicht einen Funken von dieser apokalyptischen Wucht in seinem Auftreten. Norddeutsch, rot, ein wenig schwerhörig, wie Marxsen damals schon war, wirkte er abgeklärt bis schüchtern. Der Mann schlich in den Hörsaal, ohne seinen Blick in die erwartungsvolle Menge zu schicken. Leise und harmlos klang seine Stimme. Doch was der streitbare Herr Professor uns Frischlingen in sparsamer Dekoration servierte, hatte Sprengkraft. Seine Sätze waren mit jener schwer verdaulichen Provokation gewürzt, für die er berüchtigt war. Theologie sei interessant oder gar nicht. Das bedeute, dass man sich auf der Stelle entscheiden müsse. Entweder wir verschrieben uns dieser Sache mit Haut und Haar – oder wir waren entlassen, zur juristischen Fakultät hinüberzuwandern. Entweder wir studierten mit jeder Faser unseres jugendlichen Eifers, mit hochroten Köpfen und unter der schädlichen Wirkung von Unmengen Nikotins, oder wir ließen es bleiben. Was unser Studienfach fordere, sei Leidenschaft. Wer schon als Anfänger zynische Distanz zu halten beliebe, werde nie eine rechte Theologin und brauche das Studium gar nicht erst anzufangen.

Entweder – oder. Ganz oder gar nicht. Die rigoristische Forderung nach einer existentiellen Entscheidung schwebte eindringlich und überzeugend durch den Hörsaal und elektrisierte die Luft; eine Einladung, die unsere Bereitschaft zum Risiko prüfte. Wer einmal von diesem „Kerygma" der Botschaft Jesu, dieser Wort-Werbung getroffen war, zögerte nicht länger, wartete nicht ab, sondern wagte den Griff nach den Sternen. Ich konnte Marxsens Thesen noch nicht mit den Namen Sartres, Heideggers und deren theologische Gestaltung durch Rudolf Bultmann in Verbindung bringen. So neu, so sensationell, wie sie mir vorkam, war diese „Existenz-Theologie" à la Marxsen nicht, schon gar nicht zeitlos gültig, ewig unangefochten. Für mich, den theologischen Frischling, war sie trotzdem eine Offenbarung. Ich lieferte mich der Suggestionskraft des Willi Marxsen und seiner Rhetorik aus und hätte mich am liebsten auf der Stelle zur „Jüngerin" dieses Bultmann-Schülers erklärt.

So und nicht anders funktionierte die hehre Wissenschaft von Gott: Nicht Gott selbst rückte in ihren Focus, sondern nur die Gedanken, die sich andere Gottessucher über ihn gemacht hatten. Man redete nicht über den Unaussprechlichen, sondern diskutierte, was Generationen von Theologen über ihn in den Raum gestellt hatten, von den Propheten über Paulus bis zu den Evangelisten, Luther, Harnack, Bultmann, Marxsen. Es war eine Wissenschaft aus zweiter Hand, keine Mund-zu-Mund-Beatmung durch Gottes Geist persönlich. Im Gegensatz zu manchen frommen Studienkolleginnen, die enttäuscht reagierten, fand ich diese Behutsamkeit entlastend, ja befreiend.

Da es der ganze theologische Kosmos war, zu dem ich mir in Marxsens Spuren Zutritt verschaffte, fällt es mir nicht leicht, die wichtigsten Lehrstücke meines Meisters aus dessen Gesamtwerk herauszudestillieren. War es die tiefe, vom Glauben getragene Rechtfertigung exegetischer Kleinstarbeit, die nicht vom Sinn eines Textes ablenkte, sondern erst in sein Zentrum führte? Oder allgemeiner: War es die Freude an der Bibel als literarisch gestaltetem Werk von Literaten? Verständlich waren die Schriften nur, wenn man herausfand, mit welcher Absicht sie verfasst worden waren, für wen und mit welchen Mitteln. „Stellen Sie sich vor, Paulus hätte einem Diabetiker geschrieben, er dürfe keine Schokolade essen. Wie blödsinnig wäre es, wenn wir diese diätetische Empfehlung für einen Menschen, der noch keine Insulinspritzen anwenden konnte, heute noch als ‚apostolische Gebote' missverstünden!"

Genau. Na klar. Und was war nun mit den Wundergeschichten, die ich so ärgerlich fand? Sie gewannen an Glaubwürdigkeit zurück, wenn man erkannte, dass in den Geschichten über die Krankenheilungen gar nicht das Wunder, sondern Jesus, der Wundertäter, der Messias beklatscht wurde. „Du Sohn Davids!", hatte der blinde Bartimäus Jesus genannt, als er mit seiner Truppe durch Jericho wanderte und sensationsgierig bedrängt wurde. Der Blinde am Rand des Geschehens, auf seine Ohren angewiesen, auf die Vibrationen der Erde: Nur er hatte den Rabbi aus Nazareth als Messias erkannt, und zwar zu einem Zeitpunkt, als er noch gar nicht geheilt worden war.

Die Bedeutung dieser Reihenfolge für die Existenz eines blinden Menschen ging mir erst Jahre später auf. Was bereits in mein zweites Semester einschlug wie eine Bombe, war ein anderer Satz meines Lehrers: „Glauben fängt doch erst da richtig an, wo die Wunder ausbleiben." Marxsen fragte nicht, sondern stellte es sachlich und logisch fest, auf eine Weise, die mir verriet, dass auch in seinem Leben die Wunder meistens ausgeblieben waren.

Ich lernte Theologie auf eine altmodische Weise: an den Lehrer-Persönlichkeiten, die mir ihr jeweiliges Fachgebiet schmackhaft oder ungenießbar machten. Manche ihrer Thesen schienen mir fernab von jeder Realität durch ein theologisches Universum zu schweben. „Kein Ostern ohne Kreuz!" Der Satz galt zwar als theologischer Konsens, klang aber in meinen Ohren noch nach hohler Theorie. „Der Tod Jesu war kein Opfer, sondern er verwirklichte den Gedanken der Stellvertretung." Opfer, Stellvertretung: Gab es da einen Unterschied?

„Die Erschaffung des Lichts ist die Erschaffung der Zeit." Auch mit dieser interessanten Bemerkung verband ich noch keine Lebenserfahrung. Erst als meine persönliche Sonne für immer unterging, bekam ich zu spüren: Mit dem Licht ging der Rhythmus von Tagen und Nächten verloren. Die Zeit musste neu erfunden werden. „Der Mensch ist ein Stoffwechselwesen." Wie wahr! Wer hätte das besser gewusst als mein ewig durstiges, diabetisches Ich?

Zu den meisten theologischen Positionen rang ich mich durch, indem ich mich an denen meiner Lehrer rieb, zum Beispiel, indem ich der heftigen Werbung Marxsens für „das wichtigste Fach unserer Wissenschaft, das Neue Testament" meine Leidenschaft für die Komik und epische Breite der Hebräischen Bibel entgegensetzte. War das „Alte" Testament nicht viel spannender, viel facettenreicher als all die Geschichten und Briefe über Jesus? Es war mir immer schon vorgekommen, als stünden die realistischen Entwürfe über Gott und die Menschen in den Geschichten der Genesis oder den Überlieferungen über David. Und Hebräisch: War dieses „Kreuzworträtsel" aus semitischen Wortstämmen nicht weit interessanter und so ganz anders als die starre Zeitlogik der griechischen und lateinischen Sprache?

Als ich nach dem Graecum beginnen konnte, meine Biblia Hebraica von rechts nach links und von hinten nach vorn durchzulesen, als die Tonfolgen der hebräischen Lautregeln mich bis in den Traum verfolgten, rief ich mir immer wieder einen Satz Marxsens ins Gedächtnis: Die Dynamik hebräischen Denkens könne man am besten an der Feier des Pessach beobachten, hatte er uns Neulingen erklärt, und das als Professor für Neues Testament. Er baute sich vor uns auf, den Zeigestock in der Linken, von einem Fuß auf den anderen schwankend, und entführte seine Herde in die jüdische Festvorbereitung. Man verzehrte die Matzen im Stehen, sagte er, den Wanderstab in der Hand, die Lenden umgürtet, jedes Mal eine verkörperte Wiederholung des Aufbruchs aus Ägypten. Dann riefen die Feiernden einander zu: „Nächstes Jahr in Jerusalem!" Wer das Geheimnis solcher Zeiten-Verschränkung begreifen wolle, ergänzte Marxsen, der möge den Roman „Joseph und seine Brüder" von Thomas Mann lesen.

Marxsens Wort war mir ein angenehmer Befehl. Muss ich erwähnen, dass ich mir das Buch in meinem ersten Semester gekauft und gelesen habe? Mein Vergnügen an Manns „Joseph" erstreckte sich allerdings weit über das Einlesen in hebräisches Denken hinaus. Ich fand es einfach umwerfend, in welche Breite der Meister aus Lübeck 38 Kapitel der Bibel auseinandergefächert, gerupft, ergänzt und – stets mit einem Augenzwinkern – analysiert hatte. Vier Romane, mehr als tausend Buchseiten waren aus dem Ersten Buch Mose herausgepresst und neu aufgemischt worden, und zwar von einem Schriftsteller, nicht etwa von einem bibelkundigen Historiker oder einem historisch-kritischen Theologen!

In meinem dritten oder vierten Semester hörte ich „Die Korrespondenz des Apostels Paulus mit der Gemeinde von Korinth". Marxsen schaffte es mühelos, seinen Hörerinnen das Leben auferstehen zu lassen, das sich in den spröden, vertrockneten Briefzeilen des Apostels konserviert hielt. Ich las die Korintherbriefe und sah Paulus beim Schreiben jammern, weinen, wüten. Hinter den apostolischen Appellen um Anerkennung entfaltete sich eine Tragödie. Kein Zweifel: Auch das

Leben des Paulus war ein Romanstoff. Man musste nur seine vertrocknete Sprache mit frischen Vokabeln zum Blühen bringen. Die wissenschaftliche Auslegung war unbedingt notwendig, um Sinn und Bedeutung der Paulus-Briefe zu erfassen, aber danach brauchten auch sie eine Übersetzung ins Hier und Jetzt eines Alltags, der 2000 Jahre nach dem Apostel ganz anders aussah.

Die sorgfältigen Mitschriften aus Marxsens Vorlesungen bekamen einen Ehrenplatz vor sämtlichen anderen Unterlagen aus meinem Studium. Eines Tages würde ich darauf zurückgreifen.

Mein Studium ließ mir nicht viel Zeit, meine schriftstellerischen Anfänge auszubauen. Eigentlich schrieb und veröffentlichte ich nur noch Gedichte. Aus späterer Perspektive diente mir das hartnäckige Herumfeilen an den reimfreien, holprig rhythmisierten Gebilden als handwerkliche Fingerübung, die meinem Prosastil zugute kam. Damals wollte ich allerdings nicht wahrhaben, dass mein schmales „dichterisches Werk" ein Vorstadium meines späteren Berufs bleiben sollte. Hin und wieder schaffte es ein Gedicht in eine Wochenzeitung, ein andermal in eine Anthologie. Diejenigen Texte, in denen ich meine theologischen Fortschritte dokumentieren konnte, gelangen mir am besten.

Manchmal wurde ich auch zu Lesungen aus meinen Gedichten eingeladen. An einem glühend heißen Sommernachmittag holten meine Eltern mich ab, und wir fuhren gemeinsam zu einer solchen Veranstaltung nach Köln. In der Zentralbibliothek präsentierten sich drei oder vier „Talente" wie ich einem überschaubaren Publikum aus Freunden und Verwandten. Ich erinnere mich nicht, was ich damals vortrug oder welche Resonanz meine Gedichte bei den Zuhörern fanden. Die Episode ist mir aus einem ganz anderen Grund in Erinnerung geblieben. Nach der Lesung kommentierte mein Vater den Prosatext eines meiner jungen Kollegen, in dem der Autor Familienkonflikte beschrieben hatte. Es war eine Ich-Erzählung, die vermuten ließ, dass ihr Urheber damit autobiografische Erlebnisse bearbeitet hatte. „Das war so ehrlich!“, bewunderte mein Vater die Geschichte, die er zu hören bekommen hatte. „Wie kann man bloß so ehrlich sein?“

Respektierte er die Ehrlichkeit, oder fand er sie peinlich? War er vielleicht froh, dass seine Tochter Bekenntnisse im Stil einer „Frustration“ aufgegeben hatte und bloß noch Gedichte schrieb? Die „Ehrlichkeit“ sei nun mal das rücksichtslose Geschäft der Schriftsteller, dachte ich. Ich würde noch ein Weilchen Zeit brauchen, bis ich sie mir leisten konnte. Ich wollte mich noch ein paar Jahre durch mein Studium disziplinieren lassen.

Das Leben und Lernen an der Universität spielte sich in einer Sonderwelt ab. Der Schutzraum, in dem ich meine Tage mit Menschen verbrachte, denen ein Gespräch über Gott, Marxsen, die Welt und die Bibel genauso wichtig war wie mir, hielt mir die Ignoranz, aber auch die Alltagsprobleme der restlichen Welt vom Leibe.

In den Augenblicken verzücktester, wissenschaftlicher Euphorie wirkte ich auf Menschen, die mit theologischem Erkenntnisgewinn wenig am Hut hatten, abgehoben und arrogant. Ich begriff nicht, warum eine aufgeklärte, theologische Wissenschaft deutscher Prägung, in der alle törichten Mythen endlich in Vernünftigkeiten übersetzt wurden, nicht auch anderen Leuten zur Befreiung und Erleuchtung diente. Naiv und enthusiastisch missionierte ich unter unaufgeklärten Zeitgenossinnen herum – ohne zu merken, dass ich mit meinen desillusionierenden Botschaften Porzellan zerschlug. „Shut up! You are trying to inflict us with all your ideas!“ Ein Satz voller Hass, voller Angst, voller Abwehr. Er wurde mir von Marys Mutter entgegengeschleudert, als ich 1980 meine amerikanische Gastfamilie besuchte. Ich befand mich in argumentativer Hochform und redete die anderen in Grund und Boden. Die kluge, deutsche Theologin hatte sich wieder mal in eine Begeisterung hineingesteigert, die bei einer treuen, amerikanischen Katholikin zwangsläufig auf Gegenwehr stoßen musste. Und nicht nur das. Das kategorische „Shut up!" verwandelte die freundschaftliche Atmosphäre in etwas Zähes, Bemühtes, Unaufrichtiges. Die neue Stimmung im Haushalt quälte uns alle, Gastgeber wie Gast, und machte die letzten Tage meines Besuchs fast unerträglich. Amerikaner!, grollte ich. Katholiken! Was wissen die schon von der Wahrheit, die uns frei macht? Für nichts in der Welt würde ich die protestantische Freiheit preisgeben.

Erst nach meinem Studium und im Rückblick ging mir auf, wie stark Theologie polarisiert und dass diese streitbare Seite den meisten Nicht-Theologen ungemütlich ist, eine Anfechtung, keine Vergewisserung. Als Studierende unter Studierenden wäre ich nie auf die Idee gekommen, dass mir in diesen Kreisen auch ein Stück Wirklichkeitsbezug abhanden kam. Ulla, die nun ebenfalls in Münster studierte, sagte über die Atmosphäre in unserem Fachbereich einmal, dass dort viele Leute hässlich seien oder hinkten. Vermutlich waren ihr die Leute nicht ganz geheuer. Viele wollten Lehrerin werden wie sie selbst. Aber auch die angehenden Religionslehrer fand sie „hässlich", während ich mich in der Manier aller Volltheologen zu der Ansicht verstieg, dass Lehrer, egal welches Fach sie studierten, immer nur Halb-Akademiker blieben.

Ich fand es normal, dass sich mein neuer Freundeskreis aus Theologen rekrutierte, dass wir zum Kaffeeklatsch gruppendynamische Spielchen ausprobierten und auf Partys über Theologenwitze lachten. Nicht, dass wir keine anderen Themen hatten; mit einer Freundin, die sich wie ich zu den Marxsen-Fans zählte, fuhr ich zweimal in Urlaub, ohne dass unser verehrter Lehrer sich in unsere Gespräche mischte. Ich traute ihnen allen sehr viel an Verlässlichkeit zu, den professionellen

Gottessucherinnen, diesen Studienfreundschaften, die ich für unverlierbar hielt. Waren sie mir wichtiger als ich ihnen? Wenn mir jemand prognostiziert hätte, dass kaum eine dieser Theologenfreundschaften eine Krise wie die Erblindung aushalten würde, hätte ich das für unbegründete Schwarzmalerei gehalten. Ich war überzeugt, im Studium Bindungen fürs Leben zu knüpfen.

Unsere Studienordnung schrieb neben den „Scheinen" für Seminare und Übungen auch zwei Praktika vor. Als Erstes suchte ich mir ein „diakonisches" Arbeitsfeld aus: Pflegerin in der geschlossenen Abteilung eines psychiatrischen Krankenhauses. Das klang nach einem deftigen Kontrastprogramm zu theologischen Hausarbeiten, nach Exotik. Natürlich spukten auch Hölderlin, Robert Schumann und Robert Walser durch meine vagen Vorstellungen von einer fremden, aber faszinierenden Welt. In Jack Nicholson, der 1976 als Patient einer amerikanischen „Klapsmühle" über das Kuckucksnest geflogen war, hatten solche Fantasien ein prägnantes Clownsgesicht erhalten. In der entfernteren Verwandtschaft war eine Frau in religiösen Wahn getaucht, war auf der Straße herumgetanzt und hatte angeblich mit Geldscheinen um sich geworfen. „Durchgedreht", hieß das. „Übergeschnappt." Die Dämonen, die Jesus einst aus den geplagten Köpfen vertrieben hatte, wohnten jetzt in den geschlossenen Abteilungen der Anstalten. Dort ließen sie sich tagsüber in die Handtaschen der Insassinnen sperren, wo sie nachts zu brüllen anfingen. Etwas Ähnliches hatte der Pastor erzählt, der vor ein paar Jahren den Kindergottesdienst in meiner Heimatgemeinde mit seinem Helferkreis vorbereitet hatte. Inzwischen war er Seelsorger in einem Landeskrankenhaus geworden.

Dieser alte Freund war bereit, mein Mentor zu werden und alle Schrecken abzufedern, die mich hinter diesen Mauern überfallen würden.

Ich hatte Angst. An meinem ersten Arbeitstag stand ich mit leichtem Gepäck in einem Zimmer des Schwesternwohnheims und musste zugeben, dass die Farbe meines Gesichts sich dem Anstaltsweiß meiner Bettwäsche angeglichen hatte. Wie gern wäre ich an meinen Schreibtisch geflohen, um einem biblischen Exorzismus nach dem anderen mit einer gründlichen Textanalyse zu Leibe zu rücken. Schreibtisch und Textanalysen gehörten zu einem anderen Kosmos. Sechs Wochen würde ich in diesem kärglichen Schwesternzimmer mitten im Gelände der Anstalt übernachten müssen. Was, wenn an diesem ungastlichen Ort der Wahnsinn auf mich übersprang?

„Zachäus ist grün!" Mit diesem Kommentar zu einem Plakat, das mein Mentor in seine wöchentliche Andacht mitgebracht hatte, war ich in die fremde Welt eingeführt worden. Ich sollte „meine" Station kennenlernen und hörte immer wieder diesen einen Satz: „Zachäus ist grün." Für mich war der Zöllner aus dem Lukasevangelium vor allem ein Außenseiter, der auf Jesu Segen wartete, und das Poster, das ihn auf seinem Maulbeerbaum zeigte, leuchtete bunt über dem Stuhlkreis der Andachts-Besucherinnen. Hilflos beobachtete ich den Pfarrer in seiner Gelassenheit. Musste der Seelsorger diese Patientin nicht von ihrem Grün erlösen und zum Feuerrot des Zöllnerkopfs bekehren?

Mein Mentor lachte. „In der Psychiatrie nützt es dir gar nichts, richtig und falsch zu unterscheiden. Unsere Patienten haben immer recht." Hier waren keine Worte zum Sonntag erwünscht, keine Richtigkeiten, keine Korrekturen. Wenn ich das Grün des Zachäus nicht ertrug, oder wenn mich die Umarmung, ja der schleimige Kuss einer zahnlosen Insassin ekelte, konnte ich noch einen Rückzieher machen. Aber dazu war ich zu stolz.

„Irren ist menschlich" hieß das Lehrbuch der Psychiatrie, mit dem ich mich auf die sechs Wochen vorbereitet hatte. Das Konzept der Landesklinik entsprach der Botschaft dieses Evangeliums der Reformpsychiatrie: keine Störung, keine Perversion, die im Ansatz nicht jedem Menschen aus dem eigenen Gefühlshaushalt bekannt ist. Irgendwann im Leben steht jeder mal kurz vor dem Ausflippen, vor dem Durchdrehen. Die Unterschiede zwischen dem Irresein und dem gesunden Seelenleben sind graduell.

Ich bin ganz und gar nicht sicher, ob diese These heute noch haltbar ist. Aber das Buch baute mir damals eine stabile Brücke zu den „besessenen" Brüdern und Schwestern, vor ihrem angeritzten Fleisch, den angestochenen Adern, zu ihrem Blut, ihren Tränen, ihrer Nacktheit und ihren Ausscheidungen. Nach zwei, drei Tagen hatte ich meine Angst überwunden. Ich gewöhnte mich an den Anblick der Gestalten, die stundenlang an der Wand entlang schlichen, mit eckigen, medikamentös gebremsten Bewegungen und lahmer Zunge. In einer Akutstation mussten reformpsychiatrische Ideale den Zwängen weichen, die aus personeller Unterbesetzung entstanden. Manche Frauen mussten abends in ihren Betten angebunden werden und spuckten, wenn sie mit Gurten auf dem Rücken fixiert wurden, ihren Wärterinnen ins Gesicht. Das waren die Aggressiven, die Schizophrenen, die Manikerinnen. Ich schlug alle Symptome in meinem Lehrbuch nach. Die Depressiven saßen zwanzig von vierundzwanzig Stunden in derselben Haltung auf demselben Stuhl und vergifteten denselben Aufenthaltsraum mit ein- und demselben Schweigen. Es gehörte zu meinen Aufgaben, sie zu einem Tischtennismatch zu motivieren und mir ihre Reaktionen einzuprägen, um meine Beobachtungen zum Schichtwechsel in die Übergabekonferenz einzubringen.

Ich wurde zum Augenmenschen. Meine Aufmerksamkeit für Mundwinkel, Gesten, Kopfhaltungen war gefragt. Sechs Wochen lang durchstöberte ich die Kulturbeutel von frisch eingelieferten Suizidantinnen nach Nagelfeilen. Ich sorgte dafür, dass alle Patientinnen ihre verordneten Medikamente schluckten, statt die Pillen in einem unbeobachteten Moment in den nächsten Blumentopf zu spucken. Ich saß auch bei den Konferenzen der Psychiater dabei und holte Luft, bevor ich an der pflegerischen Aufgabe als Wachhund einer Manikerin kläglich scheiterte. In meinem Beisein gelang es der Frau, sich Blumenerde und Kölnisch Wasser einzuverleiben. Ich lernte auch, Erbrochenes wegzuwischen und einen erstarrten, nur noch aus Augen bestehenden Menschen zu füttern. Löffel für Löffel eroberte ich mir das Vertrauen der Patientin. Menschenhand zu Menschenmund, Wasser zum Durst. Elementarer kann man nicht handeln. So nah am Leben war ich lange nicht gewesen, und nie so dicht am Blick des Gottes aller Verlierer. Meine Gefährtin sagte, ich hätte schöne Augen, und ich Idiotin fühlte mich geschmeichelt. Hatte ich jemals solch ein Kompliment gehört? Noch idiotischer war, dass ich ihr verriet, ich wolle Pastorin werden, und wenn sie geistlichen Beistand brauche oder Fragen über die Religion habe, könne sie sich an mich wenden. Sie presste die Lippen zusammen, war satt, war geradezu vollgestopft. „Nein, nicht mehr!“, signalisierte mir ihr entschiedenes Kopfschütteln. „Genug.“ Mein Löffel hing in der Luft.

Das wichtigste Lernerlebnis des Psychiatriepraktikums war die Fähigkeit, die eigenen Probleme, Meinungen und Verantwortlichkeiten von den Zuständigkeiten anderer Leute zu unterscheiden. Wenn eine Patientin mich mit Kuss und Umarmung begrüßte, lag das an deren guter Laune oder Verrücktheit, nicht etwa an meiner Liebenswürdigkeit. Wenn dieselbe Frau mir am nächsten Tag entgegenzischte, dass ich ein Arsch sei, spiegelte auch dieses Urteil nicht meine, sondern ihre schlechte Verfassung. Bis dato hatte ich die Ebenen viel zu rasch vermischt. Ich war beleidigt gewesen, auch wenn die Beleidigung in Wirklichkeit einem anderen gegolten hatte. Ich hatte auf Lob und Dank spekuliert, wo jemand völlig zu Recht nur sein persönliches Glück eingestrichen hatte. Übertragungen, Projektionen, Verwechslungen, Vereinnahmungen. In der Psychiatrie wird man misstrauisch gegenüber allem, was man bedenkenlos als eigene

Wirklichkeit verbucht hat. Eine gesunde und ehrliche Beziehung dagegen beruht auf einer Distanz, in der das Ich das Du seines Gegenübers achtet und berührt, ohne es sich zu eigen zu machen. In meinem Praktikum erlebte ich hautnah eine Kommunikationswahrheit, der die dialogische Philosophie Martin Bubers später einen theoretischen Rahmen verleihen würde.

In meinem Erfahrungsbericht für die Landeskirche notierte ich außerdem, ich habe in der Psychiatrie meine Fähigkeit zur tätigen Solidarität prüfen wollen. Diese Solidarität hatte ihre Grenze dort erfahren, wo ich von dem Leiter der Klinik mit einer Patientin verwechselt wurde. Zwei Frauen in normal schäbiger Kleidung an einem Halma-Brett, mehr hatte er im Vorbeilaufen nicht gesehen. Der einen stand ihre Depression, der anderen ihre gesunde Trauerstimmung ins Gesicht geschrieben. Aber als die Praktikantin sein Stutzen bemerkte, sein interessiertes Innehalten vor dem Gesellschaftsspiel, sprang sie auf und klapperte mit ihrem Schlüssel. Die eine war eingesperrt, die andere, ich, durfte ab- und aufsperren.

Trotzdem hatte ich nicht das Gefühl, als Prüfling der Schwesterlichkeit durchgefallen zu sein. „Du bist sehr geeignet für einen sozialen Beruf", hatte einer der Psychiater mir beim Abschlussgespräch bescheinigt. Ich fragte mich nur, inwiefern der Pfarrer- und Pastorinnenberuf sozial war.

Mein Studium hatte mich längst zu neuen Berufszielen geschwemmt. Inzwischen konnte ich mir eine Zukunft in der wissenschaftlichen Arbeit vorstellen, aber nicht mehr im Pfarramt. Zu einem Leben mit Talar und Presbyterium fehlte mir vor allem eines: die Bereitschaft zu Kompromissen. Das „Ganz oder gar nicht", das mich jedes Semester neu in Willi Marxsens Vorlesungen ansprang, wollte ich nicht aufgeben, nur weil es potentiellen Predigthörern womöglich nicht ins Konzept passte.

Ich arbeitete bereits an der akademischen Laufbahn. Ein Lehrstuhlinhaber des Alttestamentlichen Seminars hatte mir eine Stelle als studentische Hilfskraft angeboten. Seither besaß ich einen Schlüssel zum Fakultätsgebäude. Ich war bei der Münsteraner „Psalmenforschungsstelle“ angestellt und versorgte dort 155 Aktenordner mit Kopien von aktuellen Fachaufsätzen. Wenn mein Chef, der oberste Psalmenforscher, selbst eine Studie in Arbeit hatte, durfte ich kleinere Vorarbeiten für das neue Werk machen. Ich wälzte die hebräische Konkordanz und sammelte Bibelstellen zu bestimmten Themen, um meine „Forschungsergebnisse“ in übersichtlicher, gut formulierter Form zur Verfügung zu stellen. Eines Tages würde ich in ganz ähnlicher Weise an einem eigenen Thema arbeiten, da war ich sicher.

Eigentlich sollte ich durch das Gemeindepraktikum neue Freude an der lange vernachlässigten „Praxis“ bekommen. Ein Bad im warmen Regen einer Münsteraner Mustergemeinde: Manche Verhärtungen eiskalter Kompromisslosigkeit hätten aufgeweicht werden sollen, manche theoretischen Klugheiten relativiert. Bei mir hatte das Eintauchen in den praktischen Dienst genau die gegenteilige Wirkung. Ganz schnell zog ich meinen Kopf aus dem glucksenden Strudel. Ich schlug drei Kreuze, sobald ich mich aus einer Presbyteriumssitzung an das vertraute Ufer meines Schreibtisches gerettet hatte. Den Kaffee und Kuchen der Frauenhilfen fürchtete ich mehr als die regelmäßigen Interviews meines Psalmenexperten. Ich saß zwischen Busen und Hüften der heftig engagierten Bezirksdamen eingeklemmt, suchte krampfhaft nach einem unverfänglichen Gesprächsthema und landete beim Wetter. Mir fehlten Diplomatie, Wärme und die rechten Worte, mir fehlte die Zugewandtheit zu Menschen, die sich in anderen Welten bewegten als ich.

Auch mein Mentor trug dazu bei, dass mein Gemeindepraktikum mich von der Arbeit für die Kirche abschreckte. Er galt nicht nur als der erfolgreichste, sondern auch als der schönste Pfarrer der Stadt. Seine grauen Schläfen wurden von allen Damen als silbrig gewürdigt, sein durchdringender Blick brachte Herden von Praktikantinnen, Vikarinnen und Presbyterinnen zum Seufzen und Schmelzen. „Charisma“ hieß dieses Auftreten. Auf mich wirkte es arrogant und nicht die Spur erotisch. Der schönste Pfarrer der Stadt war weltoffen, sportlich, vielseitig gebildet und beliebt. Hätte ich mir einen besseren Lehrer wünschen können? Der Vollblut-Pfarrer begann seinen Arbeitstag mit einem Tennismatch und beendete ihn nie vor Mitternacht. War das etwa kein Vorbild für mich?

Herr Silberhaar gehörte zur Generation der 68er und hatte neben der Theologie auch Soziologie studiert. „Jeder Mensch hat eine Funktion in der Gruppe“, belehrte er mich. „Diese Funktion müssen Sie jeder Zeit nach außen vertreten, und zwar glaubwürdig.“ Dabei glitt ein abschätziger Blick an meiner nicht präsentablen Kleidung herab. Damit in der Großgruppe Gemeinde keinerlei Unsicherheiten über die Kompetenzen einer Praktikantin aufkeimen konnten, verteilte sie im Gottesdienst die Gesangbücher, probierte vor der Liturgie das Mikrofon aus, stellte es auf Mundhöhe des Pfarrherren ein und bewegte sich geschäftig in der Funktion der unentbehrlichen Assistentin durch das Gemeindezentrum. „Machen Sie sich stets als berufen kenntlich!“, riet mir mein Mentor, wackelte mit einer Silberlocke und entschied nach tiefem Nachdenken, dass ich das Aufstellen der Stühle im Vortragssaal nicht persönlich durchführen, sondern lediglich beaufsichtigen müsse. Zu Besuchen im Krankenhaus nahm er mich nie mit, auch nicht zu Trauergesprächen. Dafür durfte ich in der letzten Reihe der Friedhofskapelle sitzen und den entschiedenen Trost, den er den Angehörigen vorsetzte, mit meinen eigenen Erfahrungen als Trauernde vergleichen. O doch, Silberhaar wusste, dass es keinen Trost gab. Aber empirische Untersuchungen hatten ergeben, dass die Beerdigungspredigten nie die engen Verwandten erreichten, sondern nur den ferneren, hoffentlich auch den kirchenfernsten Umkreis der Toten.

„Eure Persönlichkeiten passen nicht zusammen", erklärte mir meine Vorgängerin im Praktikantinnenamt. Es war die schonende Beschreibung einer Antipathie, die ihrer Meinung nach auf Konkurrenz basierte. Herr Silberhaar war so perfekt, dass ich nie und nimmer an seine Qualitäten herankommen konnte. Um diese Niederlage nicht eingestehen zu müssen, machte ich mich lustig, entschied sie.

Die Ex-Praktikantin selbst zählte sich zur Fangemeinde des schönen Charismatikers und war in einer schwachen Minute seiner erotischen Anziehungskraft – „fast!", wie sie beteuerte, „nur bis zum Knutschen" – erlegen. Mich zog weder die beeindruckende Körperlichkeit des Mannes an noch die nicht minder beeindruckende Souveränität seiner Amtsführung. Seelsorger, Lehrer, Rundfunkpfarrer, Organisator, Repräsentant, glänzender Redner, überzeugender Prediger. Bei der Gestaltung des Pfarrhauses hatte er seine Kreativität ebenso entschieden einfließen lassen wie bei der architektonischen Planung des neuen Gemeindezentrums: Mehrzweckraum, für Liturgie und Gemeindeball gleichermaßen geeignet. Aus der Nische, die während eines Gottesdienstes von dem Altar beansprucht wurde, hatte man den geschundenen Heiland vom Kreuz genommen. Alles, was übrig war: eine Fuge in der Altarwand, weltoffene Spuren moderner Kunst in der Kirche. „Anders ist die Kreuzestheologie nicht vermittelbar." Für mich stand der schönste Pfarrer der Stadt für den Erfolg eines Christentums der Sieger. Weder seinen Ein Meter vierundneunzig noch seinen kraftvollen Predigten glaubte man den Satz des Paulus, dass Gottes Kraft nur in den Schwachen mächtig sei.

Ein Talar ist ein seltsames Kleidungsstück. Von der Stange ist er nicht zu haben. Um ihn zu erwerben, müssen frisch examinierte Theologinnen ein Spezialgeschäft in Hamburg aufsuchen. Dort spazieren sie zwischen lauter kopflosen Schneiderpuppen umher, um sich das passende Modell auszusuchen.

Vom kniekurzen Lutherrock bis zur Satinrobe mit reformierter Halskrause ist jede Variante vorhanden, auf Bestellung maßzuschneidern und innerhalb von sechs Wochen lieferbar. Nicht zu vergessen: Auch ein Barrett, diese Baskenmütze mit Pickel, gehört zur Dienstkleidung. In einer Einladung der Silberschläfe zu seinem x-ten Dienstjubiläum wurden alle theologischen Gäste um ihr Erscheinen in Talar und Barett gebeten.

Bevor ich mich hier über den Auflauf der bemützten Pinguine lustig mache, den ich mir unter einer solchen Versammlung vorstellte, muss ich gestehen, dass auch ich nach meinem Examen jenes Spezialgeschäft aufsuchte. Meine Eltern kauften mir einen Talar, und ich schlug ihnen dieses Geschenk nicht aus, sondern fasste es als eine nachträgliche Anerkennung meiner Berufswahl auf.

Ein Talar ist wirklich eine erstaunliche Verkleidung. Mein Spiegel zeigte mir eine respektable Persönlichkeit. Die Amtstracht ließ keinen Zweifel durchschimmern und bewies meine Autorität. Ein Beffchen trennte meinen Rundkopf vom quaderförmigen Körper wie bei einem umgestülpten Ausrufungszeichen. Derart gereift und gestrafft, stieg ich auf die Kanzel meiner Heimatgemeinde, zum ersten und letzten Mal.

Es war verlockend. Ich gebe es zu. Der Auftritt hatte etwas Verführerisches und gelang mir durchaus. Wer ahnt schon, wie warm man es unter dem Vorhang hat, wie geschützt man sich fühlt, wie unangreifbar.

Thema meiner Predigt war das Gleichnis von den Arbeitern im Weinberg. „Die Letzten werden die Ersten sein.“ Hat mir irgendjemand diese Wahrheit abgenommen?

„Würdest du dasselbe studieren, wenn du noch einmal entscheiden könntest?“

Ich wünschte, Mary hätte mich das gefragt. Doch es gehört zu den amerikanischen Kommunikationsregeln, in kleinem Kreise nie über Politik und nie über Religion zu reden.

Für mich ist die Theologie eine Lebensentscheidung gewesen. Zu keinem Zeitpunkt habe ich sie bereut. Wenn ich noch einmal die Wahl hätte, würde ich genau dasselbe studieren.

KAPITEL 4
FRIST UNTER DEM GALGEN

San Francisco 1986. Zum zweiten Mal besuche ich eine der schönsten Städte der Welt. Sechs Jahre ist es her, dass ich zum ersten Mal – damals mit Mary – diese steilen Straßen hoch und runter gewandert bin. Seit damals denke ich an Kalifornien wie an ein verlorenes Paradies.

Diesmal haben meine Reisegefährtin und ich uns ein Auto gemietet. Wir fahren über die Golden Gate Bridge in Richtung Sausalito, und biegen nach links in die Hügellandschaft von Marin ab. Immer höher und höher schlängelt sich der schmale Weg, verliert an Befestigung, aber der Blick über die Schulter wird immer sensationeller. Wir fahren himmelwärts. Wir steuern mit unserem Mietwagen in eine Wirklichkeit jenseits aller Ängste.

San Francisco 1986. Jetzt sitze ich auf einer Gipfelbank und sauge die Aussicht in meinen Kopf, als könne ich mich ein für allemal daran satt sehen. Links unter mir schwingt sich die Hängebrücke von Ufer zu Ufer und teilt die Silhouette von Downtown in senkrechte Streifen. Rechts unter mir räkeln sich die grünen, flachen Ausläufer der Stadt bis zum Pazifik. Die Welt liegt mir zu Füßen: die Bucht, die Brücken, die Skyline, die kargen Inselchen im Wasser, die viktorianischen Häuserfronten am anderen Ufer. Kein Nebel diesmal. 1980 haben Mary und ich am Kopf einer dieser dünnen Nebelschlangen gestanden und lange gewartet, bis er sich so weit nach unten reckte, dass wir fotografieren konnten. Diesmal stört nicht mal Morgendunst die Optik.

Es ist der Ausblick meines Lebens. So schön ist er, so ergreifend, so vergänglich. Ich will ihn mit der Kamera konservieren, klicke wie eine Verrückte in der Gegend herum, aber je weiter der Bildausschnitt auch wird, desto klarer entpuppt sich der Versuch, meine Ergriffenheit festzuhalten, als jämmerlich. Ich kapituliere. Ich bleibe einfach sitzen und liefere mich aus. Schön ist es hier. Einatmen muss ich diese Stadt. Ganz ruhig schauen, betrachten, bewundern. Die Uhren vergessen. Die Zukunft verschieben. Alles andere wäre ein Krampf und Verschwendung.

Während der zwei, drei Stunden in Marin wiederholte sich ein Dutzend Mal dieser eine, aus der Ahnung zur Gewissheit wachsende Gedanke: Ich werde mein Augenlicht verlieren. Wann genau ich blind sein würde, war noch unbestimmt, aber ich wusste, dass der Moment in einer nicht allzu fernen Zukunft lag. Merkwürdig war, dass meine blinde Zukunft mir aus diesem Abstand sehr freundlich, ein wenig traurig, aber ohne jede Drohgebärde zuwinkte. Sie schien mir, auch wenn das absurd war, zuzuzwinkern: „Keine Angst!“ Eines Tages würde ich weder diese herrliche Stadt, noch irgendeine andere Stadt, noch irgendeine andere Landschaft sehen können. Die Sonnenstrahlen über dieser Bucht würden kein Licht mehr transportieren, nur noch Hitze.

Seit ungefähr einem Jahr lebte ich mit einer Ahnung davon, wie sich dieser Perspektivwechsel anfühlte. Der Diabetes hatte mit dem grauen Star zugeschlagen. Gerade hatte ich mich von einer Herzmuskelentzündung erholt, die mich ein ganzes Jahr aus dem Studium gerissen hatte, da erfolgte dieser neue, noch präziser platzierte Angriff. Faust traf aufs Auge. Kurz vor dem Examen konnte ich keine Zeitung mehr lesen. Die Aufsätze, mit denen ich mich auf die theologische Prüfung vorbereitete, waren nur noch unter extrem intensivem Schreibtischlicht zu entziffern. Panisch rannte ich zu einem Augenarzt, der ungerührt die Diagnose stellte. „Diabetischer Katarakt.“ Im Grunde war ich nicht überrascht, nur verzweifelt. Ich schrie den Arzt an: „Und wie soll ich jetzt Examen machen?“

„Das wird ganz schnell schlimmer. Dann kann man operieren", war alles, was er antworten konnte. Noch sei die Trübung aber nicht „reif" genug, um eine Linse dafür aufs Spiel zu setzen.

Seit diesem Morgen lief ich nur noch mit Lupe durch die Bibliotheken. Alle Literatur, die ich für meine schriftliche Hausarbeit durcharbeiten musste, las ich mit einem Vergrößerungsglas, und schließlich schrieb ich sogar meine Klausuren mit der Lupe in der Hand. Zwischen den schriftlichen und den mündlichen Prüfungen ließ ich mich operieren. Die getrübte Linse wurde entfernt, eine Kontaktlinse meinem linken Auge angepasst. Links war die Welt wieder bunt und hell. Aber ich brauchte dieses operierte Auge nur kurz zuzukneifen – schon trübte sich der strahlende Morgen von San Francisco im verbliebenen grauen Star des rechten Auges. Die klare Luft wurde fleckig, schlierig. Jeden Abend, wenn ich im Motelzimmer meine Kontaktlinse von der Pupille fischte und durch die hässliche, dicke Starbrille ersetzte, verzerrte sich das Zimmer und verlor an Tiefenschärfe. So ähnlich, dachte ich, musste Erblinden sein. So ähnlich wie mit den Augenklappen, mit denen ich kurz nach der OP auf dem Bett gelegen hatte, während meine Freundin Bea mir aus meinen Examensnotizen vorlas. War das nicht ein Erblinden auf Probe gewesen?

Nach der OP war ich aus der verordneten Dunkelhaft wie zur Bewährung entlassen worden. Gott und der Augenarzt hatten mir Freigang in die kalifornische Sonne gewährt.

Wenn meine Aussicht auf die Bucht von San Francisco auch eine Aussicht auf Nichtausicht war: Noch lebte ich als der Augenmensch, als der ich geboren war. Vor mir lagen noch über drei Reisewochen, in der Zeit einfach Zeit sein durfte, und in der ich ein ganz anderer,Mensch war als zu Hause, hinter Schreibtischen und Büchern. Diese Zeit war ohne Zukunft und kam mit den Plänen für den nächsten Morgen aus. Sobald ich mir Anfang und Ende der Reise vorstellte, platzten die prallen Momente wie ein Ballon. Es gab nur das Jetzt. Hier und jetzt gegenüber der Golden Gate Bridge, morgen in Monterey, übermorgen im Tal des Todes. Weiter wollte ich nicht denken. Weiter brauchte ich nicht mehr zu denken. War es das, was meine Professoren unter Ewigkeit verstanden? Hatte Willi Marxsen das gemeint, wenn er vom Augenblick der Entscheidung schwärmte, in dem Gestern und Morgen zu einem grenzenlosen Heute zusammenfließen?

Diese Reise war eine Chance, und ich habe sie genutzt. Auf der Autofahrt durch Amerika ergänzte ich das Bilderarchiv in meinem Kopf durch etliche Panoramen. Es galt, die Farben der Wüsten und Canyons in mein Reservoir einzuspeichern, um sie abrufen zu können, wenn es keine Bilder mehr geben würde. Zahllose Schattierungen von Rot sprangen mich an: Feuerrot, Blutrot, Rubin, Orange. Das Grün der Tannen von Montana steckte ich neben einen Olivton im Tal des Todes. Ich schob mir die bizarren Formen der Felsmonumente des Monument Valley hinter die Stirn. Alles Phallische, Spitze, Kantige, Abgerundete, Ausgewölbte, Poröse: Ich zeichnete die Ränder der Kuppen ab, um sie in meiner Fantasie zu verankern, und ich malte unsere Fahrtroute auf Landkarten nach, um meine Orientierung nie zu verlieren, auch dann nicht, wenn Landkarten unlesbar sein würden. Sonnenuntergang über dem Grand Canyon. Lichtfontänen in Las Vegas. Mein touristischer Hunger legte einen kleinen Glücksspeicher an, aus dem ich den Rest der Tage satt werden konnte.

So erlebte ich die besten vier Wochen meines Lebens. Es war eine Ausnahmezeit, ein Einstieg in die Intensität von Augenblicken, ein Ausstieg aus allen Abläufen und Fortläufen. Unterwegssein und aufbrechen, nie ankommen. Das Reiseerlebnis war unwiederholbar. Nie wieder würde mir der dünne, amerikanische Kaffee so aromatisch schmecken wie in den Truck Stops, die wir zum Frühstück anfuhren.

Leider wollte ich die Unwiederholbarkeit nicht wahrhaben und versuchte es 1989 noch einmal. Schon in den Restaurants, in die ich meine damaligen Reisegefährten führte, meinen Cousin und seine Freundin, schmeckte jeder Pfannkuchen nach Abklatsch. 1989 war alles Abklatsch und unecht: Kalifornien im Regen, Yosemite Park wegen Kälte geschlossen, Kakteen von Arizona im Schnee. Auf den Fotos sehe ich übermüdet aus: Susanne, inzwischen mit Gehstock.

Hatte ich es nicht gewusst?

Eine Reise wie die von 1986 ließ sich kein zweites Mal erleben.

Nach meiner Rückkehr fiel es mir entsprechend schwer, in den Alltag der Doktorandin zurückzufinden, die ich seit dem bestandenen Examen war. „Der Spott der Völker" – dieses biblische Motiv sollte ich untersuchen. Ich hatte bereits Dutzende von Karteikarten mit den Bibelstellen angelegt, in denen fremde Völker sich über das „erwählte" Israel lustig machten. Statt mich nun an die zeitliche Einordnung der Texte zu begeben, las ich mehr als ein halbes Dutzend Methodologien zum Thema „Motivkritik" und schrieb mehrere Wochen an einem Einleitungskapitel, in dem ich mein Vorgehen absicherte. Ich versuchte, „Spott" zu definieren. Was hatten Verhöhnungen und Beschämungen mit Witz und Ironie zu tun? Am Ende wusste ich eine Menge über die Spielarten des biblischen Humors, seine Abgrenzungen zu Spott und Hohn sowie seine Berührungspunkte mit allen Formen und Gesten der Abwehr. Ein Volk, das ein anderes verspottete, bewies damit, wie machtlos dessen Gott war. „Wo ist nun euer Gott?", wurde Israel verlacht. Völkerspott als Teilaspekt der Frage nach Jahwes Existenz?

Zu einer handfesten Arbeitshypothese drang ich nie durch. Statt meine Fundstellen zu systematisieren, ordnete ich meine Amerika-Dias, legte mir ein Fotoalbum an – Susanne vor dem Grand Canyon, Susanne vor Marys Apartment in Milwaukee, Susanne in einem gelben Regenmantel vor den Niagara-Fällen. Dort und damals hatte ich das Leben gespürt. Als hätte dieses Gefühl am amerikanischen Kaffee gehangen, wollte ich es mir mit ähnlichen Genüssen zurückholen. Ich verließ meinen Schreibtisch immer öfter, setzte mich in eines der Münsteraner Stadtcafés und dachte an die vier Wochen Leben, die sich nun ausgelebt hatten. Ich hockte mit einer Pseudolektüre vor einem verbotenen Milchkaffee, aß ein verbotenes Stück Torte und blätterte im Geiste Bildbände über Kalifornien durch. Hin und wieder erwog ich, ob das Motiv „Der Spott der Völker" vielleicht gar keiner historischen Realität entsprach, sondern eine sprachliche Weiterentwicklung der Klage eines angefeindeten Gerechten über die Spötter war. Völkerspott als literarischer Manipulationsversuch eines untätigen Gottes?

Zu einer Überprüfung einer solchen These drang ich nie durch.

Viele Jahre habe ich vor Kollegen und vor mir selbst behauptet, meine wissenschaftlichen Arbeitsphasen seien einfach zu oft durch Krankheitsphasen gestört worden. Heute kann ich mir eingestehen, dass ich meine Dissertation auch dann nicht abgeschlossen hätte, wenn die langen Wochen Krankenhaus mir keine Zwangspausen aufs erblindende Auge gedrückt hätten. Die spottenden Völker lagen mir nicht, oder besser: Sie tanzten mir auf dem Kopf herum, statt sich durch Geisteskraft disziplinieren zu lassen. Es war, als machten sie sich über meinen wissenschaftlichen Ehrgeiz lustig. Sobald ich mich aufraffte, mein Thema endlich ernsthaft, zügig und mit der Disziplin aus Studientagen anzugehen, rafften sich ganze Heere von Feinden Israels zur Verbalattacke gegen mich auf und zeigten mir lange Nasen. „Wo ist denn nun dein Gott? Wo ist sie geblieben, deine wissenschaftliche Begabung?"

Unkreativ blieb ich trotzdem nicht. Unter der Woche erledigte ich pflichtbewusst alle Arbeiten, die mir mein Chef auftrug. Es war nicht viel anders als vor meinem Examen: Ich hatte 155 Aktenordner mit Aufsätzen zur Psalmenforschung zu bestücken und rannte durch diverse Seminarbibliotheken, um diese Schriften zusammenzusuchen, zu kopieren und zu verschlagworten. Neben der Psalmenforschung mühte ich mich, wie gesagt, mit schadenfreudigen Völkern und ihrer Häme über Israels Niederlagen ab. An den Wochenenden aber! Dann legte ich meine Karteikarten zur Seite und vergaß den Spott der Völker. Den Samstag und Sonntag reservierte ich mit penetranter Konsequenz für die Arbeit, die mich aufleben ließ: meinen Paulus-Roman. Wenn ich mich an das Skript setzte, bekam ich jedes Mal Herzklopfen.

Seit meiner Schulzeit hatte ich mein Schreiben mehr oder weniger auf das Verfassen von Gedichten konzentriert. Jetzt leistete ich mir endlich den langen Atem, den ich für einen Roman brauchte. Unter dem Füllhalter, der schwarze Tinte auf Heftseiten verteilte, entstand etwas Ungewöhnliches, etwas Großes. Ich spürte das. Meine unermüdliche Arbeit an den Gedichten machte sich als gute Finger- und Stilübung bezahlt, meine wissenschaftliche Ausbildung wies meine Fantasie in die Schranken, wenn sie den Stoff zu überschwemmen drohte. In dieser Kombination aus literarischer Ästhetik und exegetischer Genauigkeit hatte meines Wissens niemand je über das „Apostelchen" geschrieben. Paulus mit Kindergesicht: Ich entführte den Jungen, der er einmal gewesen sein musste, zu anthropologischen Studien in den Hafen seiner Heimatstadt Tarsus. Reine Fantasie, ja, aber nicht an den Haaren herbeigezogen. Paulus, der Autor von Weltliteratur über die Liebe, die nimmer aufhört. Unter meinen Schreiberhänden wurde sein Kieselgesicht weich. Das Apostelchen stotterte einer unerreichbaren Geliebten zu: *„Die Liebe, Priscilla, die Liebe duldet. Alles."* Wenn ich paulinische Sätze in der Lutherübersetzung mit ganz leichten, neuen Akzenten versah, bekamen sie einen frischen Geschmack und wurden verdaulicher.

Die Liebe eines Apostels unter ephesinischen Sternen: Durfte man diese Fantasie wagen? Ich durfte und lachte laut auf. Gerade hatte das Apostelchen mir über die Schulter gesehen und mir anschließend zugezwinkert.

Von Kapitel zu Kapitel und von Überarbeitung zu Überarbeitung wurde das Buch besser. All die staksigen Formeln, all jene hölzernen, abstrakt klingenden Vokabeln: Ich wollte der paulinischen Theologie ihren steif gewordenen Rücken brechen, aber nur, um meiner Hauptfigur das Leben einzuhauchen, das sie vor fast zweitausend Jahren durchlebt hatte. Marxsen und seine Kollegen hatten mir nicht nur beigebracht, welch tiefer Graben zwischen meiner Zeit und der Zeit der biblischen Autoren klaffte. Er hatte auch behauptet, dass es menschliche Grundsituationen gibt, die zu allen Zeiten dieselben Gefühle provozieren. Dafür trat ich in meinem Buch den Beweis an.

Der Mann aus Tarsus war chronisch krank gewesen, sagten die Kommentare. Wie ich. Er hatte nicht an Diabetes, sondern, wie viele Forscher annahmen, an Epilepsie gelitten. Für mich schien nichts logischer, als sein sogenanntes Damaskuserlebnis, seine Bekehrung, als epileptischen Anfall aufzufassen und ernst zu nehmen.

Die Krankheit warf sich über ihn, schrieb ich in meinem Roman, *und drückte ihm die Lunge ab. Dann lähmte sie ihn restlos und verlachte ihn. „Was wehrst du dich, Saul. Was verfolgst du mich?"*

Wenn es wirklich die Epilepsie oder ein ähnliches Anfallsleiden war, wiederholten sich die demütigenden Szenen immer wieder und machten ihn unberechenbar. Dann war der Apostel immer mal wieder verhindert, kühlte die Bisswunden auf seiner geschwollenen Zunge und die aufgeplatzten Adern in seinem Augapfel, dämmerte im ohnmächtigen Nachtschlaf vor sich hin oder musste die blauen Flecken massieren, die er sich beim Stürzen zugezogen hatte.

Von wem war die Rede, wenn ich so über einen anderen redete, einen Apostel?

Nie konnte er sicher sein, wann ihn der unliebsame Aufrührer das nächste Mal besuchen und überfallen würde. Immer galt es, übergroße Freude und übergroße Trauer zu vermeiden, um die explosiven Entladungen seines Gehirns nicht durch Extreme zu provozieren. Kein Vertrauen in den Frieden, denn er konnte die Ruhe vor dem Sturm bedeuten. Keine Garantien für das Gelingen eines vernünftigen, angepassten Lebenswandels: Die Anfälle kamen trotzdem und meistens aus heiterem Himmel, sie brachen wie Ungeziefer aus der Erde und kündigten sich nur ganz kurzfristig mit einer zweideutigen, euphorischen Aura an.

Verlieh mir Paulus seine Stimme, oder drückte ich ihm meine aufs Auge?

Ein Lebensplan: gestrichen. Ein dickes, schwarzes Nein zur Entfaltung. Das stetige, gesunde Wachsen gekappt. „Alles, alles hab ich getan, aber Gott nahm mir den Ertrag weg. Alles, alles würde ich tun, aber Gott erbarmt sich meiner nicht. An sein Kreuz hängt er mein Leben und mein Ich."

Während ich an meinem Roman und der Doktorarbeit schrieb, heirateten meine Ex-Kommilitonen. Ich hatte meine Wissenschaft, sie ihre Schwangerschaften. Ich ging in den einsamen Schreibstuben eines einsamen Apostels zur Schule, sie bekamen Kinder. Sie zogen innerhalb Münsters in neue Wohnungen um, sie wechselten den Wohnort. Ich blieb bei meiner Psalmenforschung. Ich ärgerte mich über den Spott der Völker, die anderen trennten sich von ihren Partnern. Die armen Anderen fühlten sich beengt, beobachtet, kontrolliert von Pfarrherren und eifersüchtigen Ehefrauen. Ich dagegen! Ich war so frei, mir nach meinen anstrengenden Sitzungen am Schreibtisch einen dicken, verbotenen Eisbecher zu gönnen, ohne dass irgendein Kontrolleur Einspruch gegen meine Unvernunft erhob.

Folgeschäden. Ich habe sehr wohl gewusst, was einer Diabetikerin blüht, wenn sie die Konditionen ihrer „bedingten Gesundheit", wie sich die Zuckerkrankheit damals offiziell selbst verharmloste, nicht erfüllt. Seit der Doktor Oberarzt mich vor meinem Abitur in seiner Intensivstation begrüßt hatte, kannte ich die Folgen eines schlecht eingestellten Stoffwechsels bis ins grausigste Detail. „Gefäß- und Nervenschäden": Ich hatte die Abbildungen von Amputationsstümpfen in Fachzeitschriften betrachtet und angeekelt weitergeblättert. „Verkalkung der Adern": Ich lernte die Statistiken auswendig und wusste bis auf zwei Ziffern nach dem Komma, um welches Vielfache mein Infarktrisiko sich mit jedem überhöhten Wert steigerte. Schlaganfälle konnten es ebenfalls werden. Warum nicht Hörstürze, Aneurysmen, Eiterbildung und Wundheilstörungen, Zahnprobleme, Durchblutungshemmungen von den Fingern zum Zeh. Was hatte die Palette diabetischer Folgekrankheiten noch zu bieten? Kribbeln und Hautjucken und Haarausfall waren das Harmloseste. Es stand überall beschrieben. Und dann noch Nierenversagen. dicke Beine, dicke Backen, Durchfall, Erbrechen. Schließlich Grauer Star, Grüner Star, Netzhautbluten, Erblindung. Der Katalog war noch nicht durchgearbeitet, aber alles seit Jahren bestellt.

Bis heute schütteln alle den Kopf, wenn ich darauf bestehe, ich hätte alle Folgen gekannt, richtig eingeschätzt und doch nicht vermieden. Es lag doch alles in meiner Hand. Warum rührte ich nicht mal den kleinsten Finger? An meiner Stelle hätten sie ... Wenn sie so klug wie ich gewesen wären ... Eigentlich – das sagten sie nicht, aber das dachten alle – eigentlich war ich also selber schuld.

Parallel zu meiner erfüllten Zeit an der Universität Münster entfaltete sich stoßweise, aber unaufhaltsam der diabetische Schatten. Die Krankheit eroberte sich den Platz in meinem Leben, den ich ihr freiwillig nicht zugestand. Wie eine Wolke aus Zuckerwatte füllte sie fett, süß und erbarmungslos die unsichtbaren Schichten meines Körpers aus, blähte sich, fiel in sich zusammen und wurde zur ekligen, widerlich süßen Klebe. Ich wurde sie nicht los, diese Schmierschicht aus unverdauten Kristallen und Lüge. Mein Kopf verlor sein Gefecht gegen einen hungrigen, dauerddurstigen, gierig unvernünftigen, begehrlichen, bewusst unbewussten Bauch.

Es war ein Kampf gegen die diätetische Vorschriften, auf die sich in den 1980er Jahren die Diabetestherapie reduzierte. Ich kämpfte mit Insulin gegen Insulin, mit Zucker gegen Zucker, mit Hunger gegen Unterzucker, fressend und saufend gegen Angst, gegen Angst vor Essen und Trinken. Ich würde diese Schlacht todsicher verlieren, und da ich das wusste, gestand ich mir gleich noch einen Stoß Endorphine zu: Schokolade. Ich starb für Schokolade, an Schokolade, ohne ein einziges Stückchen von Herzen zu genießen. Drei, vier Sekunden Vergessen war alles, was ich erreichte. Wenn ich nachts sechs- bis siebenmal aufstehen und zum Klo rennen musste, um das schokoladensüße Wasser aus der Blase schießen zu lassen, wenn mir das Atmen schwer fiel, weil die überschüssige Säure im Blut sich in allen Muskeln festbiss, wenn ich mit dem entgleisten Stoffwechsel und grausigen Krämpfen in die Intensivstation gefahren wurde, lag sie wieder neben mir, legte sich auf mich, diese Angst. Mein Atem stank schon nach Verwesung. Es war sowieso zu spät. Kein einziger überhöhter Blutzuckerwert ließ sich je zurücknehmen. Jeder Diätfehler wurde zur Todessumme addiert, die bald erreicht sein musste, sehr bald.

Eine gute Psychologin hätte mir helfen können. Aber damals waren die „Psychos" noch nicht in Mode, der Langzeitblutwert, der neunzig Prozent aller Diabetiker als Schwindler entlarvte, war noch nicht erfunden, und auf die Idee, dass die Krankheit Suchtpotentiale entfaltete, war offensichtlich noch niemand gekommen. So viel zu meiner Entschuldigung, die weder sinnvoll noch ehrlich ist. Um Hilfe zu bekommen, hätte ich erst mal Hilfe suchen müssen. Um zu dieser Suche aufbrechen zu können, hätte ich eine Schwäche bekennen müssen, die ich jedem anderen Menschen zugestand, nur nicht mir selbst.

Noch 1989, also weniger als ein Jahr vor meiner Erblindung, distanzierte ich mich in der Diabetesklinik hochmütig von einer jungen Mitpatientin, die mir auf den Kopf zusagte, sie sei sicher, dass auch ich schrecklich verzweifelt über meinen Diabetes und den grauen Star sei, der mich bereits eine Linse gekostet hatte. „Meinst du wirklich?", spielte ich die Erstaunte. Ich war doch hier in stationärer Behandlung, weil ich von Schweine-Insulin auf Humaninsulin umgestellt werden wollte! Andere Probleme mit meinem Zucker hatte ich doch nicht!

„Wirklich?" Ironisches Zwinkern. Von da an ging ich dem Mädchen aus dem Weg. Die Umstellung auf das neue Insulin war nach zehn Tagen gelungen, ich wurde in meine alte Scheinwelt entlassen.

Ich war nicht stark. Das hätte ich zeigen müssen. Ich hätte zugeben müssen, wie elend ich unter dieser chronischen Krankheit litt. „Zucker macht mich fertig!" Ich hätte das aussprechen müssen. „Ich hasse die Diät." Das hätte ich jenem Asketen von Chefarzt in sein mageres Gesicht sagen sollen, weil er mir lediglich zwei Scheiben Knäckebrot zum Frühstück „erlaubt" hatte. „Ich hasse die Diät und halte sie nicht ein!" Auch hätte ich die Kommilitonin, die meinte, Diabetiker hätten doch eigentlich kein Anrecht auf einen Schwerbehinderten-Grad, zurechtweisen müssen: „Idiotin, wenn du diesen Mist nicht für eine Krankheit hältst!" Was wussten die schon, die Gesunden, die Biertrinker, die Schnaps-Schlucker und Sekt-Anstoßer, die Feierkönige und Ausschläferinnen? Ich hätte jedes Mal losheulen sollen, wenn meine Freundinnen vor meinen gierigen Augen ihre Eisbecher löffelten, während ich mir „tapfer" auf die Zunge biss. Alle hielten mich für brav und strebsam, weil ich nie lange auf Feten blieb, alle machten sich über die fleißige Frühaufsteherin lustig, die ihr Insulin im Zwölf-Stunden-Takt spritzen musste. Dann der Studienkollege, der mich im fortgeschrittenen Stadium mit meiner Lupe vor dem Katalog hantieren sah. Ich hätte nicht mein stoisches Pokergesicht aufsetzen sollen, sondern ihm an die Gurgel springen. Weil der Blödkopf mich auslachte, weil er sich ins Fäustchen prustete und meinte, Susanne wolle es anscheinend mal wieder besonders gut machen, sie nehme die akademische Sorgfalt mal wieder allzu genau. Da hätte ich meine Wut nicht runterschlucken sollen, sondern ihm die Brille von der Nase reißen. Ich hätte ihm auf den Kopf zusagen sollen, dass ich blind wurde, blind – „weißt du Arschgeige, was das heißt: blind?" – dass es nur eine Galgenfrist war, die meinen Augen noch zustand, und was er an meiner Stelle wohl tun würde: gleich resignieren oder die Resignation noch etwas aufschieben?

Das alles tat ich nicht, und wenn mich wirklich mal jemand fragte, ob es nicht schwer zu ertragen sei, mit etwas so Unheilbarem in einer so hemmungslos heilen Welt leben zu müssen, kam nur Susannes Schulterzucken. Ich verriet keiner Seele etwas von meiner kranken, krankhaften Parallelexistenz einer sich selbst zerstörenden Diabetikerin.

Die Reisegefährtin, mit der ich 1986 nach Kalifornien aufbrach, hieß Sylvia und war gebürtige Amerikanerin. Sie forschte nach den Wurzeln ihrer Kindheit in Berkeley, ich suchte nach letzten Resten des verlorenen Hippie-Paradieses. Ich wollte amerikanische Freunde wiedersehen, sie wollte Verwandte besuchen. Andere Gemeinsamkeiten hatten wir zunächst nicht vorzuweisen. Ich führe es auf unsere ausgesprochen harmonische „companionship" zurück, dass ich die Wochen im Auto neben ihr als beste Zeit meines Lebens ausschlürfte.

Sylvia und ich hatten uns ein paar Jahre vorher im Krankenhaus kennengelernt, wo wir als die mit Abstand jüngsten „Hühnchen" der Station schon einmal ein Zimmer mit zwei Betten, einem Bad und einem Fernseher geteilt hatten. Seither wussten wir voneinander, dass wir nicht schnarchten, nicht zu viele Fragen stellten und auf Kommentare zum Verhalten der anderen verzichten konnten, selbst wenn es Rätsel aufgab. Ich fragte nicht, warum Sylvia zum Frühstück Kaffee trank, aber keinen Bissen aß, sie wollte nicht von mir wissen, warum ich nie einen der Teststreifen benutzte, die ich mir rollenweise in den Koffer gesteckt hatte. Was hätte es genutzt, die Nicht-Diabetikerin zu einem regelmäßigen Frühstück, die Diabetikerin zu Zuckertests zu bekehren? Stillschweigend tolerierte jede von uns die Unvernünftigkeiten der anderen. Vor allem konnten wir über dieselben Witze lachen. Schon im Krankenhaus hatten wir der Nachtschwester Rätsel aufgegeben, indem wir Ostereier aus Schokolade vor den Türen der Mitpatienten verteilten. Wir malten uns aus, die Schwester mit schokoladenverschmiertem Mund in ihrem Zimmer zu „erwischen" und lachten uns krumm über die alberne Fantasie. Unser verwandter Humor war eine gute Voraussetzung für eine verlässliche, aber nie die Distanz vernachlässigende Nähe.

Heute würde man unsere Freundschaft vermutlich unter der Überschrift „sekundärer Krankheitsgewinn“ buchen. Sylvia war keineswegs der einzige wertvolle Mensch, den ich durch die Aufenthalte auf internistischen Stationen schätzen gelernt hatte. Krankenhausmenschen: Ich war schon lange nicht mehr böse, wenn mich jemand zu dieser Spezies rechnete. War es nicht ein Ehrentitel? Bei aller Lügerei, aller Trickserei, mit denen sich Chronikerinnen gegen die autoritären Anstandsregeln einer medizinischen Institution auflehnen: Von ihrer Erfahrung kann man lernen. Manche Kliniktypen sind weise, manche extrem selbstbezogen. Alle haben etwas Abgeklärtes, an dem beliebte Projektionen entlarvt werden und als Illusionen zerschellen.

Viele der Gefährtinnen habe ich vergessen. Da wir immer nur für begrenzte Zeit die intimsten Erlebnisse teilten, und da diese Ausschnitte nicht zu den Episoden gehörten, an die ich mich gern erinnere, fallen die meisten Leidensgenossinnen mitsamt ihren dicken Krankenakten durchs Netz selektiven Erinnerns. Ein paar jedoch will ich erwähnen: Sylvia und ihre stoische Art, nach der Darmspiegelung über die Geräusche zu lachen, die das Röhrchen im Enddarm von sich gab. Die knochige, höchst nervöse Münsteranerin, die redete, als wolle sie einen Rekord im Schnellsprechen aufstellen. Der Chefarzt pappte einen mobilen Monitor auf ihre nackte Brust. Die zitternde EKG-Kurve lockte dem Weißkittel Runzeln auf die Stirn, seiner Patientin Schweißperlen. Wenige Jahre nach unserer gemeinsamen Zeit starb sie an ihren verstopften Herzkranzgefäßen. „Wie Sie Ihre Eltern behandeln, wenn sie Sie besuchen, ist ungerecht“, sagte sie mir und verlangsamte für diesen einen, wahren Satz ihre hektische Sprechweise. „Ihre Mutter tat mir heute Nachmittag richtig leid.“ Wie ich mich schämte!

Auch die Sätze einer anderen Zimmernachbarin vergesse ich nie. Sie bekam zum zehnten oder zwölften Mal eine Brustprothese aus Silikon eingepflanzt. „Einen Versuch noch! Wenn sie wieder abgestoßen wird, muss mein Mann sich mit der fehlenden Brust abfinden!", beschloss die Frau eines Bestatters. War es zum Lachen, zum Weinen, zum Schweigen oder Schreien?

Ich schwieg. Einer der skurrilsten Charaktere war sehr übergewichtig und litt an Thrombose. Da die Frau das Bett nicht verlassen durfte, wurde sie regelmäßig von ihrem Ehemann besucht, nachdem die Nachtschwester ihre Runde gemacht hatte. Dann schlich dieser Mann sich an der Pforte vorbei in unser Krankenzimmer, huschte unter die Decke seiner Frau, und die zwei liebten sich, was das Zeug hielt. Susanne im Nachbarbett stellte sich schlafend; tiefe, regelmäßige Atemzüge mit schamrotem Kopf.

Lustig? Skandalös?

Ich schwieg. Wie kindisch ich trotz all meiner Krankenhauserfahrungen geblieben war, mag sich aus meiner Panik vor Schnarcherinnen ablesen lassen. Ich behauptete, mein krankes, entzündetes, rasendes Herz könne nicht heilen neben den Frauen, die nachts ihren Mund nicht zusperrten. Ich wanderte von Zimmer zu Zimmer, von Bett zu Bett, bis ich irgendwann jemanden neben mir liegen hatte, der Herzanfälle oder Embolien bekommen durfte, alles, nur bitte nicht schnarchen. Manche Nacht habe ich auf der Liege in einem Schwesternzimmer verbracht. Einmal wartete ich Stunden im Flur auf das Freiwerden eines Zimmers. Gegen zwei Uhr morgens starb die Patientin. Eine heulende Angehörige kam aus dem Zimmer. Bahn frei! Ich bettelte die Nachtschwester an, die Leiche rasch in den Keller zu schieben. „Dann finde ich wenigstens noch ein paar Stündchen Nachtschlaf!"

Die Schwester schwieg.

Krankenhausmenschen sind skrupellos, schamlos. So wenig es ihnen ausmacht, ihre Geschäfte auf Bettpfannen zu erledigen, so wenig stört es sie, auf Matratzen zu schlafen, auf denen kurz vorher gestorben wurde.

Jede Patientengeschichte war ein Romanstoff, und alle boten sich als Vergleich zur eigenen Kranken- und Krankheitsgeschichte an. Was, wenn mein Leben wie das der jungen Apothekerin durchs Netz gefallen wäre, die mit Mitte zwanzig eine Gehirnblutung erlitt? Hirnschaden. Sprache verloren. Schönheit verloren, Verlobten verloren. Rollstuhl. Schlief in Windeln und, was das Schrecklichste war, teilte mit ihrer alten Mutter das Bett.

„Lisabetha", das lebende Vorbild für die Figur meines preisgekrönten Hörspiels, lernte ich ebenfalls im Krankenhaus kennen. Damals war sie noch keine 97, sondern erst zarte neunzig Jahre alt. Sie habe, erzählte sie später immer, mich mit meinem bösen Gesicht ins Zimmer humpeln gesehen und gedacht: „Lisbeth", habe sie gedacht, „jetzt ist deine schönste Zeit vorbei."

Trotz dieser Befürchtungen hatten Lisbeth und ich eine wunderbare Zeit als Zimmergenossinnen. Sie war neunzig, ich dreißig Jahre alt. Die sechzig Jährchen zwischen uns drängten uns aneinander. Beide spürten wir das Herannahen eines gewissen Herrn mit Namen Tod. Wie ließ ich dieses Gefühl meine Lisabetha später beschreiben?

Ich sitze in meiner letzten Zelle wie all die Kandidaten, die auf ihre Hinrichtung warten: verurteilt und doch jeden Abend in den Schlaf entlassen.

Wir wurden Freundinnen. Wenn je eine Mitpatientin in der Lage war, mir mein böses Gesicht auszutreiben, dann war es Lisbeth. Kaum von der Gallenoperation genesen, träumte sie von Matjes und weckte mich, um mir diese Anwandlung mitzuteilen. „Sagen Sie bloß, Sie verstehen das nicht!"

Lisbeth war Nichtschnarcherin, eine stadtbekannte Dame, fast eine Unnaer Institution. Zu ihren Geburtstagsfeiern, an denen auch ich von nun an teilnehmen durfte, erschienen die „Eminenzen" unserer Kleinstadt. Lisbeth mit Champagner. Lisbeth in stets neuem Kleid und bestens frisiert. Lisbeth mit einem Spott auf der Zunge, den niemand ihr zutraute. Auch unser Chefarzt brauchte ein paar Tage, bis ihm aufging, dass diese Patientin zwar alt, aber weder schwerhörig noch dement war. So renitent wie Lisabetha war das Original zwar nicht; aber ich lernte von Lisbeths Trotz gegen alle Erwartungen, denen fast Hundertjährige ausgesetzt werden, dass man den eigenen Todestag verpassen kann. Man hält sich einfach nicht an die frühzeitig geplanten Termine. Man öffnet dem höflichen Besucher, Herrn Tod, nicht die Haustür, wenn er schellt. „Lisabetha war nicht zu Hause“, erzählte die Figur, in der Lisbeths und Susannes Geschichte zusammenflossen.

Erzählung und Hörspiel sind erst über zehn Jahre nach unserem Kennenlernen entstanden. Lisbeth war über hundert, und in den letzten drei Jahren ihres Lebens ließ ihr Gedächtnis nach. In einer ihrer letzten klaren Stunden gab sie zu, dass die Todesangst sie immer noch nicht verlassen hatte. Sie wurde nie, was die Bibel „alt und lebenssatt“ nennt, und sie starb nicht im Kreis einer Familie – die hatte sie nicht –, sondern allein und mit Mühen.

Lisbeth war eine der letzten Freundinnen, die ich noch selbst gesehen habe, wenn auch undeutlich. Der böse Ausdruck, der ihr 1989 Angst machte, hatte sich nicht ohne Anlass auf meinem Gesicht breit gemacht. Die Netzhautblutungen hatten angefangen. Eines Morgens, als ich meine Kontaktlinse einsetzte, rückte sich mein verzerrtes Spiegelbild nicht zurecht. Alles schwamm, alles verlief ins Undeutliche, an den Rändern meines Gesichtsfeldes verzogen sich Waschlappen und Handtuch ins Nichts. Sie tauchten erst wieder auf, wenn ich den Kopf in ihre Richtung drehte. Es war so weit. Das Netzhautbluten, was sonst? Ich zog mich an, setzte mich ans Steuer meines Autos, holte Bea ab, um wie verabredet mit ihr zum Frühstück ins Café zu fahren. Seit einem halben Jahr probierten wir das Angebot in sämtlichen Münsteraner Cafés aus, weil wir vorhatten, gemeinsam einen „Frühstücksführer“ zu schreiben. An diesem Morgen gab diese Idee ihren verrückten Charakter preis. Bea und ich fuhren durch einen Nebel, von dem meine Freundin nichts wusste, nichts merkte, nichts sah. Alles schwamm, alles zerfloss, ein wolkenfreier Himmel kippte eimerweise Tränen über mir aus. „Was ist los?“, fragte mich Bea zwischen Brötchen und gekochtem Ei. Netzhautbluten. Was sonst konnte es sein?

Ich setzte Bea am Studentenheim ab und fuhr weiter durch den Nebel. Zu Hause wollte ich meine Eltern verständigen. Ich brauchte eine Viertelstunde zum Wählen der Nummer, denn damals gab es noch keine Tastentelefone, und die Zahlen unter der Wählscheibe waren schon unsichtbar geworden. Mein Mittelfinger taumelte von Loch zu Loch, zählte sich immer neu von 1 bis 0 durch, verzählte sich. Der gnadenlose, tückische Himmel schüttete Salzwasser aus meiner Bindehaut.

„Was weinst du so?“

Ich hatte endlich die richtige Nummer gewählt. Ich müsse zum Augenarzt gefahren werden, teilte ich meiner Mutter mit. Nein, nicht übermorgen, nicht morgen, sondern sofort. Das Netzhautbluten. Der Anfang vom Ende.

Nein!, protestiert eine Stimme in mir. Der Untergang meiner Augen hat viel eher begonnen. Der Anfang vom Ende wurde schon 1986 eingeläutet, kein halbes Jahr nach der Amerikatour. Ende November war ich zur Geburtstagsfeier meiner Studienfreundin Karin unterwegs, als mein Oberschenkel zu ziehen, zu zwacken, zu drücken anfing. Sobald ich mich an jenem Abend von der langen Tafel erheben wollte, um ein paar Schritte durch die Diele des Bauernhauses zu machen, zerrte, bohrte, klopfte der Schmerz bedrohlich am Streckmuskel meines Oberschenkels. Im Laufe der nächsten Tage wurde das Peitschen, Pressen und Reißen so heftig, dass ich mich in Münster zu einem Orthopäden fahren ließ. „Diabetes?“ Er drückte auf meinen Beinen herum und fand keinen Grund zur Besorgnis. „Ist doch alles gut durchblutet!“

Eine Bandagierung des Oberschenkels mit einem elastischen Wickel brachte zwei Tage Erleichterung, dann biss der

Schmerz mir erneut ins Fleisch. Er fiel mit einer Wucht über mich her, als wollte er alle Muskelschichten einzeln vom Knochen fressen. Um Weihnachten herum ließ sich mein Oberschenkel nicht mehr dazu bewegen, meinen Körper in die Vertikale zu befördern. Ich lag bei meinen Eltern im Bett und kam nicht mehr hoch. Meine Mutter befestigte ein Seil an meiner Türklinke, an dem ich mich schreiend in den Stand zog.

Krankenhaus also. Was sonst?

„Diabetes?", wurde ich bei der Aufnahme gefragt. Was sonst?

Ich krümmte mich in die internistische Mühle, die jede Privatpatientin durchlaufen muss. Ich schwankte vor Röntgentischen, wimmerte auf Untersuchungspritschen, humpelte von einem medizinischen Gerät zum nächsten, wand mich unter einem Dutzend von Handschuhen, hob die Arme, hob die Beine, hob das Becken unter Aufsicht von ärztlichen Augenpaaren. „Diabetes?", fragte der Internist, fand aber nichts zu beanstanden – an meinem Zuckerblut. Sein kardiologischer Kollege hatte kaum noch etwas an meiner Herzkurve zu meckern – obwohl dieses Herz vor zwei Jahren vor lauter Entzündung durch meinen Brustkorb getobt war wie ein Motor im Leerlauf. Es schlug immer noch sehr schnell, denn es stöhnte unter dem Pochen im Oberschenkel. Außerdem: „Diabetes, na sicher." Also wurde ein Doppler angeordnet, also wurde ich zu den Neurologen ins Nachbarkrankenhaus geschickt, um Hirnströme und Nervenbahnen ausmessen zu lassen. „Diabetes, na sicher!" Da wusste man nie, was der Körper sich an Verrücktheiten ausdachte. Aber die Messungen ergaben keine auffallenden Abweichungen. „Diabetes? Früher oder später kriegen alle Diabetiker Neuropathien", war die Erklärung meiner unerklärlichen Schmerzen. Nur feststellen ließen sie sich bei mir nicht. Also gut, dann Beine breit und zum Frauenarzt. Oder eine kleine Darmspiegelung? Warum nicht gleich eine große? Die sollte ich dann lieber beim Internisten in der Uniklinik machen lassen, wo man sich noch besser auskannte. Mit Diabetes. Was sonst?

Eine der verhängnisvollsten Folgekrankheiten von Diabetes ist der Automatismus, den die Zuckerkrankheit in ärztlichen Gehirnen auslöst. „Diabetes?" Das Schlüsselwort setzt Erinnerungen an das Examenswissen der Doktoren in Gang und öffnet alle Seiten in sämtlichen Lehrbüchern der Inneren Medizin. Die Kompendien spulen eine Folgekrankheit nach der anderen ab, der Examenskandidat rührt wahllos in der bunten Palette der diabetischen Schäden herum, um seiner Diagnose die passende Schattierung zu verleihen. „Diabetes. Was sonst?" Diabetes bis zum Erbrechen. Etwas anderes kann es nicht sein.

Ich war schon einmal Opfer dieser Engstirnigkeit geworden. Bevor meine Herzmuskelentzündung entdeckt wurde, hatte ein Internist vier Wochen meinen – ausnahmsweise gut eingestellten – Zucker noch besser eingestellt. Die Tatsache, dass ich nicht mehr geradeaus gehen konnte, da eine Herzfrequenz von 130 mich nach links jagte, immer nach links, hatte auch er nur mit „Diabetes" erklären können. Was sonst?

Nun passierte mir genau dasselbe. Vier Wochen mühten sich die Münsteraner Koryphäen der Inneren Medizin mit einem Zucker ab, der Bocksprünge machte. Gegen meine Schmerzen im Bein wurden Rheumamittel verordnet. Aber ich hatte kein Rheuma, sondern zwei Tassen Eiter im Bein. Es war dieser Eiter, der biss und rumorte und ätzte und bohrte und sich durch den Streckmuskel bis fast auf den Knochen fraß. Nach vier Wochen sinn- und zweckloser Versuche, einen unter solchen Bedingungen schlicht uneinstellbaren Diabetes einzustellen, rettete mir ein Zufall das Leben. Die Radiologen hatten gerade ihre erste Kernspintrommel in Betrieb genommen und suchten nach einer passenden Kranken, die sie in ihr nagelneues Kanonenrohr schieben konnten. Na gut. Die Kollegen aus der Inneren schoben mich endlich in dieses Rohr ab, und siehe da: In den bunten Schichtaufnahmen der Magnetresonanz setzte sich kein Diabetes ins Bild, sondern multiple Abszesse, nicht im Enddarm, nicht in der Lunge oder der Leber, die keine Fettleber war, nicht am großen Zeh, sondern, o Wunder, im rechten Oberschenkel. Diese Eiterpfützen mussten dringend – „Dringendst, meine Herren Kollegen, dringendst!" operiert werden. Sonst war nicht etwa der Diabetes futsch, sondern der Oberschenkel.

Die Betriebsblindheit der Münsteraner Internisten war nicht der erste und nicht der letzte Fall von typisch ärztlicher Fehlbarkeit, den ich erlebte. Aber es ist bis heute der eine, den ich nur schwer verzeihen kann. Nicht nur, dass auf die erste OP eine zweite, eine dritte, eine vierte Operation folgte, die mich meinen ganzen rechten Streckmuskel und die Stabilität meines rechten Knies kostete. Viel demütigender war, dass die flotten, vornehmen Weißkittel von Internisten mir meine Schmerzen erst glaubten, als ihr chirurgischer Kollege den Eiter tassenweise aus dem eröffneten Bein sickern ließ. Bis zu jenem Schreckensmoment hatte ich als Simulantin gegolten.

Die Notoperation am Oberschenkel war nicht die erste, geschweige denn die letzte OP meines Lebens, aber es war die, in der sich der Schmerz mit mir bekannt machte, der wirkliche, intime, maßlose Schmerz, gierig, unersättlich, der über alle Schreie hinweg sich erhebende Schmerz. Ich vermute, dass die Menge des Narkosemittels nicht richtig berechnet worden war. Der Eingriff dauerte länger als geplant, denn die Chirurgen fanden in dem halb zerfressenen Bein eine Schweinerei vor, die auch sie überraschte. Der Schmerz kam glühend direkt aus der Hölle geschossen, genau in der Sekunde, als ich mit meinem abgeschnittenen Muskel und offenem Bein ins Bewusstsein zurückkroch. Ich brüllte wie ein Tier. Aber das Brüllen deckte das Feuer nicht ab, sondern schien es anzufachen.

So laut ich auch schrie: Es wurde nicht besser. Meine Stimmbänder hangelten sich die höchsten Oktaven der Tonleiter hoch, während der Schmerz seinen Bohrer tief, tief unten ansetzte, schraubte, schraubte.

„Dass das so weh tun kann!" Eine Schwester schüttelte den Kopf. „Gleich kriegen Sie Medikamente."

Die folgenden Nächte auf der chirurgischen Wachstation waren natürlich nicht die ersten und lange nicht die letzten auf Intensivstationen. Aber es waren die, in denen der Tod neben mir stand. Links klapperte meine Mutter mit Stricknadeln – oder fantasierte ich das? –, rechts stemmte sich der feine Herr Tod in seinen Turnschuhen hoch, beugte sich über das Stinkebein und mich und atmete mir ins Gesicht. „Darf ich bitten?“ Hat meine Mutter ihn vertrieben? Hat sie Herrn Tod dazu überredet, nicht ihre Tochter, sondern deren rechten Bettnachbarn zum Tanz aufzufordern?

Hatte aber keine Oberschenkel mehr, der Nachbar, die waren in einen klinischen Abfalleimer gewandert. Nun folgte der Rest. Er stöhnte sich in den Armen des Todes aus dem überfüllten Zimmer und flog davon. Seine Bettnachbarin, die an der linken Seite, wurde Zeugin von halbherzigen ärztlichen Reanimierungspflichten. Für die Abrechnung. Einmal aufblasen, zweimal aufblasen, Schuss. Noch einmal Schuss. „Kommst du gleich mit zur Besprechung?“ Die Ärzte beachteten den abgeschossenen Torso nicht mehr. Sie zogen lustlos ein angeordnetes Programm durch. „Für die Abrechnung.“

Die Medikamente, die ich in den folgenden Tagen, Wochen, Monaten bekam, waren nicht die ersten, erst recht nicht die letzten, die mir das Leben retteten. Ich hatte keine Wahl, ebenso wenig wie ich bei den orthopädischen Operationen, die folgen mussten, die Wahl hatte. Das nekrotisierende Bein musste vor der Amputation gerettet werden. Aber all diese Folgen der Diagnose „Diabetes, was sonst?“ haben meinen diabetesgeschädigten Augen und meinen vorbelasteten Nieren todsicher den finalen Tritt versetzt.

„Deine Gehbehinderung ist viel schlimmer als deine Blindheit.“ Stimme meines Vaters, der auch heute noch, mit Mitte siebzig und einer Knieprothese, nichts schmerzlicher vermissen würde als die Möglichkeit wegzulaufen. Ich kann nicht mehr rennen. Mein Tempo ist für immer gewaltsam gedrosselt, und mir bleibt nur, die Chancen der eigenen, erzwungenen Langsamkeit zu entdecken. Ich kann nur mit einem Bein Treppen steigen: mit Links nach oben, mit dem gestreckten, rechten Bein nach unten. Ich kann mich bücken, aber nicht in die Knie gehen. Ich kann nicht hocken, nicht kriechen. Um vom Sitzen zum Stehen zu gelangen, muss ich mich mit den Armen aus Stuhl und Sessel pressen. Ohne Streckmuskel sackt dem Menschen der Unterschenkel von jeder Kante und lässt sich nur mit der Hand wieder anheben. Das instabile Knie reagiert auf jede Beugung mit Einknicken. Wenn meine Zehenspitzen an ein Hindernis stoßen, stürze ich jedes Mal: auf die Hüfte, die im Röntgenbild einen Haarriss offenbart, auf die Knie, deren Scheiben gern in zwei Teile brechen. Ob diese Behinderung „schlimmer" als Blindheit ist, mag ich nicht entscheiden. Fest steht, dass die Kombination der beiden Beschädigungen – sagen wir – ungünstig ist.

Wenn ich „wenigstens" noch sehen könnte, würde ich manchem Stolperstein ausweichen, manchen Sturz vermeiden können, wenn ich zwei gesunde Beine hätte, würde ich gern am Strand entlangrennen wie andere Blinde, Meer im Ohr und Wind in den Haaren. Für mich ist das unmöglich. Auch ein vernünftiges „Mobilitätstraining", das vielen Blinden ein selbstständiges Gehen mit ihrem pendelnden Taststock beibringt, konnte ich nicht durchführen. Mein lahmes, rechtes Bein braucht einen handfesten Stützstock. Mit einem federnden Blindenstock kommt es nicht aus.

Erst mit meiner Gehbehinderung betrat ich endgültig die Welt des beschädigten Lebens. Ja, jetzt gehörte ich dazu: zu den Krüppeln, den Humpelfüßlern, zu allen, die durch ein Hilfsmittel als Unbeholfene stigmatisiert wurden. Sogar das Rollstuhlfahren hatte ich während der Wochen auf der Orthopädie geübt, das Treppensteigen mit Gehstützen. Noch ein klein wenig Galgenfrist, dann würde der Startschuss zu meiner Laufbahn als hinkende Blinde mit Krückstock erfolgen.

Lisbeth ist später nicht nur mein vergrätztes Gesicht aufgefallen, das ihr die Tage in meiner Gesellschaft zu verderben drohte, sondern auch die dicke Aktentasche, mit der ich ins Zimmer gehumpelt war. Ich stellte sie neben mein Bett, wo mein Arm sie jeder Zeit erreichen konnte. „Sie haben diese Tasche mit Zähnen und Klauen bewacht wie einen Schatz."

Der Schatz war das Skript meines Paulus-Buches, das tatsächlich einen ehrbaren theologischen Verlag gefunden hatte. Ich musste es nur noch einmal überarbeiten und um ein gutes Viertel kürzen. Mein Apostelchen würde gedruckt, gelesen und honoriert werden, dessen konnte ich sicher sein. Mit dem Pathos aller Schriftstellerinnen, die ihren ersten Verlagsvertrag in den Händen halten und das Papierchen am liebsten küssen würden, redete ich mir ein, dass der Paulus-Roman den Sinn meines ganzen dummen, kranken Lebens bewies. Er war die Spur, die ich hinterlassen wollte, mein Vermächtnis. Heute lächele ich über diese Einschätzung. Aber alle Quälereien, die mit den Versuchen zusammenhingen, mein Augenlicht zu retten, ließen sich auf dem Hintergrund dieses Gedankens besser ertragen. In jedem Blitz des Lasers, der meine Netzhaut verschweißen sollte, erkannte ich das Gewitter, das meinen Apostel vor Damaskus niedergestreckt hatte; die literarische Einkleidung eines definitiven Endes, dem definitiv ein neuer Anfang folgte. Das Lasern nützte gar nichts, im Gegenteil. Jede neue Blutung lag mir mit dem Stöhnen der ganzen Schöpfung und ihrer Sehnsucht im Ohr. Manchmal stellte ich mir einen fernen Tag vor, an dem die augenärztliche Kunst sich doch noch als Heilung entpuppte. Sie, diese moderne medizinische Beschießung mit Licht, würde sich gegen das Dämmern der ewigen Dunkelheit durchsetzen, keine Alternativmethode mit Zauberkügelchen, auch keine Fahrt nach Lourdes, die man mir allen Ernstes vorgeschlagen hatte. Dann wollte ich meinem Augendoktor das Paulus-Buch widmen. „Für Dr. H., sollte auf der ersten Seite stehen, „der mich vor dem Erblinden bewahrt hat".

Als das Buch 1991 herauskam, lautete die Widmung völlig anders.

Widmen möchte ich mein Buch meiner Freundin Marina Stefanescu. Als meine Krankengymnastin ist sie seit Jahren mein Motor und Licht. Ohne sie wäre ich in den Schatten, die sich über mein Leben gelegt haben, längst erfroren.

An der Hand dieser Frau hatte ich das Laufen gelernt, als mein Bein seinen Streckmuskel einbüßte. Ich war zweimal wöchentlich eigens von Münster nach Unna gefahren, um die krankengymnastische Behandlung von diesen Händen fortsetzen zu lassen. Marinas Regiment war streng, die Übungen keineswegs erholsam. Nach einer der orthopädischen Operationen, in der mein versteiftes Knie gelöst worden war, mobilisierte meine Krankengymnastin das Gelenk, indem sie sich mit ihrem ganzen Körpergewicht gegen die mechanische Sperre lehnte, und dann presste und wackelte, bis der Beugungsgrad meines Knies sich erweiterte. Es war die Hölle. Trotzdem freute ich mich schon im Auto auf dieses Stündchen Krankengymnastik. „Hart, aber herzlich!", so nannte sie ihre Therapie. Als sie mich mit meiner schweren Aktentasche in Lisbeths Zimmer einziehen sah, überwog längst die Herzlichkeit. Von welcher Hand wären meine unsicheren Schritte in meine endgültige Blindheit besser aufgefangen worden?

Wir machten Gleichgewichtsübungen, denn ich verlor zunehmend das Gefühl für „geradeaus". Sie rollte das R in „Geradeaus!" so überzeugend, dass ich ihr gar nicht erst zu erklären versuchte, warum der Befehl für mich von Mal zu Mal sinnloser wurde. Sie blieb dabei. „Geradeaus!"

Ich erzählte ihr auch von den Dramen, die sich in den letzten Etappen des Kampfes in meinem Elternhaus abspielten; dass jetzt auch noch Omma im Sterben lag, dass meine Mutter seelisch am Stock ging, dass mein Vater nichts Besseres zu tun hatte, als sich bei seinen Angestellten über die Zustände zu beklagen, die einem Mann wie ihm im eigenen Haus die Laune verdarben: Eine Frau stirbt, eine Frau wird blind, eine Frau verliert die Nerven. Ich erzählte ihr auch, dass ich in einem Wutanfall meinen Teller mit Spinat gegen die Wand gepfeffert hatte. Spinat auf dem Teppich, Spinat an der Tapete, meine Mutter heulend mit einem Spüllappen durch die grünen Pfützen kriechend. „Mein Gott, mein Gott, in welchem Zustand du bist!"

„Einen solchen Kommentar hätte ich ihr gar nicht zugetraut", berichtete ich meiner Krankengymnastin.

„Warum nicht? Ist doch Ihre Mutter!"

Meine Mutter blieb zu jeder Lasersitzung mit mir in einem Hotel in der Nähe der Praxis, beobachtete, wie der Augenarzt jedes Mal fassungsloser wurde, schluckte meine ungerechten Beschuldigungen und verteidigte sogar meinen Vater, der neuerdings ungefragt meine Post öffnete. „Du kannst die Briefe doch nicht selbst lesen! Er hat es nur gut gemeint!"

Und Schluss damit. Meine Krankengymnastin musste zu einem anderen Patienten gehen, der auf ihre kundigen Hände ebenso angewiesen war wie ich.

Seit damals schwingt sich der rumänische Akzent dieser Frau durch mein Leben und hält es in Trab.

„Hast du nie daran gedacht, dir das Leben zu nehmen?"

Wenige Zeitgenossinnen bringen den Mut auf, mir diese Frage zu stellen. Dabei liegt sie nahe, zumal jeder Diabetikerin mit dem täglich injizierten Insulin ein todsicheres Mittel zur Verfügung steht. Es war eine Frage der Dosierung, wie ich wusste, und selbstverständlich hatte ich mir in einer stillen Stunde errechnet, wie viele Einheiten von welcher Sorte ich mir unter die Haut jagen musste, um ... wohin zu entweichen?

Die meisten Selbstmörder wollen nur irgendwie ihrer elenden Situation entkommen. Auch das wusste ich. Sie wollen nicht mit ihrem Leben, sondern mit ihrem Leiden Schluss machen. Vor ein paar Wochen erst war mir das Leben einer Blinden tatsächlich nur wie ein elendes Leiden erschienen. Noch schwamm meine Welt im Nebel der undeutlichen Projektion von Ängsten, noch gab es Licht, und wenn das wirklich verschwinden würde, schwor ich meiner Mutter und mir, dann würde ich Schluss machen. „Viele Leute leben ohne Augenlicht!", protestierte sie. „Klar!", brüllte ich das zitternde Wesen an, das nach einem Argument fürs Überleben suchte. „Klar! Unheimlich viele Leute, die wie ich außer Lesen und Schreiben nichts gelernt haben, werden ausgerechnet blind." Ich, ihre büchervernarrte Tochter, habe jedenfalls nicht vor, ein Leben ohne Buchstaben zu leben. „Ich akzeptiere das nicht. Ich nicht!" Achtzig Einheiten Insulin, und es gab nichts mehr an- und auf mich zu nehmen.

Es war ein verzweifelter Moment im Vorfeld der Endgültigkeit. Er ging vorbei. Als die schwarze Klappe dann endlich gefallen war, sah die Dunkelheit anders aus als alles, was ich mir je darunter vorgestellt hatte.

Wenn ich ein weniger skeptischer Typ gewesen wäre, hätte ich vielleicht auf das ewige Licht gehofft, das nach dem Auftauchen aus der Insulin-Überschwemmung den Nebelschmutz vor meinen Augen wieder hell machen würde. Aber so „gläubig" war ich eben nicht, und meinen Konfirmationsspruch, in dem der johanneische Jesus ironischerweise behauptet, wer an ihn glaube, werde nicht in der Finsternis herumstolpern, nahm ich schon längst nicht mehr wörtlich. Kurz: Ich war nicht sicher, ob der Tod mir wirklich ein besseres Leben bescheren würde.

Gibt es im Leben eines Menschen einen idealen Zeitpunkt, um zu erblinden? So absurd es klingen mag: Ich bin überzeugt, dass mein Leben Nummer zwei zu einem günstigen Termin begann. Der Stern, unter den es sich positionierte, hieß Computertechnik. Schon die Ergebnisse meiner einsamen Studien zum Völkerspott hatte ich in eine PC-Tastatur gehämmert, um sie anschließend auf Disketten zu „verewigen“. Es folgte die Bearbeitung meines Paulus-Buchs mit einem Schreibprogramm. Bea hatte sich bereit gefunden, auch die Endversion am Bildschirm zu erstellen. Ohne diesen Freundschaftsdienst, aber auch ohne dieses technische Hilfsmittel wäre das Skript nicht so zügig vollendet worden. Der Computer, dieses bei vielen Geisteswissenschaftlerinnen damals noch verpönte, schnurrende Monster, war mir als Freund und Helfer vertraut.

Zu genau dem Zeitpunkt, als mein Bildschirm durch und durch schwarz geworden war, meldete sich die audiotechnische Seite des digitalen Fortschritts zu Wort. Es gab nicht nur Schreib-, sondern auch Leseprogramme, es kamen Scanner und Kunststimmen auf den Markt, die Bildschirminhalte entschlüsselten und in Sprache umsetzten. Meine Rettung? Es gab sogar „Computerbibeln“, deren Übersetzungen von Sprachausgaben zu Gehör gebracht wurden. Meine Rettung! Es würde mühsam werden, sich eine vollkommen neue Arbeitsweise anzueignen, aber es war möglich.

Meine ersten Sprachausgaben klangen wie Mickey-Maus. Niemand außer mir selbst konnte der Melodie dieser künstlichen Sprache verständliche Signale ablauschen; es ging zu wie zwischen Mutter und Kleinkind. Als „Mutter“ eines geschriebenen Textes übersetzte ich das Gebrabbel und war glücklich darüber. Ich klebte Noppen auf einige Buchstaben der Tastatur, übte das blinde Tippen, fluchte über das Versäumnis, nie einen Schreibmaschinenkurs besucht zu haben, fand mich ab mit dem noch langsamen, aber ausbaufähigen Arbeitstempo.

San Francisco 1990. Zum vierten Mal besuche ich eine der schönsten Städte der Welt. Ich wandere neben Marina die steilen Straßen auf und ab. Der Stadtplan, der sich in mein Gedächtnis eingezeichnet hat, erweist sich als zuverlässig. Eine Blinde zeigt einem Augenmenschen, wo es in Kalifornien am schönsten ist: in den Hügeln von Marin, in San Diego, auf der

Panoramastraße entlang der Westküste. Im Auto von Motel zu Motel fahren? Vorbei. Marina und ich wohnen in Hotels und fahren Taxi oder Bus.

Das Land ist dasselbe geblieben. Die Landschaft ist die Landschaft geblieben, auch wenn ich sie nicht mehr sehe. Das „Klick“ neben mir kommt von der Kamera eines Augenmenschen, aber die Tipps, was sich zu fotografieren lohnt, kommen von mir.

KAPITEL 5
KREUZBLUT

Du hast Besuch!" Was für ein seltener Satz aus dem Munde meiner Mutter! Seit Monaten dämmerte ich jetzt in meinem Elternhaus vor mich hin. Mein Vater war aus seinem Chefzimmer ausgezogen, um Raum für mich und meine Launen zu schaffen.

Ich krümmte mich in die sperrigen Sessel, ich hockte hinter dem riesigen Schreibtisch, ich fühlte mich deplatziert hier, aber wenigstens war ich von meinem Computer und meiner Musikanlage umgeben. Der Rest der Dinge, die mir Heimat gaben, wartete in Münster auf eine Rückkehr, die unmöglich geworden war.

„Du hast Besuch!" Der Satz veranlasste mich, mir durchs verheulte Gesicht zu waschen, meine verbeulten Jeans gegen gebügelte zu tauschen und mir mit einer Noppenbürste durch die Frisur zu fahren. Erst nach dieser Auffrischung tastete ich mich in den Wintergarten hinüber, bemühte mich um einen aufrechten Rücken und versuchte, den Menschen, der von meiner Mutter hereingeführt wurde, zu identifizieren. Ich lauschte auf seinen Gang.

Ein Überraschungsbesucher! In letzter Zeit hatte sich der Kreis der Menschen, die mit mir sprechen wollten, drastisch zusammengeschnürt. Einige Wochen zuvor, als ich noch zum Lasern meiner blutenden Netzhaut in Richtung einer verzweifelten Hoffnung aufgebrochen war, hatte eine Freundin von früher mir in der Klinik Gesellschaft leisten wollen, war aber durch meinen Ausnahmezustand derart verschreckt worden, dass sie sich nach einer Viertelstunde verabschiedete. „Gute Besserung!" Es war das letzte Mal, dass wir uns trafen.

Eine Erblindende, erst recht eine Blinde war eine Herausforderung geworden, der nicht jede Freundschaft standhielt. Sogar Ulla, meine beste Freundin aus Kindertagen, musste sich einen Ruck geben, ehe sie den schweren Gang antrat – zu wem? Zu einer anderen, einer neuen und unberechenbaren Susanne? Zu einer Susanne jedenfalls, die schon am Telefon hemmungslos geheult hatte und die allein aus diesem Grund sehr verwandelt war. So aufgelöst hatte sie sich nicht mal in den Tagen ihres schmerzlichsten Liebeskummers gezeigt. Wie reagieren? Was sagen?

Aber Ulla war wenigstens gekommen. Auch Claudia hatte ihren Weihnachtsbesuch nicht ausfallen lassen, und Bea setzte sich sogar regelmäßig zu mir und meinem Computer. Mein längst verheirateter Ex-Freund lud mich ins Haus seiner wachsenden Familie ein, holte mich an den gemeinsamen Tisch und hörte meine Vorwürfe und Schuldzuschreibungen an, ohne zu widersprechen. Als ich erwähnte, dass mein Konfirmationsspruch „Ich bin das Licht der Welt" war, lachte er schallend. „Das ist ein Witz, oder?" Er konnte sich kaum beruhigen.

Und Karin. Auch sie hatte mich in der Laser-Zeit besucht – und mich einfach in den Arm genommen. Die tapfere Susanne durfte zittern und heulen, ohne dass es sie abschreckte. Sogar meine Sandkasten-Freundin Ute hatte eines Tages unverhofft vor der Haustür meiner Eltern gestanden und gefragt, ob ich mit ihr zu einem Konzert in die Stadthalle fahren wolle. Ja, Ute hatte vorsorglich eine Karte besorgt und holte mich auch eine Stunde später zu einem ersten, gemeinsamen Ausflug ab. Sie klemmte meine Hand in ihre Ellenbeuge, als wären wir uns nie fremd geworden.

Trotzdem empfand ich alle Treuebeweise als Ausnahmen. Ich erwische mich noch heute bei der Behauptung, meine Erblindung habe mich fast alle Freunde gekostet. Das stimmt nicht. Aber ich habe es nie gut ertragen können, wenn ich mir irgendwann eingestehen musste, dass ich mich in jemandem getäuscht oder meine eigene Beziehungsfähigkeit falsch eingeschätzt hatte.

In Wirklichkeit ließen sich nur diejenigen am Telefon verleugnen, die keine richtigen Freundinnen gewesen waren. Wenn sich diese Irrlichter vorübergehend zum Regelfall verzerrten, so lag das an einem seltsamen Widerspruch, den ich nicht einzuordnen wusste: Die blinde Susanne fühlte sich nach wie vor als Susanne, für die anderen war sie fremd geworden, eine Blinde eben, eine, die niemand mehr verstehen und in die niemand sich versetzen wollte. Ich kannte den Bannkreis der Einsamkeit noch nicht, der sich um Menschen mit unübersehbaren Behinderungen hüllt und nur wenig mit dem Verlassenwerden zu tun hat. Ich war weder allein noch verlassen, aber ich war auf die andere Seite der Welt abgestellt worden, die unsichtbare Seite, in der ich mich noch nicht zurechtfand.

Gerade die Theologen wollten sich der Herausforderung durch eine blinde Ex-Kommilitonin, eine orientierungslos watschelnde, trostlos in einem Sessel auf-und-ab-wippende Ex-Freundin nicht gern aussetzen. Der Grund für diese Hemmung rutschte meinem alten Gemeindepfarrer heraus, der eigentlich nur einen Weihnachtsbesuch bei Omma machen wollte. Unvorbereitet und keineswegs freiwillig fand sich der arme Mann vor eine frisch erblindete Enkelin gestellt. War das die Theologiestudentin, der er vor zwölf Jahren mit der Kategorie „Krankenhausmensch" eine freudlose Zukunft prophezeit hatte? Die Vorahnung hatte sich als treffend erwiesen, aber das war kein Grund für einen persönlichen Triumph. „Was soll man dazu sagen?", fragte er, und ich hätte wetten können, dass er ein Kopfschütteln von der Omma zur Mutter zum Vater der Blinden schickte. Ihr selbst ins Gesicht zu schauen, hielt er nicht aus. Es war eine fast verzweifelte Ratlosigkeit, die ihn verstummen ließ. „Dazu kann man überhaupt nichts mehr sagen! Ich jedenfalls ... weiß nichts zu sagen."

Und schwieg. Wahrscheinlich war es eine unendlich peinliche Situation für einen glanzvollen Kanzelredner wie ihn, vergleichbar mit einer Prüfung zu einem Thema, auf das er nicht im Geringsten vorbereitet war. Er empfand sich als gescheitert, noch bevor er die Aufgaben kannte. Wie dankbar ich dem Pfarrer für seine Weigerung war, irgendeinen erklärenden, beschwichtigenden, gar tröstlichen Kommentar abzugeben, ahnte der Mann nicht. Sein Verzicht darauf, seines Amtes zu walten, sich und mich an die Macht des Wortes zu erinnern und die Leere, die von meinem Anblick ausging, mit Vokabeln auszustopfen, war eines der glaubwürdigsten Zeichen der Solidarität, das ich je von einem professionellen Gottessucher erfahren hatte.

„Du hast Besuch!" Wieder ein Gottessucher, ein Theologen-Kollege, ein Mensch aus einer anderen Zeit. Kaum, dass ich mich an seinen Vornamen erinnerte. Aber wir hatten vor Jahren in einem Seminar über „Alttestamentliche Auffassungen von Gott" gesessen. Nach dem Seminar war der Kommilitone ins kirchliche Vikariat gegangen, ich in die Psalmenforschung. „So sieht man sich wieder!" Keinem von uns fiel auf, dass das eine Feststellung war, der mindestens die Hälfte der Wahrheit fehlte.

Ich glaube, ich habe gelacht, als der Satz im Raum herumstand und nach einer Stütze schrie. Jedenfalls kamen wir sehr rasch und unverkrampft ins Gespräch. An irgendeinem Punkt der Unterhaltung zog mein Ex-Kommilitone dann seinen Trost-Joker aus dem Ärmel.

„Etwas Schlimmeres kann dir jetzt gar nicht mehr passieren", meinte er und war sicher stolz auf diesen Einfall. „Es kann doch eigentlich nur noch bergauf gehen, auch wenn du noch nicht weißt, wie und wohin."

Das stimmte nicht, und ich konnte es nicht lassen, ihm diesen Trumpf in der Luft zu zerfetzen. „Und ob! Und ob es noch schlimmer werden kann! Auf mich wartet die Dialyse."

Wie viel Zeit blieb noch? Der Chefarzt der Inneren Abteilung, der das stetige Ansteigen meiner Nierenwerte bewachte, konnte mir die Frage nicht exakt beantworten. Ich entschied also selbst: Mir blieb genug Zeit, sagte ich mir, meine empfindliche Nase in Gebiete zu stecken, die seit Langem von meinen Sehnsüchten aufgespürt werden wollten. Wenigstens einen Hauch von frischer Luft wollte ich einatmen, wenigstens eine Ahnung erhaschen von hundert Dingen, die mir in meinen ersten dreißig Jahren unbekannt geblieben waren. Was es hieß, im Luxus zu schwelgen, davon wusste ich nichts. Was finanzieller Leichtsinn war, was es bedeutete, über die eigenen, materiellen Verhältnisse und auf Kosten anderer zu leben.

Für was, für wen sollte ich sparsam sein? Ich lud also Bea und Marina zu einem Wochenende in einem Hamburger Luxushotel ein, egal, was das kostete. Frühstück mit Blick auf die Alster. Teestunde mit Fingerfood am englischen Kamin. Abendessen beim Chinesen, „Cats" im Theater auf St. Pauli. Warum hatte ich mir so etwas nicht viel eher gegönnt? Warum war es mir nicht viel eher eingefallen, mein Geld mit Menschen zu teilen, die ich gern um mich hatte?

„Weil du noch nie eigenes Geld verdienen musstest! Wer immer die Hand aufhält, dem fällt das Geben leicht."

Solche Vorwürfe meiner eifersüchtigen Eltern verdarben mir meine diebische Freude keineswegs.

„Zu allen Leuten bist du nett und freundlich, nur zu uns nicht!", schimpfte mein Vater. Meine Mutter wurde noch deutlicher: „Du meinst wohl, du könntest dir deine Freundinnen kaufen!"

Was ich in Wirklichkeit meinte: Die Restzeit, die meine Nieren mir noch gaben, wollte ich nicht in der traurigen Gesellschaft meiner überforderten Eltern verschwenden. Deshalb hatte ich Marina mein Auto zur Verfügung gestellt, in dem wohl bedachten Bewusstsein, dass diese Art von „Großzügigkeit" meiner Familie ein Dorn im Auge sein würde. Ich setzte darauf, dass meine Krankengymnastin mein Auto und mich aus dem Asylantenheim entführen würde, zu dem mein Elternhaus mir geworden war. Egal, wie: Ich musste an die frische Luft, wenigstens für ein paar Stunden. Auch manchen Sonntag verbrachte ich am Familientisch meiner rumänischstämmigen Therapeutin.

„Was hast du bei denen zu suchen? Schmeckt dir das Essen da besser als bei uns?"

Ja, rumänische Küche war köstlich. Eine Großmutter, ein Ehemann, der sich als Patriarch einer Großfamilie fühlte, zwei Söhne mit ihren Freundinnen versammelten sich um Marinas Tisch. Seit kurzem half mir der jüngere Sohn dabei, mich in die akustische Blindentechnik einzuarbeiten. Er tippte auch den einen und anderen Brief in meinen Computer – und pflegte das anfällige Maschinchen gesund, wenn es wieder mal ins Schweigen abgestürzt war.

„Dafür wird er von dir bezahlt, oder nicht? Und verpflegt wird er auch noch! Merkst du nicht, dass diese Leute von deinem Elend nur profitieren wollen?"

War das primitiver Neid oder sprach aus diesen Unterstellungen auch die echte Sorge von Eltern, die Angst davor hatten, sich und ihr Kind ausnutzen zu lassen? Ich hörte die Warnungen als plumpe Abwehrschläge. Wenn sie überhaupt etwas bewirkten, dann schürten sie meinen Trotz.

Ich liebte die Besuche bei Marina. In dieser Familie wurde gelacht und gesprochen. Der Vater erzählte mit Vorliebe von einer verlorenen, in Diktatorenhand erstickenden Heimat. Er berichtete, dass er vom rumänischen Geheimdienst gefoltert worden sei, bevor die Familie das Land verließ. Außerdem brüstete er sich damit, zu den Unterzeichnern der Charta 77 zu gehören. All das machte großen Eindruck auf mich.

„Wer weiß, ob das alles wahr ist? Man kann dir viel erzählen, solange es nicht nachprüfbar ist."

Aus der osteuropäischen Perspektive der Emigranten interessierten mich plötzlich auch die politischen Umbrüche, die kurz vor meiner Erblindung unser ganzes Land kopfstehen gelassen hatte. Dass die Berliner Mauer gefallen war, dass Ströme von schreienden Menschen durch Bukarest rannten, die neue „Freiheit" in ihrer eigenen Sprache proklamierend, hatte mich bislang völlig unberührt gelassen. Ging es mich an, welche Regime und Systeme gestürzt und umgekrempelt wurden, während meine eigene, kleine Welt zusammenbrach?

Ja, es ging mich etwas an. Noch ging mich alles an, was sich außerhalb meines brutal verengten Horizonts abspielte. Ich musste nur eine Zehenspitze weit über die eigene Haut hinaus tasten.

Als nächstes flog ich mit Marina zu Ulla nach Paris. Ich wollte mit meinen Fingerspitzen die Gesichtslinien der Rodin-Skulptur „Der Schmerz" nachzeichnen. „Drehst du jetzt völlig durch?" Ich wollte im Garten des Rodin-Museums um die Gruppe der „Bürger von Calais" herum spazieren und Marina auf die Gesichter der vier Männer aufmerksam machen, in denen die verschiedenen Arten standen, wie ein Mensch auf sein Todesurteil reagieren kann. „Du bildest dir wohl ein, dass Ulla sich freut, dich in diesem Zustand wiederzusehen!"

Kann sein, dass Ulla wirklich mehr Angst als Freude darüber empfand, einen todkranken Menschen unter ihrem Dach schlafen zu lassen, aber sie fühlte sich – einer Sterbenden gegenüber – in der Freundschaftspflicht und erfüllte sie. Als wir aus Paris zurück waren, buchten meine Krankengymnastin und ich meine vermutlich letzte Reise nach Amerika. Ich wollte eine Aufführung des Musicals „Les Misérables" besuchen.

I dreamed a dream in time gone by
When hope was high
And life worth living
I dreamed that love would never die
I dreamed that God would be forgiving.

Ich wollte Marina die Stelle in den Hügeln von Marin zeigen, wo ich vor vier Jahren gespürt hatte, dass ich mein geliebtes Kalifornien nie, nie wieder sehen würde.

„Unverantwortlich! Wenn du dort in einem Krankenhaus endest, darfst du dich nicht wundern!"

Ich wollte mich nicht wundern, sondern zum ersten und letzten Mal intensiv leben. Ich wollte meinen Körper spüren, der mir so sehr aus dem Blick geraten war; spürenspürenspüren, auch wenn meinen Nerven bereits hauptsächlich die Übelkeit gemeldet wurde, der Brechreiz, der sich als untrügliches Symptom urämischer Vergiftung einstellt. Was hätte ich in diesem Zustand verlieren können? Mein Leben war zu Ende gelebt, davon war ich überzeugt. Was immer mir jetzt blieb, war nur ein Rest, doch diesen Rest wollte ich nicht als schäbig verwerfen.

Der Chefarzt der Inneren Abteilung wusste mindestens ebenso genau wie ich, was Dialyse bedeutete. Er hatte mich in meinem Verzweiflungs-Rausch bestärkt. Er klopfte der Krankengymnastin, die die erblindete Diabetikerin auf der Reise begleiten wollte, respektvoll auf die Schultern. „Tun Sie das ruhig! Es ist ein gutes Werk." Was er meinte, war Marina ebenso klar wie mir: Es war das letzte gute Werk, das man für mich tun konnte.

Wenn nicht jetzt, wann dann? Die Haltung erinnert an Rilkes Herbstgedicht: „Wer jetzt kein Haus hat, baut sich keines mehr." Jetzt oder nie: Habe ich das wirklich gedacht? Ganz klar, ganz angstfrei?

Nach über zwanzig Jahren, die ich mich inzwischen im Leben Nummer zwei bewege, bin ich mir selbst und meiner Rechnung mit dem Todesfaktor gegenüber misstrauisch. Wahrscheinlich war es eher ein Spiel, das um die Höhe seines Einsatzes wusste. Ich konnte es genauso gut gewinnen wie verlieren. Meine pessimistische Seite kalkulierte zwar mit meinem baldigen Ende; aber es gab noch eine andere, vitale, kämpferische Seite in mir, die sich durchaus auf Zukunft einrichtete.

Ich hatte genug geweint. Es war wichtig gewesen, das Ende meines vielversprechenden, ersten Lebens mit Tränen zu begießen, es war eine notwendige Trauerarbeit. Aber jetzt war es genug. Genau in dem Moment, als ich mich dazu durchrang, meine Wohnung in Münster aufzugeben und nach Unna zu ziehen, erwachte ich aus dem Dämmerschlaf und entwickelte

Initiative. Hätte ich das getan, wenn ich mein Überleben für unmöglich gehalten hätte?

Es wurde Zeit, dass ich mich wieder ohne fremde Hilfe anzukleiden lernte. Ich musste meinen eigenen Umriss abtasten und meinen Körper in die eigenen Hände nehmen, um abzuschätzen, wo er anfing und wo er aufhörte. Das war meine Ferse, dort begann das Nagelbett des großen Zehs. Der Nabel. Die Brust. Meine Haut war zu trocken, wie ich bemerkte. Mein Duft: gar nicht so unsympathisch!

Es folgten Koordinationsübungen. Rechter Arm zum linken Zeh, linker Daumen zum rechten Ohrläppchen. Zeigefinger zur Nasenspitze. Zeigefinger mitten auf die Oberlippe. Das Messer liegt zwei Handbreit über dem Teller. Nicht zu schnell. Keine ruckartigen, sondern stets runde Bewegungen.

Solche Übungen gehörten zum Minimum an selbstständigen Fertigkeiten, ohne das ich keine Chance hatte, je wieder allein zu leben. Ich wollte auch nicht länger das Frühstück von meiner Mutter ans Bett gebracht bekommen, sondern kleckste selbst mit Butter und Marmelade herum, um das Schmieren meiner Brote zu trainieren. Ich übte Telefonieren. Ich übte Taxifahren. Ich bat meine Krankengymnastin, mich bei der Besichtigung von Wohnungen zu begleiten und deren Eignung für eine gehbehinderte, blinde, künftig an der Dialyse hängende Frau abzuschätzen. Möglichst zentral zur Innenstadt musste die Wohnung liegen, möglichst im Erdgeschoss. Barrieren stellten sich überall in den Weg; aber welche konnte ich gefahrenarm überwinden, welche waren unüberwindbar? Überhaupt musste ich mich daran gewöhnen, jede Herausforderung abzuwägen. Lohnte es sich, sich ihr zu stellen, oder kämpfte ich gegen Windmühlen?

Fest steht, dass meine Entscheidung, künftig weder in Münster noch in meinem Elternhaus zu wohnen, unsere familiären, zum Reißen angespannten Nerven entlastete. Sie war der wichtigste Schritt zu einer Bewohnbarmachung unserer zertrümmerten Familienwelt. Die sterbende Omma erhielt die Aufmerksamkeit, die ihr Sterben verdiente. Meine Mutter wusste „das kranke Kind“ in einer schnell überbrückbaren Nähe, ohne seinen ungerechten Attacken ständig ausgesetzt zu bleiben. Meinem Vater gab die Wohnungssuche die Chance, die Rolle eines Hilflosen und Unverständigen gegen die des aktiven Helfers zu tauschen, als der er sich immer gesehen hatte. Bislang hatte die verbohrte Tochter sich gegen alle Versuche gewehrt, ihr zu beweisen, dass er es gut mit ihr meinte. Endlich nahm sie seine Angebote an, ohne sie zu diffamieren, ohne seine Ideen als anmaßend, idiotisch oder selbstherrlich vom Tisch zu fegen. Sie anerkannte seine Erfahrung als Bauherr und Vermieter, der genau wusste, wie viel welche Umbauten kosten durften, um den Kostenrahmen von Preis und Leistung nicht zu sprengen.

Schließlich stimmte sie sogar zu, in eine seiner Eigentumswohnungen zu ziehen. Vor ein paar Jahren hatte sie diese Wohnung einmal besichtigt und sehr schön gefunden. Jetzt würde sie also selbst unter dem Dach eines Mehrfamilienhauses leben. Vor der Übersiedlung musste noch einiges organisiert werden. Ohne Treppenlift konnte die Tochter nicht ins zweite Obergeschoss ziehen, das war klar. Und auch die Frage, welche Betreuerin einzustellen war und wo sie wohnen sollte, musste geklärt werden. Aber nun, da die konkreten Pläne begonnen hatten, war es „eine seiner leichtesten Übungen“, sie auszuarbeiten. Frisch ans Werk! Man durfte sich nicht hängen lassen. Die Tochter konnte froh sein, dass sie sich auf das Vermögen ihrer Eltern stützen, dass sie sich das kaputte Leben wenigstens bequem einrichten konnte. Froh sollte sie sein. Froh.

Anfang Mai 1990 bezog ich meine Bleibe über den Dächern von Unna. Die neue Wohnung war so geräumig, dass ich mich in den ersten Tagen zwischen meinen noch unbekannten vier Wänden verirrte. Panisch tastete ich an einem Regal herum, einer Wand, die plötzlich im Weg stand, stieß mir den Kopf an

Hängeschränken und dem Unterbau einer Treppe. Ich bereute meine Entscheidung trotzdem nicht. Die ersten unsicheren Tage gingen zu Ende, ohne dass mir etwas Ernstliches zustieß. Seither wohne ich nur einen Katzensprung entfernt von dem Krankenhaus, in dem ich die Welt als Licht erblickt hatte.

Im selben Bau starb drei Wochen nach meinem Umzug meine Großmutter an ihrem Krebs.

Bei meinem letzten Besuch in ihrem Sterbezimmer hatte das Morphium sie bereits in die Ausläufer der Todeslandschaft transportiert. Sie wartete nur noch auf den Chefarzt, dann machte sie sich an den letzten, sehr tiefen, sehr rasselnden Atemzug. „Als hätte sie nur noch auf ihn gewartet", kommentierte meine Mutter dieses Ende.

Der Doktor Chefchirurg könnte Omma an ihren Ehemann erinnert haben. Er war größer als mein Großvater, aber er hatte ein ähnlich schmales Gesicht und eine ähnliche Haarfarbe. Als Christian der Zweite in seinem Arztkittel das Krankenzimmer seines Friedchens betrat, lief ihre Seele dem Mann bereitwillig entgegen. Sie war lange genug Witwe gewesen.

Ob sie einen Tag vorher mich, das letzte Enkelkind, das ihr geblieben war, noch erkannte, ist nicht sicher. Omma war ein röchelndes Wesen geworden, dem das überschüssige Wasser in Fontänen aus Lunge und Gaumen sprühte. Ab und zu stimmloses Stöhnen. Sobald es lauter wurde, füllte eine Schwester die Infusion mit Morphinen auf. Wie klein Ommas Hände geworden waren! Diesen zarten, schlanken Fingerchen hätte niemand die Gartenarbeit zugetraut, die ihnen früher Schwielen eingetragen hatte. Zwischen Ommas Tagen als Aufseherin über alles, was wuchs und gedieh, und den letzten, warmen Stunden im Krankenbett breiteten sich Ewigkeiten aus.

Die letzten Monate ihres Lebens hatte Omma dem wintergrauen, leergefegten Gelände ihres persönlichen Paradieses nur noch selten einen Blick gegönnt. Alles war ihr gleichgültig geworden, selbst der kleine, schwarze Kater, der seit Jahren einen Platz auf ihrem Kleiderschrank als sein Zuhause erkoren hatte. Er zog aus. Omma saß wie eine Besucherin in dem Wintergarten, den ihre Tochter und ihr Schwiegersohn gebaut hatten. Sie ließ den Blick über das Grundstück schweifen, ohne an den Rändern der Rasenflächen einen Makel zu finden. Nichts war zu beanstanden; der Zustand der Hecken nicht, die Beete erst recht nicht. Es war Winter, und sie würde keinen Halm, kein Blättchen mehr selbst und nach ihrem alleinigen Willen aus dem Weg fegen müssen. Von den Lobeshymnen ihrer spärlichen Besucher auf den schönen Garten, ihr unvollendbares Werk, ließ sie sich selten zu Optimismus verführen. Nur ein einziges Mal bekam ich mit, wie sie im Brustton der Überzeugung behauptete, dass sie noch mit ein paar Jahren rechne, „ein paar Jahre, die ich noch dazwischen bin".

Jahre? Ein Vierteljahr später trugen zwei Rettungssanitäter die Sterbende im Stuhl in den Krankenwagen, zur letzten Fahrt. Sie wollte nicht in diesem Haus sterben, sondern im Krankenhaus und unter dem Regime des Doktor Chefchirurg.

In den knapp zwei Jahren ihrer Krebserkrankung war mir meine schroffe Großmutter näher ans Herz gerückt, als es in den 28 Jahren, die wir uns vorher gekannt hatten, jemals möglich gewesen war. Starke Schmerzen und eine demütigende Abhängigkeit von ihrer Tochter, einer Krankenschwester, einem Arzt enthüllten weiche Seiten, glichen uns einander an. Die kranke Omma war anders als die gesunde, starke Frau, die ich gekannt, oft genug auch gehasst hatte. Sie zeigte weiche und wunde Stellen, die ich ihr nie zugetraut hatte. Dabei wurde sie weder weinerlich noch unleidlich. Die Art, in der sie ihre Leibschmerzen mit einem selbst komponierten Cocktail aus Analgetika herunterschluckte, nötigte mir Respekt ab. Sie entschied selbst, wie viele Tröpfchen nötig waren.

Wenn ich mich heute versöhnlich über Omma äußern kann, liegt das vor allem an einer ganz bestimmten Überzeugung der Sterbenden, die sich einmal durch das Chaos von Todesangst und Hoffnung arbeitete. Sie sagte zu meiner Mutter: „Wenn ich sterbe, dann kann Susanne wieder sehen." Ich hörte den Satz und war bereit, diese Idee für tragfähig zu halten. Omma wollte sich opfern. Für mich. Sie war bereit, ihr 83-jähriges Leben als Preis für die Erhaltung der Sehkraft ihrer dreißigjährigen Enkelin zu bezahlen. Zwar regte sich die gelernte, evangelische Theologin in mir sofort über die Möglichkeit des Tauschgeschäfts auf, die Enkelin in mir sah jedoch eine Art Genugtuung darin und lehnte Ommas Angebot nicht ab.

„Wenn ich sterbe, kann Susanne wieder sehen." Der Wunsch meiner Großmutter, der unvermeidliche Tod möge diesen konkreten Sinn erfüllen, bestätigte mich in einer sehr vertrackten Gedankenfolge. Wenn es mir besonders schlecht gegangen war und ich mich von Omma oder von meinem Vater besonders schlecht verstanden gefühlt hatte, war ich auf die Idee verfallen, dass der begrenzte Fundus an Gesundheit und Kraft, der jeder Familie zugebilligt wird, von einzelnen Mitgliedern über Gebühr beansprucht würde. Diese „Unverschämten" schöpften ihn derart gierig aus, dass für andere kaum noch Kraft, kaum Gesundheit übrig bliebe. Einmal hatte ich Omma diese dumme Idee sogar mitgeteilt, ohne allerdings zu verraten, dass ich an sie, das gesunde Friedchen dachte, wenn ich die „Gesundheitsgierigen" anklagte. Sie schüttelte den Gedanken ab. „Jeder hat sein eigenes Schicksal. Kein anderer Mensch kann etwas für dein Schicksal!"

Jetzt schien sie anders zu denken. „Wenn ich sterbe, kann Susanne wieder sehen."

Hatte Omma eingesehen, dass sie sich genug Wohlbefinden unter den Nagel gerissen hatte? War nicht auch die Enkelin einmal an der Reihe?

So absurd, ja so empörend, wie meine Gedanken gerade in gelernt protestantischen Ohren klingen, sind sie gar nicht. Wer in diesen Bahnen denkt, der muss nicht gleich mit der Notwendigkeit von Menschenopfern zur Sühnung von Gotteszorn rechnen, wohl aber mit der Möglichkeit stellvertretenden Leidens und Sterbens.

„Wenn ich sterbe, kann Susanne wieder sehen." Der Satz rührt mich noch heute, auch wenn Ommas Wunsch sich nicht erfüllte.

Mit einer Behinderung wie der Blindheit lässt sich leben, und zwar gar nicht schlecht. Wenn der Anfangsschock erst mal verdaut ist, besinnt der erblindete Mensch sich auf die hundert Dinge und Fähigkeiten, die er nicht verloren hat, konzentriert sich aufs Fühlen, Schmecken, Hören und kann von vorn anfangen, trainieren, übenübenüben, sich an das Nichts um sich herum gewöhnen und es mit Namen ansprechen. Das Gehirn stellt sich um. Die Blindheit zieht eine Konzentration aller verbleibenden Sinne nach sich. Was aber passiert, wenn der blinde Frischling auch noch mit den Giften zu kämpfen hat, die eine zerstörte Niere ins Blut sickern lassen?

Einen Monat nach unserer Rückkehr aus Amerika war es so weit. Das Maß war voll, Gift und Wasser standen mir bis zum Halse. Ein Assistenzarzt nagelte meinen rechten Unterarm an die gepolsterte Lehne eines Dialyse-Sessels. Der Mann war ein Jahr jünger als ich und zur selben Schule gegangen. Während er mit seinen dicken Nadeln in meinem Fleisch herumbohrte, um es an die lebensrettende Maschine anzudocken, brach ihm der Schweiß aus. Ich roch seine Angst. Stirn an Stirn, Angst an Angst. Solidarität? Ich fand sie nicht tröstlich.

Eigentlich wünschte ich mir genau jene gelassene, professionelle Routine, mit der ich ein paar Jahre später in einer Erzählung den Henker Jesu infizierte. Meine Figur berichtet über die Kreuzigung wie über ein erlernbares Handwerk: *Ich wusste, was ich tat. Ich wusste es ganz genau. Die Technik ist immer dieselbe: fünf, sechs gezielte Schläge an Elle und Speiche vorbei, präzise zwischen die Sehnenstränge platziert und nicht durch die Schlagader. Umdrehen, bitte. Die Innenhand, bitte … Drei Minuten pro Handgelenk, länger brauchte ich nicht … Schmerz, auf die Hornhäute gehaucht … Versuchen Sie, ruhiger zu atmen.*

Wusste ich wirklich, was auf Golgata geschehen war? Darf man so intim die Tötung des Gottessohns beschreiben, so nah, so „nachfühlend", in all der qualvollen Körperlichkeit des Sterbens – bloß, weil man das Pochen von dicken Dialysenadeln im eigenen Unterarm gespürt hat?

Immerhin maßte ich mir nicht Jesu eigene Perspektive an, sondern die seines Henkers. *Meine Hände waren es, diese sehnigen, verschwielten Handwerkerhände, die die Nägel in sein Fleisch trieben und ein sechsstündiges Sterben entfachten. Mir, mir allein sah er dabei in die Augen, mir blies er die schalen Flammen der Hölle ins Gesicht. Ich sah die Risse in seinen Lippen. Seine Zähne sah ich und gelbliches, vertrocknetes Zahnfleisch.*

Schluss mit dem Vergleich. Mein Arzt war kein Henker, sondern ein Helfer. Die Dialyse vollstreckt keine Todesurteile, sondern verschiebt die Vollstreckung. Trotzdem: Dieses äußerste Mittel, das nun zu meinem Überleben angewendet werden musste, kam mir vor wie ein Folterwerkzeug. In einem Gewaltakt von vier bis fünf Stunden wurden meinem überwässerten Gewebe dreimal pro Woche zwei bis drei Liter Flüssigkeit entzogen. Die Maschine schöpfte den Rand der chronischen Vergiftung von der Brühe meines dicken, sauren Blutes ab; ein Filter, der etwa ein Zwölftel der Leistungsfähigkeit einer gesunden Niere zustande brachte. Die Unterschreitung eines Giftpegels, die das Ausbleiben von Übelkeit und Brechreiz gewährleistet hätte, wurde nie erreicht. Der Reinigungsakt genügte für nur zwei Tage. Am dritten Tag ohne Blutwäsche stiegen die Nierenwerte wieder bis an die Todesschwelle oder, wenn ich Pech hatte oder zu viel Kalium zu mir nahm, darüber hinaus. Jeden zweiten Morgen verließ ich das Haus und bestieg ein Taxi, um mir zwei Tage Leben von einem Gerät abzuholen. Es war ein künstlich erhaltenes und ein elendes Leben. Oder nicht doch eher ein elendes Sterben, eine perfide konstruierte Strafe dafür, dass ich auf meine eigene Niere nicht aufgepasst hatte? Ja, jetzt tat mir meine stille, paralysierte Niere leid. Meine Fresslust hatte den Zuckermörder in ihre Zellen geschickt, bis sie kapitulierte. Ich hatte gehofft, sie würde mir meine Disziplinlosigkeit nicht anrechnen, aber ich hatte mich geirrt.

Alles zu spät. Ich hasste die Maschine, von der ich mir zwei Tage Überleben aushändigen lassen musste. Mit der Zeit würde ich auch jeden Menschen hassen, der mit dem Apparat und den Räumlichkeiten zu tun hatte, die von den Apparaten zur Blutwäsche bevölkert wurden. Die Mitpatienten, die Ärzte, die Schwestern: Mitgekreuzigte. Henkersknechte. Keiner bringt Mitleid für die Kandidatin auf, die neben einem behandelt und ans Dialysekreuz gehängt wird. Warum sollte es der besser gehen als einem selbst? „Das Fenster bleibt zu!" Mag die andere ersticken; ichichich friere. Der Kreislaufkollaps meines Nachbarn bedeutete lediglich, dass das Personal keine Zeit für mich hatte, mich nach dem überstandenen Akt von den Nadeln zu befreien und zu verbinden. Patienten an der Blutwaschmaschine kriechen nur in den elementarsten, eigenen Bedürfnissen herum. Mitpatienten sind keine Leidensgenossinnen, sondern Rivalen. *Hör nicht auf ihre Flüche und Beschimpfungen, die im Verlauf der Stunden zu Gebeten und Klagen anwachsen, um schließlich zu einem Jammern und Winseln zu vertrocknen. Nur wenn die Kandidaten untereinander Streit bekommen, müssen wir ihnen eins übers Maul ziehen. Die beiden zelotischen Nachbarn krähten dem Mittigen in die Ohren, bis ich aufstand, um sie zum Schweigen zu bringen.*

Dialysepatienten sind schwierig und egoistisch; als würde kein Sauerstoff mehr, keine Rührung aus ihrem dicken Blut in ihre Poren dringen. Nicht einmal, wenn Herr Tod persönlich in der Station erschien, um einen der Kandidaten abzuholen, rang seine Ankunft den anderen Mitgefühl ab. Wir spürten seine Anwesenheit und schlossen die Augen. Wir hörten, wie er leichten Schrittes durch den Raum huschte, an der eigenen Maschine vorbei, vorbei, vorbei. Mich hatte er nicht im Visier gehabt, mich nicht. Gott sei Dank: Herr Tod atmete über dem Gesicht unserer Nachbarin, Alarm, Alarm, vorbei. Das Personal stürzte herein, als gäbe es noch etwas zu retten. Später saß die Verstorbene zwei weitere Stunden im Sessel, noch immer an ihre Maschine gefesselt. Ich malte mir aus, dass ihr Blut in den Plastikkabeln schwarz wurde. Nein, nicht aus Mitleid, sondern aus Erleichterung fing ich an, ein bisschen zu frieren und bat eine Schwester, den Apparat auf Fieber zu stellen.

Die meisten Leute mit intakten Nieren stellen sich Dialyse einfach nur „lästig“ vor. Es bleibe so verdammt wenig Freizeit! Der Patient habe die Hälfte der Tage mit einem medizinischen Programm verplant, das spontane Ausflüge, ungeplante Feiern kaum noch zulasse. Was für ein Kettenhemd! Das strenge Zeitregime mache den Dialysanten außerdem zu einem unflexiblen Schüler und Arbeitskollegen. Keine Überstunden, keine Vertretungen. Und immer die graue Farbe in seinem Gesicht! Immer „Nein, danke“, wenn jemand mit ihm anstoßen möchte!

Dialysepatienten werden zu unsozialen Wesen. Sie sehen, hören und fühlen nur sich selbst und ihr Inneres. Sie rechnen nur noch im Rhythmus von Tagen ohne und Tagen mit der Pumpe.

Vor lauter Übelkeit war mir entgangen, dass Bea zunehmend Probleme mit sich selbst und ihrer unbefriedigenden Ausbildungssituation bekommen hatte. Arbeit? Studium? Für mich waren das Vokabeln aus einer fremden Welt. Depressionen? Wie konnte sich ein Mensch mit intakten Nieren und sehenden Augen Depressionen anmaßen? Lächerlich. „Siehst du, Bea? Da lachst du selbst, lachst laut und anhaltend, lachst wie eh und je.“ Mir fiel nicht auf, wie gepresst sich Beas Lachen inzwischen anhörte. Die Antennen, mit denen eine Freundin die Signale einer Freundin auffangen kann, waren abgebrochen, mein Horizont eingetrocknet. Heute weiß ich, dass ich Bea mit meinen Anrufen und kleinen Bitten überforderte. Nur aus Pflichtgefühl war sie noch immer zur Stelle, sobald ich sie brauchte. Sie brachte mir neue CDs aus der Stadt mit und begleitete mich in eine Boutique, um mir die Mischfarben auf den Pullis zu beschreiben. In Wirklichkeit war ihr, die gerade eine eigene massive Krankheit ausbrütete, meine Krankheit längst zu viel geworden. Es bedurfte nur noch eines Tropfens, und das Fass lief über. Bea verschwand aus meinem Leben, nachdem ihr der viel zu enge Kragen geplatzt war. Oder war es mein wütender, böser Brief, mit dem ich mich von ihr „verabschiedete", der sie aus meiner Reichweite trieb? Egal. Bea, die Freundin aus Studien- und schwersten Tagen, war plötzlich keine Freundin mehr, und das nagte an meiner Seele.

Dialysepatienten brauchen nachsichtige Freunde, Menschen ohne Erwartungen. Auch ich erwartete nur noch den nächsten Morgen und wieder den nächsten, den nächsten. Zu irgendwelchen ferneren Plänen, zu Ausflügen, Treffen oder Geburtstagsfeiern fehlte mir die Energie. Nachdem eine Wochenendfahrt zu einer Schulfreundin schiefgegangen und in einer Notfallbehandlung aufgefangen worden war, ging mir das letzte Quäntchen Mut zu solchen Unternehmungen verloren. Am liebsten verbrachte ich nach jeder Blutwäsche den Rest des Tages im Bett, damit sich mein ausgepresster Organismus erholen konnte und die entwässerten Zellen sich wieder mit Flüssigkeit auffüllten.

Ab und zu gab es trotzdem Glücksmomente. Ich saß an der Maschine und trank meinen Becher mit Kaffee: keine Zukunft, nur das Getränk im Mund. In ihrer Arbeitspause kam Marina zu mir herüber. Wir erzählten von Amerika.

Nach den Dialysesitzungen zog ich mich stets in mein Bett zurück. Es war wie eine Höhle, und ich war ein sterbendes Tier. Eines Nachmittags hielt ich an diesem letzten Zufluchtsort zum ersten Mal meinen Paulus-Roman in Händen. Es war ein Freudengefühl, von dem ich geglaubt hatte, ich hätte es für immer verlernt. Pulsschlag bis unter die Zunge: Diesen Schrecken, dieses Flattern vergesse ich nie. Es war Gründonnerstag. Meine Mutter hatte drei Exemplare des Buches bestellt und „Das riskierte Ich" gerade aus der Buchhandlung abgeholt. Nun stand sie wie eine Götterbotin über mir und reichte mir stolz mein

Buch auf das Kissen herunter, als hätte sie ein Geschenk zu übergeben. Glatter Schutzumschlag, ein Band von mittlerer, sympathischer Dicke. Ja, es war ein Geschenk. Wenn ich es aufschlug, konnte ich den Geruch frisch bedruckten und gebundenen Papiers einatmen. „Mein Paulus" war auf der Welt. Mir konnte nichts Schlimmes mehr zustoßen.

Wer weiß? Vielleicht gab es doch eine Auferstehung für mich? Vielleicht konnte ich mein erstes, richtiges Buch in einer Lesung öffentlich vorstellen, vorausgesetzt, dieser Termin wurde auf einen dialysefreien Tag gelegt?

Der Gedanke verflog wieder. Erst war noch der Karfreitag zu durchleben. Ostern war nicht ohne Karfreitag zu haben, und für Dialysepatienten war jeder Tag Karfreitag.

Das Schlimmste war der ständige Durst. *Die Verurteilten haben keine Tränen mehr, keine Hautschicht auf den Lippen, kaum noch eine Stimme, die sich am geschwollenen Gaumen vorbeipresst. Es reicht gerade noch, Wasser zu verlangen. Wasser! Mich dürstet. Alle lechzen, betteln, winseln um Wasser. Sorry, mein Freund, aber Wasser kriegen Sie nicht. Ich kann Ihnen tun, was ich allen tue, geben, was ich auch dem Judenkönig gab: einen Sog voll Essig.*

Als Diabetikerin wusste ich längst, was Durst war, wie er lodern und brennen, wie er den Schlaf rauben und zu einer Begierde wachsen konnte, die alle anderen Gefühle überlagerte. Durst macht dich zum Tier. Ich hatte schon mit achtzehn drei, vier, fünf Liter Wasser heruntergestürzt, um das diabetische Feuer in meinem Blut zu löschen. Aber aus diesen Trinkexzessen war mir auch jener wunderbare Moment vertraut, in dem die Flüssigkeit über Lippen, durch Gaumen und Speiseröhre in den Magen fließt. Alles gut. Gier gezähmt, Sehnsucht befriedet. Je stärker der Durst, desto süßer der Stillakt. Auf diese Sekunden der Abkühlung konnte man sich sogar freuen. Man konnte sich erlauben, sie zu verzögern, um die Spanne der Vorfreude ein paar Sekunden länger auszukosten.

Die Erfüllung der elementarsten Sehnsucht bleibt jedem Dialysekandidaten versagt. Du darfst nicht trinken. Wie sollen deine armen, kaputten Nieren das Wasser aus deinen Gefäßen pumpen? Zwei, höchstens drei Gläser Wasser pro Tag müssen genügen. Immer noch durstig? Dann lutsch am Essig, an Eiswürfeln, an Mundwasser, an einer Zitrone, um die Wüste in deinen Schleimhäuten zu bewässern, um wenigstens eine Fata Morgana zu erschaffen. Teile dir jeden Schluck in ein paar Schlückchen auf. Rede dir ein: später! Rede dir eine Kanne Orangensaft ein, die du irgendwann trinken darfst, um den bitteren Geschmack und den Durstdurstdurst loszuwerden.

Wasserträume. Gläser Becher Flaschen Töpfe Bottiche Fässer von Wasser Saft Bier Kaffee Cola Milch umzäunten meinen tiefatmigen Schlaf und lockten mir die trockene Zunge auf die rissigen Lippen. „Mich dürstet, dürstet!“

Es gibt keine Erlösung. Die Fässer Flaschen Gläser Fingerhüte stürzten ihre Getränke in einen Ausguss, direkt am aufgerissenen Schlund vorbei.

Die letzten Sätze stehen in meinem Buch „Adoptiert: Das fremde Organ.“ Bis heute kann ich mir die Tatsachen nicht gefälliger drehen oder wenden. Der Grund, dass ich dem Vorschlag des Chefarztes zustimmte, mich auf eine Liste zur Organtransplantation eintragen zu lassen, war der grausame, verzweifelte Durst einer Diabetikerin, der das Trinken untersagt worden war. So primitiv diese Begründung allen Menschen mit intakten Nieren erscheinen mag. Es ist wahr:

Als ich wieder mit bitterem Gaumen erwachte, willigte ich in die Ausräumung eines künstlich beatmeten Torsos ein.

Früher war ich gegen Organspenden gewesen. Wie fast alle Theologinnen und ihre Ethiklehrer hatte ich auf das Recht des hirntoten Menschen auf seinen Herztod gepocht, auf sein allmähliches Abtauchen und Wegsterben, Kaltwerden, auf die Chance seiner Angehörigen, sich von dem geliebten Menschen zu verabschieden. Das Aufschneiden eines Körpers zum Zweck der Organentnahme war für mich „Ausweidung" gewesen, eine brutale Ausschlachtung, pfui. Das Begehren, mit einem Herzen, einer Niere eines fremden Toten weiterzuleben, drückte erstens Skrupellosigkeit aus, zweitens die unethische Weigerung, in unser aller Sterblichkeit einzuwilligen.

Und nun?

Der Chefarzt hörte das Echo aus meiner Vergangenheit nicht. Er sprach von der Zukunft. Ohne die Niere eines fremden Toten hatte ich keine.

Trotzdem hätte ich seinem Vorschlag zur Transplantation nicht zugestimmt, wenn mir mein Körper nicht jeden Tag neu und immer wieder vorgeführt hätte, wie schwer ihm das Sterben mit dreißig Jahren fiel. Er wehrte sich dagegen, mit Händen und Füßen und Durchfall oder indem er den Magen umdrehte und seinen gallig-giftigen Inhalt in eine Tüte schickte. Er weigerte sich, einfach eines Abends sanft zu entschlafen. Er ließ nicht los, sondern wand sich in Krämpfen. Er war zwar lebenssatt, aber dauerdurstig. Er hatte ein Dutzend diabetischer Vorschädigungen, aber immer noch ein Gefäßsystem, das sich unter steigendem und abstürzendem Blutdruckgefälle bereitwillig dehnte, zusammenzog, weitete, verengte. Mein Körper machte mir das Leben zur Hölle, aber auch das Sterben.

„Denken Sie nicht, dass Sie mit neuen Organen unsterblich werden!", grenzte der Chefarzt die in Aussicht gestellte Zukunft gleich wieder ein. „Aber das Sterben wird erst mal verschoben."

Die tieferen Gründe für mein Zögern habe ich dem Doktor damals nicht genannt. Sie erwuchsen nicht aus einem ideologischen Sandboden, sondern aus meinen traumatischen Kindheitserinnerungen. Sie hatten mit dem Tod meines Bruders zu tun, genauer: mit der Reaktion meiner Mutter auf seinen Unfall. „Wenn mich damals ein Arzt gefragt hätte, ob ich Christians Organe hergeben würde, hätte ich dem Kerl die Augen ausgekratzt!“ Ja, genau das hatte sie gesagt: Die Augen ausgekratzt hätte sie ihm. Diesen Muttersatz trug ich seit meinem zehnten Lebensjahr mit mir herum. Wie konnte ich jetzt auf einen Tag hin leben, an dem eine andere Mutter, ein Ehemann oder eine Tochter gefragt wurde, ob die Nieren des Menschen, der dort im Bett lag wie ein Lebender, für mich zur Verfügung standen?

Und nun.

Ich hatte den beatmeten „Torso” mit seinen intakten, zu ihrer Verpflanzung vorbereiteten Organen sogar schon einmal selbst mit den Augen einer Mutter angestarrt und nicht glauben können, dass er einem Toten gehörte. *Obwohl es jetzt Jahre her ist, drängt die Szene sich immer noch in meine Träume … Menschen in grünem Kittel führen mich hinter einen Vorhang in einer Intensivstation. Ich spüre ihre Finger an meinem Oberarm wie eine Druckstelle, sie fordern etwas von mir. Menschen in grünem Kittel stellen mich vor ein Bett, in dem mein Kind unter Schläuchen und einem Laken begraben liegt. Sie sagen, mein Sohn sei tot.* So hatte ich selbst geschrieben. In dem letzten Text, den ich auf dem Bildschirm entstehen und wachsen sah, begründete eine Frauenstimme, warum sie Nein geschrien und sich geweigert hatte, der Entnahme von Herz und Nieren ihres toten Kindes zuzustimmen. Sie wollte das nicht, auf keinen Fall! Nein. Meine Erzählerin wollte keine Faser von den Resten des geliebten Menschen hergeben, nur weil es andere Menschen gab, die mit diesen Resten vielleicht das eigene Sterben überlebten.

Requiem für einen toten Sohn: Diese literarische Stimme klang absolut authentisch. *Mein totes Kind soll sterben können, mit seinen brauchbaren Organen.* So hatte ich die Szene angelegt, so war sie mir geglückt. Satz für Satz tippte ich die bebilderte Variante des alten Bekenntnisses meiner eigenen Mutter in die Tastatur, endlich mit den Tränen in den Augen, die ich bis dato nicht hatte weinen können: „Wenn mich damals ein Arzt gefragt hätte, ob ich Christians Organe hergeben würde, hätte ich dem Kerl die Augen ausgekratzt!“

Die Augen ausgekratzt. Und nun? Nein, diesen Muttersatz konnte ich nicht vergessen. Sein Echo stellte sich zwischen den Chefarzt und mich. Er: „Sie haben nur diese eine Chance: Transplantation." Mutter und meine Erzählerin: *Nein, sage ich, kühl und ohne Tränen. Mein totes Kind soll sterben dürfen, mit brauchbaren Organen. Niemand soll sie ihm entnehmen, bevor sie kalt geworden sind.*

Und nun?

Ich schaffte es nur teil- und zeitweise, an dem Satz meiner Mutter vorbei und über ihn hinweg an meine Zukunft zu denken. Jemand würde für mich sterben müssen; jemand, der zufällig dieselbe Blutgruppe hatte wie ich, denselben Rhesusfaktor. Aber nein, er würde sowieso sterben. Er hatte sowieso keine Zukunft, dieser Jemand, dessen Blut mit meinem gekreuzt wurde, ohne zu klumpen. Ich redete mir ein, dass mein Spender vermutlich einen Organspende-Ausweis ausgefüllt haben würde. Dann musste keine Mutter um Erlaubnis gebeten werden, ihr Kind auszuschlachten. Oder dass es einen Motorradfahrer treffen würde, ja, so einen Raser mit Helm. Schließlich galten diese Leute damals noch als das reichste „Potential" von Hirntoten, und in allen Dialysestationen ging eine gespannte Hoffnung auf, sobald es Frühling und Zeit wurde, die Maschinen auf die Straßen zu bringen und sich den Kopf tot zu fahren. Oder es würde noch ganz anders kommen, wenn es überhaupt je kommen würde. Eine Frau in meinem Alter fällt beim Duschen um, von einer spontanen Gehirnblutung gefällt.

Heute würde sich – eher als 1990 – noch eine ganz andere Frage stellen: Kam für mich keine Niere meiner Eltern in Frage? Die Lebendspenden wurden noch relativ selten durchgeführt, waren jedoch als Alternative zur „Leichenspende" bereits denkbar. Da der Mensch zwei Nieren besitzt, kann er durchaus eines dieser Filterorgane abgeben, ohne selbst Schaden zu nehmen. Eltern, Kinder, Geschwister: Wer die passende Blutgruppe hat, kommt als Spender in Frage.

Noch bevor ich an die Dialyse gehängt wurde, hatte mein Vater einmal zu mir gesagt: „Wenn es sein muss, bekommst du auch eine Niere von mir!" Ich weiß bis heute nicht, wie ernst es ihm mit diesem Angebot wirklich war. Damals hörte ich ein Zögern in seinem Satz. „Wenn es sein muss ...!" Aus freien Stücken gibt er mir nichts, dachte ich, nur, wenn es gar nicht anders geht, nur unter Zwang. Ich erkannte eine Ängstlichkeit in seiner Stimme wieder, die ich vor Jahren schon einmal gehört hatte. „Ich bin gefährdet", hatte er einem Notarzt gestehen müssen, als der ihn wegen einer Herzrhythmusstörung untersuchte. „Hoher Blutdruck, Übergewicht." Der Doktor rekapitulierte öffentlich die Risiken für einen Herzinfarkt. „Diabetes?", wollte er wissen. Hatte dieser Mann auch Diabetes? Nein, sagte mein Vater da, aber er sei „gefährdet". Seine Tochter habe nämlich Diabetes.

Ich kann den Grund für den Stich nicht benennen, den ich damals fühlte. Aber es war genau dieselbe Art Stich, die mir bei seiner ängstlichen Zusicherung unter die Haut fuhr und die das Angebot unannehmbar machte. „Wenn es sein muss, bekommst du auch eine Niere von mir." Ich hätte seine Niere nicht gewollt. Unter keinen Umständen hätte ich dieses Opfer angenommen. Es erschien mir wie eine Zwangshandlung.

Alles Theorie! Unser Blut ist nie gekreuzt worden, um seine Nicht-Kompatibiltät zu demonstrieren. Zum Glück stand die Möglichkeit einer Lebendspende nie zur Debatte. Mein Vater hatte nicht dieselbe Blutgruppe wie ich und wurde nicht zur Wiederholung seines Angebots, ich nicht zu seiner Ablehnung gezwungen. Jemand Fremdes würde seine Organe zur Verfügung stellen müssen, jemand Totes.

Ein Grund für die Unvermeidbarkeit einer sogenannten Leichenspende war, dass ich mich nicht nur zum Empfang einer fremden Niere bereit erklärte, sondern auf die Liste für eine simultane Verpflanzung zweier Organe aufgenommen wurde. Niere und Bauchspeicheldrüse sollte ich bekommen, von ein und demselben Spender. Da jeder Mensch nur eine einzige Bauchspeicheldrüse besitzt, kann man nur als Tote auf dieses Organ verzichten.

Simultan-Transplantation: Das Verfahren war ganz neu und an der Uniklinik Münster erst drei- oder viermal ausprobiert worden. Der „Nieren-Papst“ von Münster, mein Transplanteur, untersuchte mich kurz, fragte mich lang und breit aus, schätzte mich als ideale Kandidatin für einen erneuten Versuch ein. Niere und Bauchspeicheldrüse von einem einzigen, hirntoten Spender. Wenn schon, denn schon. Das Risiko war höher als bei einer einfachen Nierenübertragung, gab er zu. Dann ließ er alle Bedenken von breiten, zuckenden Schultern abfallen. Wenn die Doppel-Transplantation gelang – und warum sollte bei einem Könner wie ihm und einer idealen Patientin wie mir etwas schief gehen? –, winkte ein ungleich höherer Gewinn: Ich würde nicht nur die Dialyse, sondern auch meine Grunderkrankung, den Diabetes loswerden. Kein Zucker mehr, keine Diät, kein Dauerdurst, keine Disziplin-Fessel. Ich würde einen Stoffwechsel übernehmen, der mich nicht mehr knebelte. „Bedenken Sie doch ...“ Mit einer gesunden Bauchspeicheldrüse in der neu bezogenen Nachbarschaft würde auch die gesunde, fremde Niere nicht sofort wieder mit zerstörerischen Kristallen bombardiert werden, denn diese Bauchspeicheldrüse würde genug Insulin produzieren, um die süßen, destruktiven Bomben zu entschärfen und rechtzeitig in Nährstoffe zu verwandeln.

„Es wird sein wie früher. Glauben Sie mir.“

Die Perspektive, die mir die Doppeltransplantation eröffnete, war eher märchenhaft als realistisch. Dennoch: Ohne diese Hoffnung, so illusorisch sie sich auch anhören mochte, hätte ich die Zeit am Dialysekreuz nicht durchgestanden. Der Herr in Turnschuhen, der Dauergast in der Station war, hätte mich sehr bald zum Tanzen aufgefordert und in sein Reich entführt – wie die meisten Patienten an der Maschine, die auch noch an Diabetes litten.

Allzu viel Zeit zum Abwägen hatte ich nicht. Wenn überhaupt, dann musste mir schnell zu einem nagelneuen Stoffwechsel verholfen werden.

Es dauerte dann noch länger als ein Jahr, bis der Chef-Croupier des himmlischen Spielsalons mit seinem „Faites vos jeux!“ meinen hohen Einsatz forderte. Ich kam gerade von einer Dialyse-Kreuzfahrt zurück. Blutwäsche auf dem Meer, auch bei starkem Wellengang: Die Schiffe, die entsprechend ausgerüstet waren, ermöglichten Patientinnen wie mir, als Schwerkranke durch die Welt zu reisen. Marina und ich hatten uns das östliche Mittelmeer für unsere erste Erkundung per Schiff ausgesucht. Ich hatte vor einer Pyramide auf einem Kamel gesessen, drei Tage später in Jerusalem vor der Klagemauer gestanden. Ich hatte Falafel probiert, und natürlich die obligatorische Eistorte zum Kapitäns-Dinner. An Bord waren auch die Dialysen etwas rau verlaufen, aber in dem Meeresklima und unter der mediterranen Sonne hatte ich mich tatsächlich erholt. „Sie sind sogar braun geworden!“, wunderten sich die Schwestern, als ich zur ersten Sitzung in meinen Alltag zurückkehrte.

Am Tag danach rief die Klinik an, mein Operateur am Apparat: „Wir haben die idealen Organe für Sie.“ Ich stieg in die Badewanne. Danach rief ich meine Eltern und das Taxi. Was ich fühlte, was ich dachte? Ging mir das Bild eines Menschen in einer Intensivstation durch den Kopf, unter Schläuchen und einem Laken begraben?

Wenn die Vision überhaupt anklopfte, stieß ich sie schnell aus dem Bewusstsein. Zwei, drei Mal dachte ich daran, dass der, dem ich im Taxi entgegenfuhr, gerade jetzt auf einem OP-Tisch lag und „ausgeweidet“ wurde, wie die Transplantationsgegner es nennen.

„Rien ne va plus.“ Was konnte ich verlieren?

Dasselbe, was der andere Mensch schon verloren hatte: mein Leben.

Was konnte ich gewinnen? Mein Leben, sein Leben.

Was gewann er?

Ich lag auf der schmalen Liege, mit der ich in den OP gerollt werden sollte, und verabschiedete mich von meinen Eltern, von Marina und ihrem Ehemann, von meinem Leben. „Rien ne va plus."

Jetzt. Oder nie?

Später erzählte mir Marinas Mann, dass mein Vater in dem Moment, als die Liege hinter der Aufzugtür verschwand, in hemmungsloses Weinen ausbrach. Mein starker Vater, der mich mit seiner scheinbaren Kälte, seiner ungerührten Teilnahmslosigkeit so oft zurückgestoßen hatte, sank auf einem Stuhl zusammen und schluchzte wie ein kleiner Junge.

„Rien ne va plus."

Was habe ich gedacht, als ich in die Narkose sank?

Ich hatte Dutzende von Narkosen erlebt. Narkose: Das waren zwei, drei Sekunden des restlosen Loslassens und des Entspannens, Sekunden, in denen immer alles gut und in Ordnung war, so, wie es war. Der Körper löste sich auf. Das Denken. Der Schmerz. Die Schwere. Alles löste sich auf. Narkose bedeutete eine sanfte Kapitulation. Der Kampf musste nicht von mir selbst weitergeführt werden, sondern von anderen.

Ich hatte es immer wieder an der Maschine geübt: loslassen. Der Apparat dokumentierte mir alle zwei Tage, dass meine eigene Kraft nicht mehr zum Leben reichte und dass mein eigener Wille gescheitert war. Loslassen: Die künstliche Niere übernahm das Ruder. Mein Puls passte sich dem Takt der Maschine an, meine Körpertemperatur wurde von außen geregelt. Früher hätte ich diese Abhängigkeit als reine Demütigung erlebt. Mit der Zeit lernte ich es als Befreiung schätzen. *Nicht mein, sondern dein Wille geschehe.* Wer kapituliert, gibt sich in andere als die eigenen, linken Hände. Ob ich es schaffen würde oder nicht, war nicht mehr meine Sache, sondern entschied sich an den Bemühungen meiner Ärzte und Pfleger, meiner Eltern, meiner Freundin. Sie hatten das Ruder übernommen und gaben Acht, dass mein leckes Lebensschiff auf kein Riff lief.

Immer, wenn ich mit Übelkeit und Brechreiz in die Station taumelte, beendete eine barmherzige Schwester diesen Zustand, indem sie mir ein bestimmtes, mit Valium angereichertes Mittel in die Schläuche spritzte. Das Würgen hörte auf, der Magen ließ locker und beendete seine Tänze, der ganze Leib atmete unverkrampft und erlöst, jedes Mal eine kleine Sensation, nach der ich süchtig wurde. So mussten sich Junkies nach dem Einstich in die Vene fühlen, dachte ich. In diesen Momenten der Entkrampfung zählte kein Morgen, nicht einmal die kommende Stunde; kleiner, erbärmlicher Rausch ohne Übelkeit. An diese Glücksmomente musste ich denken, als der Anästhesist sich neben mich stellte.

Für nichts war ich noch verantwortlich, für nichts.

Das Erste, was mir in den Sinn kam, war eine Frage. Sie schob sich durch mein gedämpftes, noch halb betäubtes Bewusstsein, bis sie an einen Punkt stieß, der zwischen Innen und Außen lag. „Und? Scheide ich Flüssigkeit aus?“, lautete die Frage, von der alles abhing. Aus dem Stimmengewirr am linken, unteren Rand meines Bettes schälte sich ein Lachen. „Literweise!“, hieß die Antwort, mit der mein neues Leben begann. „Literweise!“

Alles andere, die Drainagen im Bauch, der Sauerstoffschlauch im Hals, die Nadeln unter dem Schulterblatt, war unwichtig. Was zählte, war allein das erlösende „Literweise“ der Schwester, die dabei war, einen prall gefüllten Katheterbeutel zu leeren.

Und die Bauchspeicheldrüse?

Tief im Geschlinge meiner Därme, direkt neben dem Appendix, war ein gesundes Pankreas angenäht worden, das seine ätzenden Sekrete in meine Blase tröpfelte. Was veranstaltete dieses flache Fischchen nun mit dem zuckrigen Blut in dem

Schmutzbecken, in das die Chirurgenhand es geworfen hatte? Während der Operation, erfuhr ich, war der Glucosewert in schwindelnde Höhen gestiegen, aber in der Sekunde, als die Klammern gelöst wurden und die Bahn zwischen Pankreas-Transplantat und meinem Blut frei war, begann das Fischchen sich zu schütteln und wütend zu vibrieren. Es erfolgte der erste Insulinerguss eines fremden, noch ganz und gar heimatlosen Organs, das mit einem entschlossenen Hausputz in seiner neuen Unterkunft begonnen hatte.

Alle halbe Stunde wurde jetzt mein Zucker gemessen. Test und Test und noch ein Test. Die erste Kontrolle in der Wachstation ergab nur noch mäßig erhöhte Werte, die zweite und dritte und vierte und fünfte ... „Normal!", rief die Schwester. „Blutzucker ganz normal!"

Es war so schwer zu glauben, dass ich noch heute nach Luft schnappe. Ausgerechnet mir passierte das! Mir, die ich doch nie an Wunder geglaubt hatte! Dass Blinde sehen oder Gehbehinderte eines Tages wieder tanzen konnten: Nein, das hatte ich immer bezweifelt. Und nun? Zuckerkranke konnten essen, was sie wollten! Ich konnte nicht anders, als es bei seinem ironisch gefärbten Namen zu nennen: Ausgerechnet an mir, an meinem kaputten Körper, war ein Wunder vollbracht worden. Nach dreizehn Jahren, die der Diabetes mich mit Leib und Seele heruntergewirtschaftet hatte, war ich den Fluch meiner Grunderkrankung losgeworden. Ein für allemal war ich gesegnet.

Noch heute fühle ich die Fülle und verschwenderische Kraft dieses Segens. Seit dem frühen Morgen des 26. Oktobers 1991 arbeitet die adoptierte Bauchspeicheldrüse unermüdlich, stetig, klaglos, stur, als wäre sie schon immer für meinen Stoffwechsel zuständig und ich nie eine Diabetikerin gewesen.

„Grenzerfahrung" habe ich mein Buch über meine Transplantation genannt, und „Adoptiert: Das fremde Organ" im Untertitel präzisiert. Das war diese Übertragung von Niere und Bauchspeicheldrüse: eine Grenzerfahrung im wörtlichen Sinne. In der Nacht vom 25. auf den 26. Oktober 1991 ging eine

Existenz in die andere über, und zwei Menschen wanderten über die eigenen Lebensgrenzen hinaus.

Er spricht mir aus der Seele.

Er schaut mir aus den Augen. Er steckt mir im Kopf. Er liegt mir im Blut, im Magen, in den Haaren. Er bleibt mir auf den Fersen wie ein Überbein …

Mein Schweiß sein Schweiß … Meine Sorge, mein Stich in der Leiste, mein Stachel im Fleisch. Er geht mir durch Mark und Bein, wenn ich schreie. Mein Alptraum, meine Angst, mein ungeheurer Gedanke und meine fixe Idee.

„Das ist nicht dein Stil!", würde eine Literaturkritikerin mich ermahnen. Sie würde den Kopf schütteln. „Seit wann erlaubst du dir Pathos? Seit wann verwechselst du Lyrik mit Prosa und kehrst jeden ironischen Anflug unter den Tisch?"

Ich kann nicht anders. Ich muss so ungebrochen über das Zusammensein mit meinen adoptierten Organen schreiben. Ich rede sie immer noch mit dem „Du" an, das sie zur Person macht. Niere und Pankreas und mein Spender – alles ist „Du", alles ist lebendig, spürbar, durchblutet, geatmet. Die Lebensreste eines unbekannten Fremden sind nicht mit ihrem ehemaligen Besitzer ins Grab gesunken, sie sind kein „Ersatzteil".

„Die Fantasien von Organempfängern sind von Medizinern nicht nachvollziehbar", sagte mir mein alter Bekannter, der Internist des Unnaer Hospitals. Für ihn stand außer Zweifel, dass solche Fantasien irreal waren. Falsch sind sie dennoch nicht. Eine nüchterne, weniger poetische Sprache würde der Grenzerfahrung nicht gerecht, eine weniger ausartende Fantasie könnte nicht erfassen, welche Dimensionen dieses Erlebnis berührte. Von den seltsamen Träumen in den ersten Nächten unserer Begegnung bis zu den Dialogen mit einem fremden Toten, die mir meinen Spender noch heute zu dem intimsten Vertrauten meines Lebens machen. *Sein Knabengeruch, wenn er aus meinen Poren steigt.*

Es geht nicht lapidar. Alles ist geschrieben, aber nichts ist je abgehakt: das selige Gefühl, ein Rieseln, ein warmes, schweres Pochen, das die Niere mir in den ersten Jahren in die Handflächen pulsierte, sobald ich ihre Kontur auf meinem Bauch abtastete. *Seine* Signale. Immer wieder habe ich meine Fingerkuppen über ihre Ränder geschickt und sie fühlen lassen: meine Haut, seine, meines Spenders Haut.

Um meine Adoptivorgane nicht aus meinem System zu stoßen, habe ich mich mit Medikamenten anfreunden müssen; täglich drei Dutzend Tabletten, schluckschluckschluck, an jeder Andeutung von Ekel vorbei in den Magen, in mein, in sein Blut. *Das* ist die nüchterne, medizinische Seite der Wahrheit über die Grenzerfahrung. Wer hätte versprochen, dass Heilmittel süß schmecken? Sie schmecken bitter, aber sie bewahren meine Organe und mich vor einer vorzeitigen Scheidung. Wann immer anfangs ein Schlauberger den dummen Spruch fallen ließ, das könne doch nicht gesund sein, das Kortison, das Gift aus asiatischen Pilzen, die Magenpillen, dieser hochprozentige Cocktail müsse doch Spätfolgen haben, Knochenschäden, Fettansatz in der Bauchgegend ..., bin ich aus meiner geretteten Haut gefahren. Was hatten diese Besserwisser für eine Ahnung von meinem, seinem Leben, für das ich verantwortlich war? „Ohne die Medikamente wären meine Organe und ich längst tot. So viel zu den Spätfolgen."

Still. Ich muss längst nicht mehr aus meiner geretteten Haut fahren. Die dummen Sprüche der Schlauberger prallen von mir, von ihm, von uns ab. Fast zwanzig Jahre, die wir inzwischen verbunden sind, geben unserer Haltung recht. Heute lache ich meine Kommentare nur noch in mich hinein. Mein Lachen, sein Lachen. Lachen aus einem verschmolzenen, einem einzigen Gesicht.

Die Zeit direkt nach der Transplantation war nicht das Zuckerschlecken, das ich mir vorher als Inbegriff des Paradieses vorgestellt hatte. Auch darüber habe ich in „Adoptiert" geschrieben: die Brutalität, die sich zwischen Patientinnen auf einem Viererzimmer entwickeln kann, wenn die Patientinnen wochenlang nur sich selbst und das Krankenhauspersonal zu sehen bekommen. Der Neid der anderen Transplantierten, die nicht wie ich sofort essen und trinken durften, soviel sie wollten. „Du kriegst den Zucker jetzt eben in den Arsch geblasen!" Ich schrieb mir diese Vorwürfe von der Seele, ebenso wie die burschikose Art meines Transplanteurs, die ich als Begleitsymptom seiner handwerklichen Perfektion zu würdigen lernte. Auch dieser und jener Mitpatientin musste ich ein gedrucktes Denkmal setzen: einer Psychologiestudentin, die süchtig nach Wassertabletten war, einer sechzigjährigen Dame, die kurz nach der Transplantation nach ihrer „Mama" rief, bevor man sie aus unserem Zimmer schob. So viele Gefährten, Gefährtinnen sind inzwischen tot. Irgendwann tauchen sie in der ambulanten Sprechstunde nicht mehr auf, und wenn ich endlich den Mut finde, eine Schwester zu fragen, was eigentlich mit X und Y los sei, wenn die Schwester dann schweigt oder wenn sie sich wegdreht, um eine Träne herunterzuschlucken, erkenne ich das Signal. Wieder einer weniger. Der tanzende Turnschuhträger hat wieder einen von uns aufgefordert, den Ballsaal an seiner knochigen Hand zu verlassen.

Um Mitternacht rollten sie unsere Gefährtin aus dem Zimmer. Herr Tod füllte ihren Platz aus, indem er sich unaufhörlich im Raum verbreiterte. Sein übergewichtiges Atmen. Ein Reißen, als sprängen die Nähte seiner Jeans auseinander. Seine Durchsichtigkeit, sein Unsichtbarwerden. Dann kicherte er kurz, schüttelte sich und war verschwunden. Das Kichern flog für Sekunden von Zimmerecke zu Zimmerecke, ehe es den Ausgang fand. Die Tür zum Flur schwang ganz leicht, ganz behutsam in ihren Angeln.

Habe ich je zugegeben, dass es mir recht war, wenn Herr Tod einen anderen Kandidaten auswählte als mich? Habe ich mir je eingestanden, dass jede Mitpatientin, die eines Tages nicht mehr mit den anderen im Wartezimmer saß, weil Herr Tod den Krebs oder die Sepsis oder eine Lungenentzündung oder-oder mitgebracht hatte, mir aus dem Totenreich zuzuflüstern schien, dass es mich, ausgerechnet mich, noch lange nicht treffen würde?

Zeitweise wurde ich psychotisch. Auch das habe ich nie eingestanden, obwohl es mir seit Jahren klar ist. Hochdosierte Medikamente wie Kortison, die das Immunsystem der frisch Operierten lahmlegen, können Wahnvorstellungen produzieren. Vielleicht waren es auch gar nicht die Tabletten, sondern unbewusste Schuldgefühle. Womit hatte ich einen reibungslosen Transplantationsverlauf verdient? Ich war es nicht gewohnt, das Glück einfach als Geschenk einzustecken. Ich hatte diese Art absoluter „Ungerechtigkeit" des Schicksals, das mich begünstigte – warum mich? – noch nicht zu akzeptieren gelernt.

Zwei oder drei Wochen nach der Übertragung von Niere und Bauchspeicheldrüse eines anderen, wildfremden Menschen richtete der ungeheure Eingriff in meinem Kopf jedenfalls einen Schaden an. Plötzlich redete die Patientin mit der literweise sprudelnden Niere laut mit sich selbst. Die Vorzeige-Transplantierte mit den perfekten Zuckerwerten behauptete, ja sie brüllte über die Station, dass es ihr doch verdammt gut gehe und dass sie kein Recht habe, ha, keinerlei Recht, sich zu beschweren. Nein, sie habe keine Schmerzen. Nein, sie könne nicht sagen, dass sie sich schlecht fühle, denn ihre Werte seien die besten, die beneidenswertesten Werte weit und breit und über aller Krankenbetten hinweg. Haha, haha! Dass sie nicht lachelachelache.

Der Chirurg schüttelte den Kopf. Zu meinem 32. Geburtstag hatte er mir eine Tafel Schokolade mitgebracht, aber ich hatte nicht gewagt sie anzubrechen. Er nahm sie von meinem Nachtschrank, brach einen Riegel ab, steckte ihn mir in den Mund. Aber ich mochte nichts Süßes mehr. Seit mir das Zuckerparadies nicht mehr versperrt wurde, zog ich deftige und saure Genüsse vor.

„Sie müssen mit mir reden!", ermahnte mich mein Lebensretter. „Sie müssen mir sagen, wo es wehtut." Seine Chirurgenhände grabschten auf meinem Bauch herum und brachten den Bereich um den Nabel zum Federn. „Alles weich, alles wunderbar. Was haben Sie denn nur?"

„Mir geht es gut. Es *muss* mir doch gut gehen, oder?"

Ich weiß nicht mehr, wie lange die Phase anhielt und durch welche Maßnahmen meine Seele wieder ins Lot kam. Vielleicht wurden mir kleine, bunte Helfer verabreicht, die ich in meiner Tablettenschachtel nicht bemerkte. Oder flossen sie über den Infusionsschlauch in mein Blut und meine Gehirnzellen? Eines Morgens hörten die lauten Selbstgespräche auf. Sie ließen sich sogar beinahe restlos aus meinem Erinnerungsvermögen in eines der hintersten Hinterstübchen schieben, die ich nur mit Scham und äußerst ungern öffne.

Sein Knabengeruch, wenn er aus meinen Poren steigt. Wann ich erfuhr, dass ich die frischen, geradezu blühenden Lebensreste eines vierzehnjährigen Jungen in mir trage, weiß ich ebenfalls nicht mehr. Es mag etwa vier, fünf Wochen nach der Übertragung gewesen sein. Mein Transplanteur bezeichnete sie als „jugendliche Organe", um das Ungestüm zu erklären, mit dem die Knabenniere immer noch vier, fünf Liter Wasser pro Tag in meinen Katheterbeutel absonderte. Später las mir jemand aus dem OP-Bericht vor: vierzehnjähriger Spender, männlich. *Ein Junge. Ein Kind.*

Es stimmte also. Seine Organe waren ausgewachsen gewesen, als mein Lebensretter sie aus ihrem vertrauten Gewebe schnitt. Aber der Knabe, dessen Niere in mir wütete wie eine Wilde, war mit seinen zarten vierzehn noch lange nicht erwachsen gewesen. Als er – wie auch immer – starb, hatte er wahrscheinlich noch nie im Leben von Organspenden, von Dialysen gehört, vom Kreuzblut. Er hatte wohl nicht mal seine Blutgruppe gekannt, seinen Rhesusfaktor, seine Gewebemerkmale, die ihn zu meinem idealen Partner machten, noch bevor er starb.

Ein Kind also. Wenn das keine Ironie war. Oder Schicksal?

Es hatte ein Kind getroffen, einen Jungen wie meinen Bruder, einen Sohn – mit einer Mutter, die kein kategorisches Nein, sondern Ja zu der ungeheuerlichen Forderung gesagt hatte, seine Nieren und seine Bauchspeicheldrüse jemand anderem einzunähen. Mit einer Mutter, die dem Arzt, der sie um Zustimmung bat, nicht die Augen ausgekratzt hatte.

Ich spürte einen deutlichen Schock. Als Hauptdarstellerin in einem Fernsehdrama über die labyrinthischen Wege des Schicksals einer Organempfängerin wäre mir schlecht geworden, und augenblicklich hätte mein System mit der Abstoßung begonnen. Keinen Zuschauer hätte diese Reaktion gewundert, und alle hätten sich ausmalen können, dass sich im Gewissen der Organempfängerin ein neues Schlachtfeld öffnete. Wie ließ sich unter solchen Umständen noch ein Happy End konstruieren?

Ja, es war ein Schock, doch es war auch eine Freude. Es hatte so und nicht anders kommen müssen, so und nicht anders. Ich hatte immer gespürt, dass „meine" neuen Einwohner männlich waren. Auch das konnte einfach nicht anders sein. Mit den männlichen Teilen in meinem Organismus war ich ganz und gar im Reinen. Anderen Transplantierten macht der „Geschlechtermix" im Leib Probleme, an allen „vernünftigen" Argumenten von Medizinern vorbei. Meistens richten sich die Vorbehalte von Frauen gegen das Männerherz, mit dem sie nicht leben können, die von Männern gegen die „Weiberpumpe", die sie nicht in ihrem Brustkorb schlagen fühlen wollen. Aber auch solche Sätze habe ich schon gehört: „Eine Männerniere? Pfui Teufel!"

Es ist aber keine Männer- sondern eine Knabenniere, und in meinem Frauenbauch ist sie erwachsen geworden. Ich habe immer zärtlich von meinen Organen gedacht. Ich habe sie „Engelchen und Teufelchen" genannt; die brave Niere hat durchgehend Engel-Charakter bewiesen, die Bauchspeicheldrüse, die aggressive Säfte produziert, zeigt sich gelegentlich teuflisch. Aber ich liebe sie beide. Ich würde die Transplantate nie „Dinger“, „Teile“ oder ähnlich entseelt nennen. Sie haben meine Blutgruppe. Hatte auch mein Bruder meine Blutgruppe? Ist es nicht seine Botschaft, die mir die Knabenniere in meine Handflächen pocht? „Jetzt ist es gut.“ Als sei der nie richtig Betrauerte zu mir zurückgekehrt. Ist es nicht Christians „Du“, das ich mit meinem Spender verbinde, und ist das eine legitime Assoziation oder eine Verrücktheit? „Die Fantasien von Organempfängern sind nicht nachvollziehbar.“ Aber falsch sind sie nicht.

TEIL III: ZURÜCK NACH VORN

KAPITEL 1
VERSÖHNUNGSARBEIT

Meine ersten Memoiren hatte ich mit achtzehn verfasst. Ich benötigte etwa vier bis sechs Wochen pro Version, um den Schatz meiner Lebenserfahrungen auszuschöpfen und meinen Schmerz aus verschütteten Seelentiefen aufs Papier zu zerren. Mit meinem erschütternden Zeugnis von einer erschütternden Liebe, so dachte ich, sei alles gesagt, was ein erschütterter Mensch über Erschütterungen sagen kann. Mehr noch: Ich war überzeugt, nichts Tragischeres mehr erleben zu können. Dass ich das Drama überhaupt überlebt hatte, lag daran, dass ich es stilisiert und in schlaflosen Nächten in die Tasten meiner Schreibmaschine gehämmert hatte. Jedes getippte Wort, jeder Punkt, jedes Ausrufungszeichen ersetzte den Schuss in die Schläfen.

In Wirklichkeit war ich schon damals nicht mutig genug. Zwölf Jahre später wäre der Suizid ohne jeglichen Aufwand machbar gewesen. Den Selbstmord einer frisch erblindeten, an der Dialyse verdurstenden Frau hätten sogar viele Menschen in meiner Umgebung besser verstanden als den Selbstmord eines Teenagers aus Liebeskummer. Wieder reichten weder Entschlossenheit noch Mut, um meine Insulinspritze drei- bis viermal bis zum Anschlag aufzuziehen, und mir die tödliche Überdosis des Hormons unter die Bauchhaut zu drücken, dieses verteufelten Hormons, das mein Körper seit so vielen Jahren nicht mehr herstellen wollte. Meinen theologischen Überzeugungen nach waren auch die behinderten, ja die gescheiterten Leben lebenswert. Aber hier, im Angesicht des eigenen Versagens, zog mich keine ethische Wahrheit mehr aus dem Dreck.

Ich habe jedes Mal, wenn ich meinte, sterben zu wollen, auch an meine Eltern gedacht. „Der Sohn ist verunglückt, die Tochter hat sich umgebracht." Dieses Gerede hätten sie nicht ausgehalten. Außerdem rechnete ich sowohl mit achtzehn als auch mit dreißig sehr ernsthaft damit, dass ich sowieso nicht mehr lange zu leben haben würde. Seit mein Bruder gestorben war – neun Tage nach seinem neunten Geburtstag – spielte ich mit Todesahnungen. Erst rechnete ich mir den 11. Tag nach meinem 11. Geburtstag als den letzten meiner Tage aus. Nachdem ich am Morgen des 12. Tages in die Banalität des Überlebens erwacht war, verdoppelte mein Kindskopf die Frist, die ich mir zugestand. Jahrelang glaubte ich, nicht älter als 22 zu werden. Warum dann mit achtzehn das Gehirn aus seiner Schale schießen? Warum mit dreißig an einer Überdosis eines Hormons sterben, dessen andauernder Mangel mir sowieso keine zwei Jahre mehr erlaubte?

Die scheinbar so pragmatische Frage entließ mich aus der endgültigen Verantwortung für mein Leben. Sie nahm mir aber auch die Entscheidung *gegen* mein Leben aus der Hand. Seit dem 26. Oktober 1991, als ein Toter sich für mich und mein Überleben entschieden hatte, konnte ich nicht mehr so skrupellos dem Gedanken Raum geben, mein Leben wegzuwerfen. Es war ein gerettetes Leben, und der Preis für die Rettung war hoch gewesen. Ich hatte plötzlich Verantwortung für zwei. In mir, mit mir lebte etwas von einem fremden Jungen. Ich musste die Lebensreste des Anderen in mir wachsen und reifen lassen, ich hielt sie in meinem Bauch warm und schützte sie in einer Speckschicht vor Stößen, ich hegte und pflegte und überwachte sie wie ein Kind, ich rettete nicht nur mich, sondern ich rettete mit jeder Tablette, die eine Abstoßung der Transplantate verhindern sollte, ein fremdes, mir in die Hand gegebenes, mir anvertrautes, mir ausgeliefertes und zugemutetes Leben. Selbstmord wäre Mord.

Es wurde Zeit für den zweiten Anlauf zu meinen Memoiren. Mit der Verfasserin der ersten Erinnerungen hatte ich achtzehn identische, vergangene Jahre, aber sonst nicht viel gemeinsam; jedenfalls bildete ich mir das ein. Eines nur teilte ich mit ihr: das Gefühl, dass mir keine größere Erschütterung mehr passieren konnte.

Manchmal liege ich nach dem Aufwachen ein paar Minuten auf dem Rücken und fahre meine Antennen nach innen aus. Wie alle Blinden erlebe ich die Klänge des eigenen Körpers als eine fein abgestimmte, sorgsam komponierte Symphonie. Das Streichorchester des Blutstroms schwillt zum Rauschen an, ein einsamer Trommler gibt sich Mühe, im Takt zu bleiben. Das Musikstück donnert durch den lärmisolierten Festsaal unter meiner Haut. Einzelne, sehr hohe, sehr süße Töne schaffen es bis durch die Pore. Ich spüre mich und meine Gänsehaut. Ich fühle mich, von der Zungenspitze bis in die Leiste.

Diese empathische Haltung gegenüber jeder Körperzelle war nicht von Anfang an entwickelt. Solange ich sehen konnte, entschied der Blick in den Spiegel über mein Befinden. Meistens war die Entscheidung ablehnend. Ich mochte nicht, wie ich aussah. Mein Quadratgesicht, meine fehlende Taille: Ich mochte mich nicht, konnte mich nicht riechen, merkte nicht, wenn ich mir einen Dorn in die Ferse stach. Ich war abhängig von einem Körper, den ich am liebsten links liegen ließ, als hätte ich aus dem eigenen Kreislauf, den Nervenbahnen und Verdauungsprozessen aussteigen können wie aus einer Straßenbahn. „Dann eben keine Insulinspritze heute!" So bestrafte ich meine Bedürftigkeit.

Heute bin ich gern Körper und verwundbar, empfindlich, defekt und reparaturbedürftig. Etwas kokett bezeichne ich mich als ein „Montagsmodell". Aber das Montagsmodell gehört zu einer Serie von Sonderanfertigungen. Diese Sondermodelle sind mit einem Nerv ausgestattet, der die Signale von Gefühlen, die von den meisten Menschen als Schmerz empfunden werden, unter umgekehrten Vorzeichen meldet. Sehnsucht ist solch ein Gefühl. Eigentlich tut Sehnsucht weh. Aber ich kann mich an meinen Sehnsüchten weiden wie an Wohltaten. Ich sehne mich, das heißt unmissverständlich: Ich lebe.

Die Versöhnung mit mir selbst glich einem Zusammenraufen. Am Anfang überwogen die Wundschmerzen. Sie meldeten sich nach der bitterbösen, beleidigten Kritik meines Transplanteurs. „Ich finde das unmöglich!“, kommentierte er einen Artikel von mir, der in einer auflagenstarken Sonntagszeitung erschien und auf den ich stolz war. Ich war stolz auf meine Offenheit. Heute kann ich nachvollziehen, warum die Stimme einer von seiner Chirurgenhand geretteten Patientin, die die wenig beglückenden Begleiterscheinungen ihrer Rettung lauthals publik machte, an seinem ärztlichen Stolz knabberte. Mein Erfahrungsbericht machte ihn so wütend, dass er sich zu dem unvorsichtigen Geständnis hinreißen ließ: Wenn er vorher gewusst hätte, was ich über die Operation schreiben würde, hätte er mich am liebsten gar nicht transplantiert. Ich war schockiert. Mein Lebensretter fand, dass ich das Geschenk, das ich erhalten hatte, nicht verdiente, weil ich es seiner Meinung nach mit Füßen trat.

War ich undankbar, weil ich nicht verschweigen konnte, wie schwer eine Transplantations-Kandidatin an dem ungeheuren Eingriff und Übergriff trug, vorher, während und nach der Operation? War ich ungerecht, wenn ich dem Stab der Mediziner und Pflegerinnen die Sachlichkeit vorwarf, mit der sie uns, die unsachlich Fühlenden, behandelten? Offensichtlich konnte ich von keinem Lebensretter erwarten, dass auch er um den Toten, den er für seine Rettungsaktion gebraucht hatte, trauerte.

Der Vorwurf der Undankbarkeit traf mich einige Wochen später noch einmal, nachdem ich einen Vortrag zum Thema „Erfahrungen mit der Organspende“ gehalten hatte. Gerade als Gerettete sah ich mich außerstande, mein Thema als Werbeveranstaltung für die Organspende aufzubereiten. Vielmehr bezeichnete ich sie als das Mittel der letzten Wahl und hielt mit den Nebenwirkungen, Folgeschäden und Kontra-Indikationen nicht hinter den Berg. Ich genoss es, die Münder der Zuhörer sperrangelweit offen zu wissen, wenn ich von ungefähr dreißig Pillen sprach, die ich täglich zu verdauen hatte; von wöchentlichen Blutentnahmen und Ultraschallkontrollen, lebenslanger Anbindung an die Klinik, von den Gefahren einer Infektion, einer Abstoßung, einer Sepsis, Gefahrgefahrgefahr.

Zu meinem Publikum gehörten die Eltern eines jungen Mannes, der in derselben Klinik und von demselben Operateur behandelt worden war wie ich. Kürzlich hatte er zum dritten Mal eine Spenderniere eingepflanzt bekommen. Das Transplantat war „wieder nicht angesprungen", wie wir es in unserem Fachjargon nannten. Die Niere hatte zwei, drei Stunden gearbeitet. Dann versagte sie. Nach ein paar Tagen musste das Organ aus dem Bauch seines Empfängers entfernt werden. Der junge Mann war niedergeschlagen und ohne Hoffnung in seine Dialysestation zurückgekehrt. Transplantation unmöglich, Fall zu den Akten gelegt. Seine kurze Geschichte der Transplantation gehörte zu denen, die in keiner Statistik veröffentlicht wurden.

Inzwischen war dieser Mensch gestorben. „Woran genau, wollten wir gar nicht mehr wissen." Seine Eltern hatten ihn tot in seinem Bett gefunden und sich „nach so vielen vergeblichen Operationen" nicht entschließen können, seinen geschundenen Körper obduzieren zu lassen. Und ich? Ich trank pausenlos Mineralwasser aus einer Flasche, hielt mein von Kortison aufgeblähtes Kuchengesicht in ein Publikum und klagte den Naivchen, wie mühsam sich das Überleben von Organempfängern gestaltete. Konnten die Eltern des jungen Mannes anders reagieren als mit der Bemerkung, sie fänden diese Einstellung undankbar?

Ich war nicht undankbar. Aber die Art, meinen Dank auszudrücken, provozierte dieses Missverständnis. Es war ein freudloser Dank. Wenn ich über meine Transplantation nachdachte, drängte sich das „Nein!" meiner eigenen Mutter immer noch in den Vordergrund und beanspruchte seine Rechte. Ich schaute mir meinen eigenen Spender aus den Augen seiner und Christians Mutter an, und ich erlitt jedes Mal den Tod eines Kindes, bevor sich die wangenrote, bewegliche, alles trinkende, alles essende Susanne vor mein inneres Auge stellte.

„Grenzgang“ nannte ich mein erstes Hörspiel, das die Zerrissenheit von Organempfängern in Bilder fasste, harte Bilder, die nicht leicht zu verkraften waren. Ein Mann an der Dialyse, ein anderer Mann mit einem fremden Herzen in der Brust, eine Frau vor dem Bett ihres Kindes: *Sie sagen, mein Sohn sei tot.* In der nächsten Szene träumt der Herzempfänger vom Anblick seines weit aufgeklammerten, herzentleerten Brustkorbs. Er fragt sich, in welchem Klinikmüll sein eigener, schlaffer Muskel entsorgt wurde.

Grenzgang: die Dilemmata der Transplantationsmedizin. Alle Protagonisten sind Profiteure und Opfer der Möglichkeit, ein Leben auf Kosten eines anderen zu retten, eine Hoffnung auf Unversehrbarkeit zu schüren und preiszugeben. Alle Rollen stehen nebeneinander und plädieren für ihr Recht. Alle sagen ihre ureigene Wahrheit, die die Wahrheit der anderen Lügen straft.

In meinem nächsten Artikel zur Transplantation argumentierte ich als Organempfängerin, die den theologischen Gegnern dieser „Grenzüberschreitung“ die These vor die Nase setzte, kaum eine medizinische Ungeheuerlichkeit konkretisiere besser als die Organspende das Ja Gottes zum schuldig gewordenen Menschen. Niemand habe einen Anspruch darauf, durch das Eigentum eines anderen Menschen gerettet zu werden. Aber dürfen Organe nicht einem neuen Besitzer anvertraut sein, einem, der sie gut pflegt? Wer dieses Zeichen äußerster, intimster Zuwendung nicht annehme, der weise Gottes Großherzigkeit kleinlich zurück, behauptete ich – und fühlte mich gut mit der These.

Die Theologin in mir war zurück. Aber sie hatte sich ein blaues Auge eingehandelt und maß alle theologischen Richtigkeiten an der Elle eigener Erlebnisse. Nur das, was erfahrbar war, verdiente den Ehrennamen „Wahrheit“. Bei der Organspende ging es um etwas ganz Fundamentales: Um Gottes eigenes Gesicht ging es, und ob ich es mir streng und stirnrunzelnd vorstellen wollte oder mit lauter Lachfältchen. Mir hatte es sich freundlich gezeigt, wenn auch mit einigen ironischen Kniffen. Deshalb wurde Organspende für mich zu einem Beispiel für alle Erfahrungen, die mein alter Freund Paulus unter dem Begriff „Rechtfertigung“ zusammengefasst hatte. „Aus Gnade allein.“

Eines Tages fiel dann die Idee der „Symbiose“ von einem einsichtigen Himmel und klebte meine Zerrissenheiten zu einem Ganzen, in dem die Brüche spürbar blieben, ohne wehzutun. „Symbiose“ von Empfängerin und Spender in einem verwandelten, neuen Leben: Unter diesem Vorzeichen wurde das schwergewichtige Geschenk federleicht. Mein schlechtes Gewissen löste sich auf, alle Skrupel verschwanden. Nein, ich hatte mir nichts unter den Nagel gerissen! Die Existenz mit einem gespendeten Organ war keine Vereinnahmung. Sie war eine ganz besondere Kommunikation, ein beispielloser Austausch, in dem beide Partner zu geben und zu nehmen übten.

Im Hörspiel wurde eine Liebesgeschichte aus der „Symbiose“. Eine personifizierte Niere, männlich, beobachtet ihre Empfängerin: *Welch eine Verwandlung! In den Sekunden ihrer eitlen Neugier verteile ich meinen Schatten über ihre Gestalt. Ich ströme in ihr Gegenbild, bis sie errötet. Ich mache mich im Widerschein kenntlich: Der Zweite, das Fremde im Fenster bin ich.* Von diesem ersten Versuch, eine Sprache für meine „Grenzerfahrung“ zu finden, war der Weg zu dem poetischen Ausbau des Bildes vom „Fremden im Spiegel“ nicht mehr weit. Indem ich an der neuen Sprache herumfeilte, die ich gefunden hatte, balancierte ich alle Widersprüchlichkeiten meiner Biografie ins Gleichgewicht.

Er schaut mir aus den Augen. Er steckt mir im Kopf. Er liegt mir im Blut, im Magen, in den Haaren. Er bleibt mir auf den Fersen wie ein Überbein …

Aber wer war „er“, dieser Fremde, der mir aus meinen Poren jeden Morgen in die Nase stieg? Wer … *geht mir durch Mark und Bein, wenn ich schreie.* Wer bleibt mein *Alptraum, meine Angst, mein ungeheurer Gedanke und meine fixe Idee.*

In der ersten Hälfte der 1990er Jahre habe ich an die fünfzig Vorträge über „Transplantation als Grenzerfahrung“ bzw. meine persönlichen „Erfahrungen mit der Organspende“ gehalten. Jeder dieser Vorträge schloss mit drei Minuten Vorführung aus dem Hörspiel „Grenzgang“ und dem Nein einer Spender-Mutter zur Organentnahme. Wenige Male spielte ich meinen Zuhörerinnen auch die Passagen aus den „Symbiose“-Stücken vor, und nur zwei, drei Male gab ich das Geheimnis preis, dass der Junge, der mir aus den blinden Augen schaut, in meiner Fantasie mit meinem toten Bruder identisch geworden ist.

„Davon will ich gar nichts wissen!“ Meine Schulfreundin Ulla wollte weder mein Transplantationsbuch lesen noch über meine neue, symbiotische Existenz mit mir sprechen; ein Schlag ins Gesicht. Jedes Mal, wenn sie aus Frankreich zu Besuch in ihre alte Heimat kam, wollte sie eine Susanne treffen, mit der sie Erinnerungen an Klassenfahrten und Schulfreunde austauschen konnte. Nur diese Susanne von früher, die Freundin von eh und je, passte ins Dorf- und Kleinstadtleben, zu Posaunenchor und Krippenspiel, mit dem sie sich ein paar Tage von ihrer französischen Wahlheimat abgrenzen konnte. Die andere Susanne mit ihrem Fremden im Bauch war ihr nicht mehr geheuer.

„Davon will ich nichts wissen!“

Ullas Kopfschütteln war der Anfang vom Ende unserer Freundschaft. Der Rest bestand nur noch aus Missverständnissen, bis sich – endlich? – der Bruch einstellte, vor dem ich mich viel zu lange gefürchtet hatte. Schon kurz nach meiner Transplantation hätte ich mir eingestehen müssen, dass Ulla das Interesse an mir verloren hatte. Sie war jenseits einer Grenze stehengeblieben, hinter die ich nicht zurückwollte.

Ulla ging nicht mit in mein neues Leben. Sie wollte nicht mich, sondern eine unglückliche Susanne als Freundin behalten; die unreife und todessehnsüchtige Susanne, die ihren Liebeskummer mit ihr durchgekaut und sich daran verschluckt hatte, die ihr sogar ihre ersten Memoiren zu lesen gegeben hatte. Was zwischen den Zeilen stand, hatte Ulla schon damals nicht verstanden.

Eines Tages suchte sie sich das Skript hervor – „dein Jugendwerk!" –, diese ersten Herzensergüsse. Mein eigenes Exemplar hatte ich irgendwann vernichtet, weil ich mich dieses Produkts aus meiner Vergangenheit schämte. Ulla las den ganzen Text auf Kassette auf, und zwar mit deutlichem Vergnügen, wie man der Aufnahme anhörte. „Dein Jugendwerk" wurde ihr nächstes Geburtstagsgeschenk für eine Susanne, die es nicht mehr gab. „Freut dich das etwa gar nicht?"

Ich wusste nicht, was ich antworten sollte. „Den alten Mist liest du gern, aber *Adoptiert* schlägst du erst gar nicht auf!", hätte ich gern gesagt. Stattdessen bedankte ich mich und ließ die Kassette in der hintersten, linken Ecke meines Archivs verschwinden. Mein Jugendwerk. Mein Irrtum über die „beste Freundin".

Nur wenige Menschen in meinem Umkreis haben erfasst, wie tief die Transplantation mich umkrempelte. Nicht, dass ich es zu selten beschrieben hätte; aber wenn ich mit euphorischen Vokabeln von Erlebnissen redete, die alle schrecklich fanden, traf ich nicht den richtigen Ton. Zum Beispiel bestand ich darauf, dass ich die Spende keinesfalls „verdient" hatte, und lachte auch noch! Wie konnte ich etwas ungerecht Empfangenes einfach so hinnehmen und so tun, als freute es mich?

Die meisten Verwandten und Freunde nahmen meine Rettung als Sprung von der Schaufel des Totengräbers, vergaßen dann aber schnell den hohen Preis, den diese Auferstehung gefordert hatte. „Toll! Dass du trotz der Nackenschläge weitermachst!" Ich machte nicht einfach weiter! Wie hätte ich nach solch einer Vollbremsung auf der alten Rennbahn weiterlaufen können? „Bewundernswert, dass du dich nicht unterkriegen lässt." Doch, ich hatte mich unterkriegen lassen. Endlich, endlich! Merkte das niemand? Begriff denn nicht mal mein Doktor Lebensretter, dass ich keine „Kämpfernatur" war, wie er mir immer wieder unterstellte, sondern nur eine gute Verliererin?

Wie gesagt: Ulla blieb nicht die Einzige, die nichts von Kreuzigungen und Blutwäschen, von Durstfolter und Auferstehung in ein symbiotisches Leben lesen wollte. „Adoptiert" brauchte Jahre, bis es einen Verlag fand. Es erschien erst 1999 und wurde kein Bestseller. Zum Glück tauchten immer wieder Leserinnen, vor allem aber Journalisten auf, die den Titel lobten. Ich bekam ein paar Anrufe, erläuterte meine Erfahrungen vor Radiomikrofonen und machte Probeaufnahmen vor einer Filmkamera. Aber den meisten Zuschauern war die Vorstellung, dass mir ein Fremder aus den Augen schaute, unheimlich. Redakteure wollten niemandem diesen „harten Stoff" zumuten. Mitpatienten nahmen Abstand. Gerade die, die selbst in einer fatalen Verbindung zu fremdem Fleisch standen, fanden diese überempathische Sichtweise belastend, befremdlich. Rezensentinnen wussten nicht, ob sie das Buch wegen medizinischer Unkenntnis oder literarischer Mängel kritisieren sollten. Alle wünschen sich heute noch ein eindeutigeres Ja, ein entschiedeneres Nein zum Transplantationsthema. Sie erwarten eine säuberliche Trennung von harten Fakten und poetischen Bildern, von medizinischer Routine und ethischem Prüfstand. Vor allem kommen die wenigsten Leute mit meinem beglückenden Unglück zurecht. Ich gebe mir alle Mühe, die gute Laune des Fremden, der sich immer noch wohlfühlt in meinem Bauch, in meinem Gesicht aufstrahlen zu lassen. Aber die Aufmerksamkeit des Gegenübers heftet sich auf meine Brille und beißt sich daran fest. Diese Brille macht den, der aus meinen Augen schaut, blind wie mich selbst, und das heißt für die anderen: unglücklich. Die Brille, obwohl sie keine schwarzen Gläser hat, lenkt von dem Wunder der Symbiose mit meinem Spender zu dem nebensächlichen Umstand ab, dass kein chirurgisches Wunder mein Augenlicht rettete. „Was hat sie jetzt von ihrer Rettung? Wo sie doch blind ist?"

Was man sieht, wenn man nichts sieht, möchten wenige Menschen ausprobieren. Ute gehörte zu diesen seltenen Exemplaren, denen Blindheit nicht von vornherein Angst machte. Sie war neugierig. Eines Tages überreichte sie mir eine selbst gebastelte Brille aus schwarzer Pappe. Licht fand keinen Durchgang zum Auge, nicht mal an den eigens abgedichteten Rändern des Rahmens. Die Idee: Ute wollte sich mit dieser Blindenbrille für 24 Stunden ins Abenteuer des Nichtsehens stürzen, ich sollte Führerin, Begleiterin und Trösterin auf dieser Reise durch meine Welt sein. „Leihst du mir deinen Blindenstock?"

Da ich den langen, weißen Stab so gut wie nie benutze, überließ ich ihn Ute mit Vergnügen.

Meine Haushälterin führte nun nicht nur eine, sondern gleich zwei blinde Frauen zur besten Pizzeria der Stadt. Die eine hakte sich bei ihr unter wie immer, die zweite versuchte uns pendelnd und kratzend zu folgen. Ich wendete eine Taktik an, mit der Marina mich schon oft durch Strandbäder und Hotel-Pools geleitet hatte: „Piep, piep piep!" So führte die Entenmutter ihr Junges durch die Straßen. Wir krähten und jauchzten wie die Irren. Als meine Haushälterin uns im Restaurant abgeliefert hatte und Feierabend machte, wurden wir stiller. Ich war gewohnt, dass meine jeweilige Begleitung mir die Speisekarten vorlas. Zwei Blinde ohne Begleitung mussten sich auf den Kellner verlassen, der sich irritiert durch die übergroße Auswahl arbeitete. Nach der Bombardierung mit vielleicht zwanzig Gerichten musste Ute zugeben, dass sie kein einziges mehr im Gedächtnis hatte. Die Technik, sich gezielt nur solche Speisen einzuprägen, die beim ersten Hören sympathisch klangen, hatte sie noch nie geübt.

„Salat mit Hähnchenbrust", bestellte ich. Es würde einfach zu essen, da mit der Gabel aufzuspießen sein. Ute wollte lieber etwas Überbackenes. Dann kam das Essen, und meine Freundin ging in der heißen Auflaufform verloren. Käsefäden schlangen sich wie brüchige Lianen von den Nudeln über die weich gesottenen Beilagen und das Fleisch zu einer klebrigen Gabel, die die heißen Bissen auf die Brust oder das Tischtuch kippte, bevor der Mund zuschnappen konnte.

„Anstrengend!" Die Versuchsblinde kapitulierte nach wenigen Bissen und hielt sich an die Pizzabrötchen, weil die sich widerstandslos greifen und zwischen die Lippen schieben ließen. Alles, was neben den Fingern eines Werkzeugs bedurfte, war anstrengend und verdarb schlagartig den Appetit.

Die größte Herausforderung war aber nicht das Essen für Blinde, sondern die Blinden, die nach dem Essen die Rechnung verlangten, ungeprüft bezahlten und den Herrn Ober baten, ein Taxi zu rufen. Der Wagen wartete auf der Straße, der Kellner musste die Frauen durch die enge Tür, die engen Treppen hinab ins enge Auto begleiten, „eine nach der anderen, zusammen geht nicht". Dann der Taxifahrer. Das pure Entsetzen saß auf seinen Stimmbändern, als er fragte, wohin wir wollten. Eine Blinde, ja, so etwas kannte er. Aber zwei? Wie sollte er zwei Blinde zur Haustür führen?

Ein Funkruf trieb ihn zur Eile. „Es dauert noch!", schrie er der Zentrale zu. „Was ist denn da los?" Er stotterte herum, denn hinter ihm, das war ihm bewusst, spitzten sich vier Blinden-Ohren und belauschten seine Antwort. „Die beiden Damen hier ... die muss ich ... die ... na, die muss ich begleiten." „Was haben die denn?" Kurze Antwort: „Die können nichts selbst. Gar nichts können die selbst."

Wir schütteten uns vor Lachen aus, als wir in meiner Wohnung ankamen. Es folgten ein zäher Nachmittag und ein kurzer Abend. „Die Dunkelheit macht müde."

Am Morgen waren etwa zwanzig Stunden Blindheit um. Ute erlaubte sich, in ihre eigene Welt zurückzuspringen. Aber nach der langen Nacht tat das Tageslicht weh. Ihre Pupillen hatten bereits an Flexibilität verloren und sperrten sich schmerzhaft dagegen, sich vor dem Licht zusammenzuziehen. Ute stöhnte und hielt sich schützend die Hände vors Gesicht.

Zwanzig Jahre Leben, mit denen niemand gerechnet hatte: Was fing ich mit dieser geliehenen Zeit an? Als Abiturientin hätte ich die Frage noch anders formuliert: Wie musste dieses großzügige Darlehen angelegt werden, um einen angemessenen Ertrag zu erwirtschaften?

Schluss mit allen „Investitionen". Ich hatte Zukunft geschenkt bekommen. Die wollte ich leben, mehr nicht.

Die ersten Monate im Leben Nummer zwei standen im Zeichen des Nachholbedarfs, den wohl alle Transplantierten kennen. Ich aß die Bananen, die mich in der Dialysezeit umgebracht hätten, ich trank zwei, drei, vier Gläser Orangensaft hintereinander. Ich stopfte eine fette Currywurst in mich hinein und fand sie gar nicht so köstlich, wie ich sie mir ausgemalt hatte. Damit waren die Sehnsüchte des Gaumens gestillt. Ich tauschte die Gier der zu kurz Gekommenen gegen den gezügelten Genuss, mit dem ich mir noch heute eine Praline pro Tag genehmige, ohne schlechtes Gewissen, ohne die Sucht nach mehr. Mein Alltag hatte begonnen. Die hohe Zeit des Wunders wurde flacher, ihre Ausdehnung in die Zukunft selbstverständlicher. Und jetzt? Mein persönliches Wunder hatte Spuren hinterlassen, es wollte auch dauernd erinnert und aktualisiert werden. Aber die Zeit blieb nicht auf dem Zenit stehen, so wenig, wie der Königsstern in der Weihnachtsgeschichte bis in alle Ewigkeit über der Hütte von Bethlehem leuchtete. Ich musste aufpassen, dass die Zukunft mir nicht davonlief. Sogar der Messias war weitergezogen, nachdem er seine Wunder vollbracht hatte, um sich neuen Zielen zuzuwenden. Er ließ alle Geheilten in ihrem Alltagsleben stehen. „Macht etwas draus!" Jetzt waren sie an der Reihe, an ihren Träumen weiterzuträumen.

Zum Beispiel: stundenlang Radio hören. Warum nur war bislang dieses Medium so unwichtig für mich gewesen? Wie konnten all die Zwischen- und Untertöne der hörbaren Welt an mir vorbeirauschen, all die Falschheiten und Übertreibungen und Schrillheiten, die sich mit Pokergesichtern maskierten, von den Stimmbändern aber nicht aufweichen ließen?

Stundenlang auf meinem Treppenlift hocken, das Kinn auf den Griff meines Stocks gestützt, und denken, einfach nur denken. Im Café die Gespräche an den Nachbartischen belauschen. „Guck mal, die ist blind!" Aufstehen. Laut fragen: „Na und?"

Schon während der Dialysezeit hatte sich eines Tages meine Kirchenleitung gemeldet. Sie bot mir an, mir trotz meiner Erblindung den Eintritt in meine zweite Ausbildungsphase, das kirchliche Vikariat möglich zu machen. „Sie bekommen alle Assistenzen, die Sie brauchen!"

Ein großzügiges, ein kostspieliges Angebot. Ich nahm es nicht als Fürsorge meiner Landeskirche hin, als Zeichen einer Wertschätzung von Qualitäten, die sich meine Kirche für ihren eigenen Bedarf – etwa an Krankenhaus-Seelsorgerinnen – gern gesichert hätte. Ich wäre gerührt gewesen, wenn mich meine Dauerübelkeit nicht daran gehindert hätte. Wie machte ich einer gesunden Oberkirchenrätin klar, dass ich mich schon vor der Erblindung lange nicht mehr als Pfarrerin gesehen hatte und dass ich in meinem jetzigen Krankheitszustand unfähig war, länger als zehn Minuten auf eigenen Beinen zu stehen?

Ich teilte ihr also mit, dass meine Kirche mich als Anwärterin für Vikariat und Pfarramt aus allen Planungslisten streichen könne. „Schade" fand sie das, „einen Jammer". Sie verabschiedete sich mit einer Bemerkung, die mich erleichterte. „Sie haben den Paulus-Roman geschrieben! Wenigstens den haben Sie fertig bekommen.“

Wenigstens den.

Als ich dann doch Zukunft bekam, stellte ich meine Entscheidung gegen einen kirchlichen Beruf ebenso wenig in Frage wie die Entscheidung gegen die akademische Karriere. Was hatte die Oberkirchenrätin gesagt? Ich hatte meinen Paulus-Roman geschrieben. Ich hatte ein Buch fertig bekommen. Seitdem wusste ich, wo und wie ich arbeiten wollte. In einer Reihe von Talarträgern, die sich womöglich beharrlich darum bemühten, eine blinde Theologin zu „integrieren“, hätte ich mich fehl am Platz gefühlt. Ich wollte doch gar nicht integriert werden! Die Ecken und Kanten, die ich mir erkämpft hatte, wollte ich mir nicht glatt schleifen lassen, und endlich, endlich, hielt kein väterlicher Zeigefinger, keine freundliche Umarmung eines mitfühlenden Superintendenten mich davon ab, in einer Außenposition zu bleiben und mir die Perspektive der Beobachterin zu leisten. Hatte ich mich da nicht immer schon wohler gefühlt als in einer engen, gequetschten Mitte?

Die Aufarbeitung all der Ideen, die sich ungeordnet während des Studiums und in der Dialysezeit in meinem urämisch-apathischen Kopf gestapelt hatten, drängte sich vor alle anderen Lebensgelüste. Explosionsartig stürzten mir Blinden- und Patientengeschichten auf die Tastatur. „Canyons für Blinde“ hieß eine der ersten Erzählungen. Sie gehörte zu den harmlosesten. In ihr versuchte ich zum ersten Mal, mich selbst aus den Augen eines Fremden zu beobachten. *Im Schatten des Busses waren zwei Frauen zurückgeblieben, die sich nun langsam auf das Gewimmel zubewegten. Die eine der beiden Damen hatte ihre rechte Hand in die Ellenbeuge ihrer Begleiterin gelegt, so dass ein Oberarm den anderen streifte. Auf den ersten Blick wirkte diese Annäherung seltsam unpassend ... Dann bemerkte ich ihren weißen Stock und wusste, dass die Blinde sich führen lassen musste. Unwillkürlich schaute ich weg. Bloß nicht da hinstarren.*

Es glich einem Dammbruch. Meine jahrelangen, nicht gerade freiwilligen, aber stets abenteuerlichen Reisen in das beschädigte Leben überwanden alle Staumauern, als wollten sie meine Umgebung überschwemmen. Hatte ich etwa nichts zu sagen?

Doch, ich hatte etwas zu sagen. Etwas so Wichtiges hatte ich zu sagen, dass ich die Möglichkeit, kaum jemand halte meine Geschichten aus, erst mal nicht in Betracht zog. Unmöglich, dass ein schwerstbehinderter Säugling sich über die eigenen Eltern Gedanken machte, dass er am Brei seiner Mutter zu ersticken drohte! Unmöglich, dass diese nie gehörte Stimme sich drohend zu Wort meldete, die Hörer sich aber lieber die Ohren zuhielten. Ich würde meine Leser schon mitreißen! Eines Tages würden sie in diese Welten mitwandern und den Ausflug interessant finden. War ich nicht die ideale Reiseführerin durchs beschädigte Leben, und war das beschädigte Leben etwa ein Luxushotel? Planlos schickte ich die Texte an die Literatur-Redaktionen verschiedener Radiosender. Als meine Mutter einen Briefumschlag mit der ersten Zusage öffnete, einer Zusage von Sendedatum, Sendeplatz und Sende-Honorar, fiel ich ihr um den Hals. Da war es also: mein Medium, mein Publikum.

Von Schauspielern gesprochen, entwickelten die Monologe meiner kaputten, verstörten Charaktere eine bedrückende Intensität. Ich hatte nicht gewusst, wie suggestiv ich schrieb, wenn ich meinen tief verletzten und verletzenden Figuren eine Ich-Stimme lieh. Man konnte sich dem Ich, das da im Radio seine elende, kleine Geschichte erzählte, kaum entwinden. Stolz, ja ein bisschen hämisch stellte ich mir die Hörer vor: Wie sie, die mit anspruchsvoller Unterhaltung gerechnet hatten, sich in die Verzweiflung eines gelähmten Mannes verwickelten, der im Pflegeheim seine Krankenschwestern bespuckte. So und nicht anders wollte ich schreiben. Ohne Beschönigung, ohne Rücksicht auf die, die ihre heil gebliebene Welt für die einzige Wirklichkeit hielten. Wer das nicht ertrug, konnte ja ausschalten.

Neben meinen ungemütlichen Patientengeschichten sprudelten lauter verdrehte, gegen den Strich gebürstete und bis zur Unkenntlichkeit verfremdete „biblische Anstößigkeiten“ aus mir heraus. Sie brachen aus der Quelle, die mich ein Studium lang vor dem Austrocknen bewahrt, deren Geschmack und Frische ich als gelernte Exegetin jedoch nie ganz ausgeschöpft hatte. Jetzt griff ich hemmungslos in die Schatztruhe und versuchte, die Perlen zum Leuchten zu bringen. Literatur! Die Bibel war Literatur, und ich brauchte sie nicht zu schonen und zu bewahren wie eine Offenbarung. Abseits der Wissenschaft verlor ich die Angst, die Botschaft der Texte zu verfälschen, nur weil ich sie in neue Zusammenhänge stellte. Ich war schließlich kein theologischer Neuling. Manchmal begriff man die biblischen Spitzen erst, wenn man sie Leuten von heute in den Mund legte oder wenn sie sich in der empörten Reaktion eines erfundenen Beobachters spiegelten. Der Perspektivenwechsel ließ aufhorchen und genauer nachlesen. Wann genau folgte der blinde Bartimäus dem Ruf Jesu? Vor oder nach seiner Heilung?

So viele Blindengeschichten gab es in der Bibel. Warum mussten die eigentlich immer mit einer Heilung der kaputten Augen enden? Hatte nicht mein Lehrer Marxsen uns bereits eingeschärft, dass das Wunder des Glaubens sich erst bewährte, wo alle Wunder ausblieben?

Dafür, für diese Aha-Erlebnisse, hatte ich Theologie studiert. Auf dieser neu entdeckten Bahn wollte ich meinen Weg fortsetzen, als Schriftstellerin mit theologischem Hintergrundwissen. „Literarische Exegese“, so nannte ich meine Technik. Sie sollte wissenschaftlich redlich mit meinen Quellen umspringen und dennoch einen künstlerischen Anspruch erfüllen, den ich an jede lesenswerte Literatur stellte. Gleichzeitig grenzte ich mich ab: von der bloß technischen, funktionalisierten „narrativen“ Exegese und von einer einseitig wissenschaftlich orientierten Bibelauslegung.

Biblische Provokationen: Bestand nicht alles, was dieses heilige Buch erst interessant machte, aus unheiligen Stacheln? Diese Dornen und Spieße wollte ich aus dem harmlosen Brei fischen, den fromme Gläubige vor sich hin löffelten. Ich verachtete sie, diese frommen Gläubigen, und ich hätte damals nichts dagegen gehabt, wenn sie an der zuckersüßen Pampe erstickt wären, die sie für eine Frohe Botschaft hielten. Eine wirklich frohe, befreiende und nahrhafte Botschaft setzte sich aber doch eher aus Vollkornkost zusammen, nicht aus leicht verdaulichen Speisen.

Kürzlich blätterte meine Assistentin in einem Gedichtband, den ich mit Anfang zwanzig auf eigene Kosten von einem jener Verlage drucken ließ, die in den 1980er Jahren gute Geschäfte mit ehrgeizigen Studentinnen wie mir machten. Sie entdeckte das folgende Gedicht der „Jungautorin" Susanne und wollte sich kranklachen: *Ich hätte Lust / beim Zahnarzt die Gebisse zu vertauschen. / Das nenn ich / erzwungene Solidarität / mit allen, die nicht mehr beißen können.*

Meine Assistentin hatte eine Seite in meinem Lebensbuch aufgeschlagen, die sie mir nicht zugetraut hatte. Habe ich wirklich das Beißen verlernt? Oder habe ich es nicht mehr nötig, ständig um mich zu schnappen, nur weil ich mir unverstanden vorkomme? Oder fürchte ich mich davor, mit meinen Bissen jemandem weh zu tun?

„Du bist reichlich soft geworden!", staunte meine Sandkastenfreundin Ute zu einer CD, die unter meinem Namen die Entdeckung von „Oasen im Alltag" versprach. Das Urteil klang kritisch und war auch kritisch gemeint. Offenbar war Ute die „Provokateurin" Susanne als Schriftstellerin sympathischer.

Ja, ich habe die Stachel eingefahren. Sie sind nicht abgebrochen, sondern mit Watte umwickelt und mit einer Ironie ummäntelt, die dem Humor näher und näher kommt. Ich ziehe sie nur noch selten aus dem gepolsterten Ärmel. Seltsamerweise hat diese erneue Verwandlung außer Ute kaum jemand bemerkt. Gerade in kirchlichen Kreisen gelte ich nach wie vor als Provokateurin. Mein bekanntester Text wird gern als Beleg für meine "prinzipielle Provokationslust" reklamiert: Eine Collage aus Szenen der Evangelien, die aus dem „Messias“ einen unheilbaren Spastiker macht. Ich riss dem König Christus Zepter und Krone aus Händen, die nicht vernünftig greifen konnten, und stellte ihn auf verkrampfte, sich kreuzende Füße.

Und dann die unkontrollierbare Zunge. Kein scharfes Schwert. Keine Weisheit auf seinen triefenden, zerbissenen Lippen. Sein Anblick durchkreuzte alle messianischen Träume. Eine derartige Umstülpung christologischer Heilserwartungen ging vielen Christen zu weit. Andere, etwa Eltern behinderter Kinder, fanden ihre eigene Welt mit ihren eigenen Hoffnungen in der Geschichte wieder.

Eigentlich musste man den Text nur zu Ende lesen. Der Schluss klingt jedenfalls fast schon wieder fromm.

Eines Abends ließ er sich auf einen Berg tragen und sprach von der Barmherzigkeit und dem, was gerecht sei. Selig, stotterte er in eine betroffen zu Boden blickende Menge. Selig die Strauchelnden. Denn sie kennen den Geschmack der Erde. Selig, die hungern und dürsten, denn sie lernen die Sehnsucht kennen. Selig die Blinden, denn sie schauen die Tiefe. Selig die Trauernden: Mein Gott weint mit ihnen.

Die Frage nach Gottes Gerechtigkeit gehört zu den theologischen Klassikern. Wie kann Gott das Unrecht, das Unglück, die Katastrophen zulassen? Warum trifft er mich so unverhältnismäßig hart, obwohl er mich – angeblich – liebt? Inzwischen verblüffe ich die Journalisten, die mich direkt und unverblümt auf die theologische Verarbeitung meines „Schicksals“ ansprechen, mit einer Gegenfrage: „Warum sollte Gott gerade mich vor dem Unglück verschonen?“ Es gebe so viele arme, kleine Schweinchen, dass ich es hoch erstaunlich fände, wenn ausgerechnet ich zu den Glückspilzen gehörte. Den Segen könne sich niemand verdienen, schon gar nicht durch etwas, das die meisten Leute für Leiden halten.

Ein Pfarrer im Rollstuhl, eine erblindete Theologin, ein ermordeter Missionar: Sind das nicht schreiende Beweise für Gottes Ungerechtigkeit? Nicht nur mein Vater hatte mir und sich selbst diese Frage gestellt. Seit ich ein ganzes Buch über „Ermordete Kinder" geschrieben hatte, wurde ich immer wieder zu Vorträgen eingeladen, in denen ich zu diesen Grundfragen Stellung nehmen sollte. Ist Gott ungerecht? Offenbar sehnten sich meine Zuhörer nach einem ehrlichen „Ja" auf diese Frage. Ich antwortete aber zunächst mit einer Gegenfrage: Waren unsere Vorstellung vom gerechten und guten Gott nicht viel zu banal? Die Bibel erzähle schließlich nicht von einem Kuschelgott. Sie verschweige auch seine cholerischen, ungerechten, heimtückischen Seiten nicht. Dieser Gott trete die menschliche Moral mit Füßen, weil er seinem Wesen nach ganz amoralisch ist.

Wie gesagt: Diese These vertrat ich jahrelang, und ich finde sie auch immer noch richtig. Aber in den letzten Jahren habe ich einen ganz anderen, freundlicheren Aspekt der Unmoral und Ungerechtigkeit Gottes zur Diskussion gestellt: Wenn er nämlich an der Welt und den Menschen gerecht handeln würde, wären wir alle längst untergegangen. Unsere Unvernunft, Dummheit und Bosheit wären ein für allemal „bestraft" worden. Was ist aber mit den hundert Momenten, in denen wir Strafe verdient hatten und dennoch verschont wurden? „Glück gehabt!", sagen wir uns und finden das ganz in Ordnung.

Seltsamerweise verstehen wir unser Glück nie als Hinweis auf Ungerechtigkeit; nicht, solange das unverschämte, unverdiente Glück keinen anderen trifft als uns selbst. Wo Gott einen Faulenzer belohnt, beschimpfen wir ihn als ungerecht. Wenn er über unserer eigenen Faulheit und Dummheit die Augen zudrückt, stört uns die „Ungerechtigkeit" keineswegs.

Die tastbare Weltkarte in meinem Wohnzimmer hat Marinas Sohn mir angefertigt. Es ist ein haptisches Kunstwerk, nicht maßstabgerecht, aber ein Blickfang. Die Kontinente sind aus Balsaholz geschnitzt, die Gebirge aufgespritzt, die Flüsse aus filigranen Drähten gespannt, das Meer in verschiedenen Tiefen des Blaus, mit dem ich das Nichts aus meinem Horizont schiebe. Der auseinandergefaltete Globus zieht fast jeden Besucher in seinen Bann. Sogar der Getränkemann baut sich eines Tages vor dem geschnitzten Bild auf und wundert sich: „Sagen Sie bloß, da waren Sie schon überall? Überall da, wo die Fähnchen stecken?"

Inzwischen markieren Fahnen Orte auf jedem Kontinent, sogar die australische Ostküste. Ja, ich habe im Schatten der Oper von Sydney gestanden. Ich bin durch das Hafengebiet spaziert und habe mit meinem elektronischen Tagebuch die schrägen Klänge einer Gruppe von Aborigines aufgezeichnet; eine Musik, die man wohl nur mag, solange man australischen Boden unter den Füßen hat.

Mein Getränkemann amüsiert sich über Fahnen in Kalifornien, an der Ostküste der USA, in Florida, den karibischen Inseln, Acapulco und Buenos Aires. Jede Schiffsreise hat mir einige neue Hafenstädte in dieser Sammlung beschert. Nein, solche Fernreisen sind nichts für meinen Besucher. Er lässt seinen Finger lieber in vertrauteren Gegenden schwimmen. Vermutlich bringt er gerade das Mittelmeer zum Überschwappen, hüpft dann in Italien an Land, um sich an der filigranen Küstenlinie des Stiefels entlang zu hangeln, in Richtung Alpen. Ich höre, wie sein Nagel gegen den Schaumstoff der aufgespritzten Berggipfel stößt und ein paar Kratzspuren im künstlichen Schnee hinterlässt. „Ganz schön weit rumgekommen!"

Das hat er einer Blinden, der er alle drei Wochen Wasserkästen in den obersten Stock schleppen muss, nicht zugetraut. „Sie haben doch gar nichts von solchen Weltreisen!" Er stellt den Satz als Tatsache in den Raum. „Wo Sie doch gar nichts sehen!" Und zementiert diese Gewissheit in einem Ausrufungszeichen.

Er ist weder der Erste noch Letzte, der meine Reisen für einen absurden Luxus hält. „Rausgeschmissenes Geld!" So denken viele. Seit ich einmal einen Saal mit etwa dreihundert Zuschauern mit einer einfachen Entgegnung zum Lachen brachte, verwende ich immer wieder dieses eine, unschlagbare Argument: „Es ist eben lustiger, auf einem Kamel in der Wüste blind zu sein als auf dem Sofa in meinem Wohnzimmer."

Marina und ich sitzen der Weltkarte gegenüber und blättern in Fotoalben. Seit ich mit Mary die alten Amerikabilder in mein Leben zurückgeholt habe, musste ich alle Alben aus dem Archiv holen und um mich herum atmen lassen wie meine Bücher. „Amerika 1993" bis „Italien 2010". Es gibt nicht viele Traumziele, die wir noch nicht angesteuert haben, mit dem Flieger oder mit dem Schiff. Sogar den unsinnigen Wunsch, einmal um den ganzen Globus zu fliegen, immer weiter nach Westen und über die Datumsgrenze, konnten wir uns inzwischen erfüllen. Die Idee steckte mir im Kopf, seit ich meine 98-jährige Figur Lisabetha vorausgeschickt hatte. Lisabetha hatte auf dieser Linie im Pazifik, wo der Kalender eine Zahl verschluckt, ihren Todestag verloren und glaubte nun, nicht mehr sterben zu können. Marina und ich flogen 2008 ihrer Hoffnungsangst hinterher: London, Los Angeles, Fidschi, Melbourne, Singapur, Frankfurt. Immer weiter nach Westen in eine Sonne, die nicht unterging. Das Unternehmen war derart kräftezehrend, dass ich meine Freundin zu fragen vergaß, auf welcher Teilstrecke ihr eigentlich das Morgenrot aufgefallen sei. Die Datumsgrenze ... Wann hatten wir diese konstruierte Linie denn nun überflogen?

Ein paar Orte auf dieser Welt würde ich gern noch besuchen. Ich träume davon, durch den Panamakanal zu fahren. Ich würde die Schatten der Tafelberge gern spüren. Oder sind die zu weit vom Hafen entfernt? In Lissabon Straßenbahn fahren. Nach Boston, um Teaparties zu feiern. Hongkong. Und immer wieder New York wie 1995. Immer wieder „Les Misérables“ in englischer Sprache und am Broadway.

Marina war naiv, ich dumm genug gewesen, bei Tiffany's 1995 nach einem Frühstück zu fragen. Der Pförtner, hörbar vertraut mit diesem touristischen Missverständnis, erklärte uns, dass es entgegen aller literarischen Gerüchte bei Tiffany's nicht einen Krümel zu essen gebe. Zum Essen mussten wir ins Schnellrestaurant nach nebenan, in den Trump Tower.

Dann steckten wir unsere Touristen-Nasen ins Chaos der 5th Avenue. New York am Morgen. Die Stadt war auf den Beinen. Der Gehstreifen des Boulevards *bestand* aus Beinen, aus Klappern, Hacken, Schleifen, Schlurfen, Hüpfen, Tanzen von Füßen. Wenn wir jetzt nach links gingen, musste nach ungefähr vier Blocks die St.-Patricks-Kathedrale auftauchen.

Nach drei Tagen Fußmärschen wusste ich Bescheid. Ich schwebte in dem Gefühl, auf einem riesigen, erhabenen Stadtplan herumzuspazieren. Das System mit den nummerierten Straßen, die im Schachbrettmuster angeordnet waren, erlaubte mir die beste Orientierung, zu der ich je durchgedrungen war. Ich brauchte nur die Kreuzungen zu zählen.

Block für Block näherten wir uns dem Ziel. Der Augenmensch neben mir ließ sich gern von den Verzerrungen irritieren, die im Schatten der Wolkenkratzer entstanden. Meine Aufgabe war es, mit meiner Logik die Dimensionen zurechtzurücken. Ich behauptete lautstark, es könne nicht mehr weit bis zum World Trade Center sein. Wahrscheinlich seien wir längst an unserem Ziel vorbeigelatscht!

Manchmal hatte ich recht, aber nicht immer. Wenn ich besserwisserisch meinen Irrtum gegen den Augenschein behauptete, fingen wir regelmäßig zu streiten an. In solchen Momenten kam unser Parallelgang ins Stolpern. Marinas Ellbogen wurde spitzer. Ich stellte zu viele und immer die falschen Fragen. Ich wollte Zahlen hören: „Wie viel Meter noch? Wie hoch, wie breit, wie viele Stockwerke, wie viele Knöpfe in wie vielen Aufzügen?“ Marina hasste Zahlen und war schlecht im Schätzen. „Was weiß ich!“

Eine solche Antwort ertrug ich nur mit einer Bockigkeit im Gang, die mich als Anhängsel lästig machte.

In unserem Hotel brachte ich sie dazu, mir die Skyline von New York auf eine tastbare Folie zu zeichnen. Ich fuhr mit meiner Fingerkuppe an den Konturen der Gebäude entlang: das „Bügeleisen“, die Zwillingstürme. Jede Stadt hat ihre Melodie, und New York klang so grell, dass unser Puls sich beschleunigte. Rapper in allen Straßen. Musik aus Ghetto-Blastern. Eine Tonkulisse aus Gefahrenzonen: Polizeisirenen und die stumpfe Stille in Gegenden, wo sich der Müll auf dem Bordstein türmte. Ich zeichnete alle Klänge mit einem Tonband auf, das wir uns jeden Abend gemeinsam anhörten. Tonfotos. Ich triumphierte, wenn Marina sie nicht auf Anhieb zuordnen konnte. Ja, das waren Pferdehufe. Das war in der Kutsche im Central Park. „Und das Kratzen da?“ Die Kufen der Eisläufer im Rockefeller Center wehten noch einmal eine kalte Welle in mein Gesicht. Schließlich verirrten wir uns beide im ohrenbetäubenden Klappern, Stühlerücken und Geschrei aus der Oyster Bar. Stumm hatten wir uns in dem Restaurant gegenübergesessen, weil es hoffnungslos war, gegen den Lärm anzubrüllen. Vor mir wurde ein Haisteak kalt. Ich hatte nicht registriert, dass das Essen inzwischen serviert worden war. Marina griff zum Äußersten, um es mir begreiflich zu machen. Sie tunkte mir alle Finger der rechten Hand in den schleimigen Hairogen.

New York für Blinde. „Wie ist das, wenn sie neben mir der Freiheitsstatue zu Füßen steht und sich gegen das Geländer in Richtung Hafen lehnt?“ Ich frage mich oft, ob Marina sich solche Fragen stellt, ob sie sich noch Gedanken macht – über die Blinde in ihrem Schlepptau. „Kein Panorama, kein Ausblick auf keine Skyline. Wie ist das, wenn wir uns abends über den

Broadway drängen: keine Neonreklamen, keine Lichtfontänen." Ich bin nicht sicher, ob ich mir solche Gedanken überhaupt wünsche. Der Broadway als Meer von Schritten, in dem ich gegen den Untergang kämpfe. Musicals ohne Tanz und Kostüme, Oper kulissenleer. Blind zwischen lauter Ansichtskarten. Muss sich ein Augenmensch fragen, wie das ist?

„Ich dachte, du bist daran gewöhnt."

Sie war irgendetwas zwischen erschrocken und ärgerlich, weil ich über der Bucht von Vancouver plötzlich zu weinen anfing. „Was ist los?", hatte sie gefragt, und ich antwortete mit dem, was alle Augenmenschen außer Marina sich denken konnten. „Weil mir die Schönheit der Wasserstadt entgeht."

Es hatte seit Tagen geregnet. Den Rundflug über die Bucht, eine Landung auf den Kufen des Wasserflugzeugs, hatte ich als hart empfunden, mehr nicht; einfach zu hart.

„Aber daran bist du doch gewöhnt!"

Jetzt ballte sich Wut in ihrer Stimme. Sie hatte sich an den Anblick einer Blinden in ihrer Nähe gewöhnt, und zwar so sehr, dass ihr nicht mehr auffiel, wenn sie mir durch anhaltendes Schweigen den Nahrungsfaden der Fantasie abklemmte. Ich war angewiesen auf ihr Sprechen, ihr Staunen, ihren Kommentar. Aber wer will schon dauernd reden?

In New York kamen kaum Pausen in unserer Kommunikation vor. Wir verließen die berühmte Oyster Bar und setzten unverdrossen zum Ellis Island über, der Insel der Tränen. Über meine Brillengläser perlte nur Gischt. In der bombastischen Halle des Immigrationsgebäudes blieben wir neben dem Gepäck der Auswanderer stehen. Tausend Träume in Koffern verschlossen, nie im Hafen angekommen. Marina führt meine Hand in einen hundertjährigen Ledergriff, ich hebe den Koffer an. Warum ist er so leicht?

KAPITEL 2
BESICHTIGUNG DER HEIMAT

Ich springe in das neue Jahrtausend und lande mitten im Weihnachtsfest 2009. In New York gibt es keine Zwillingstürme mehr. Ich habe Besuch aus Amerika und bin zusammen mit Mary bei Marina eingeladen, um deutsch-rumänische Weihnachten zu feiern. Marina und Mary geben sich die Hand. Wenn sie nicht wüssten, wer ihr Gegenüber ist, dass die Gastgeberin Marina sein muss und ihr Gast Mary aus Amerika, hätten sie sich nicht erkannt, wie beide zugeben.

Egal jetzt. „Fröhliche Weihnachten“ – und zur Verstärkung die rumänische Version gleich dazu: „Craciun fericit!“

Mary gibt ihr Bestes, den Segenswunsch richtig auszusprechen. Die beiden haben sich ein einziges Mal gesehen, aber das ist 15 Jahre her. 1994 flogen Marina und ich auf dem Rückweg von Hawaii über Chicago, um einen Tag mit meiner amerikanischen Freundin zu verbringen. Während ich versuchte, in einem Motelbett die Beschwerden des Jetlags loszuwerden, besuchten meine beiden Freundinnen das Aquarium der Stadt. Später aßen wir gemeinsam zu Abend; ich weiß nicht mehr, wo und was. Marinas Gedächtnis für kulinarische Details ist besser als meines.

Heute gibt es gefüllte Pasteten zur Vorspeise. „Typisch rumänisch!“, erklärt die Hausfrau. Der Rest der Familie ist schon um den Tisch versammelt. Marinas jüngster Sohn, vor zwanzig Jahren mein erster Assistent, ist inzwischen selbst stolzer Vater, der Ehemann, der so gern über seine Heimat und ihre politischen Verhängnisse erzählt hat, spricht kaum noch Deutsch. Seit er weiß, dass der Plan, noch einmal nach Rumänien zu reisen, sich nicht mehr verwirklichen lässt, klebt seine Zunge an seiner Muttersprache. Als ich ihn neben mir an Marinas Pasteten mümmeln höre, kämpfe ich gegen die Ahnung an, dass dieses Weihnachtsfest die letzte Feier in dieser Wohnung sein wird. Marinas Mann ist todkrank, und ich weiß, der Magenkrebs steht ihm längst ins Gesicht geschrieben.

„Fröhliche Weihnachten." Was ein Sterbender wohl denkt, wenn er diesen Segenswunsch hört? Müsste ich es nicht wissen? Müsste ich nicht wissen, wie konsequent Sterbende an ihrem Ende vorbeischauen?

Der kranke Hausherr bekommt alle Portionen zugemessen, und nein, auch heute keinen Wein, aus gesundheitlichen Gründen. „Du weißt, dass du das nicht darfst!" Er gibt sich alle Mühe, sich das Festessen trotz der Restriktionen schmecken zu lassen. Leon, der kleine Enkel, lenkt alle Aufmerksamkeit auf sich, alle Gedanken vom Sterben ab. „Er ist so niedlich!", sagt Mary.

Angesichts des kleinen Jungen will auch Marina nicht ans Sterben denken. Sie nimmt Mary bei der Hand und führt sie durch die Wohnung. „Du bist doch Innenarchitektin. Ich will dir meine Weihnachtsdekorationen zeigen."

Ich habe Mary vorgewarnt. Das Haus, in dem sie 1977 einen deutschen Sommer verbracht hat, ist im Winter 2009 ein anderes. „Mein Zuhause." Warum nenne ich dieses Gebäude, ja sogar das Dorf, zu dem es gehört, immer noch mein Zuhause?

Schon am ersten Tag in meiner Wohnung hat Mary das Foto aus meiner Bildergalerie in die Hand genommen. Es entstand vor vielleicht zehn Jahren, und wurde vom Nachbarn meiner Eltern aufgenommen: „What a change!" Schüttelt Mary den Kopf? Was für eine Wandlung, Entzauberung. Ich lauere auf einen tadelnden Unterton. Doch Mary scheint alle Veränderungen emotionsfrei festzustellen. Kein Flachdach mehr über dem Anbau. Das Wohnzimmer, in dem sie mit Omma und Christel jeden Nachmittag Tee getrunken und gehandarbeitet hat, ist neu möbliert, die Terrasse ist zum Wintergarten geworden, Omma ist seit zwanzig Jahren tot, ihr Zimmer in einer Mietwohnung aufgegangen.

Mary seufzt. Sie hat mein Elternhaus als den Irrgarten in Erinnerung, in dem alle Fremden sich verliefen. Als sie 1977 ihre erste Nacht bei der deutschen Gastfamilie verbrachte, fand sie wegen der Zeitumstellung nicht in den Schlaf. Außerdem hatte sie Durst. Aber wo war die Küche, wo das Badezimmer? In dem Haus konnte man verloren gehen, bevor man angekommen war. Resigniert ließ sie sich einfach in den Treppenabsatz fallen, der dem Zimmer gegenüber lag, das sie mit mir teilte. „Mich weiter nach unten zu bewegen, habe ich mich nicht getraut."

„Und ich dachte, du hättest Heimweh gehabt!"

„Hatte ich auch. Ich war wie ein Kleinkind, das erste Mal von zu Hause weg, und dann gleich in Europa, dann auch noch in einem Labyrinth von Haus." Mir geht 33 Jahre zu spät auf, wie fremd sich Mary gefühlt haben muss – und dass ich damals zu unreif war, ihre Einsamkeit aufzufangen.

Nicht nur das Haus hat sich verändert, sondern auch seine Bewohner. Dass mein Vater mit seiner Knieprothese nur noch Trippelschrittchen macht und rasch außer Atem kommt, hat sie schon am Flughafen bemerkt. Die Verwandlung seiner Frau fällt noch mehr ins Auge. Auch davor musste ich vorwarnen: Das Christelchen wurde im vergehenden Jahr so gründlich von seinem Krebs geplündert, dass Mary meine Mutter kaum wiedererkennen wird. An der Haustür erscheint eine gekrümmte, alte Frau am Stock. Sie scheint aus dem eigenen Fleisch herausgeschrumpft zu sein und trägt falsche Haare. Kurzhaarschnitt nennt sich die Perücke. Ich fürchte, darunter ist sogar ihr Lächeln zu bloßer Künstlichkeit gestutzt worden. Aber das registriert Mary nicht, weil sie die Christel in ihre weichen Arme zieht, bevor sie nach noch mehr Spuren des Alterns fahndet.

„Jetzt kann es Weihnachten werden!" Christel hat ihren Stock in die Ecke gestellt und trägt dampfende Schüsseln ins Esszimmer. Fast wie früher, denke ich. Es ist eine vage Hoffnung, dass das Lebensprinzip meiner Urgroßmutter in diesen vier Wänden nach wie vor funktionieren könnte. Solange gut gegessen wird, wird nicht gestorben.

Es könnte sein, dass meine Eltern vor mir sterben müssen. Es könnte tatsächlich passieren, dass die Generationenfolge sich doch noch auf ihre normale Ordnung besinnt. Was aufgrund meiner Krankheiten jahrzehntelang ganz und gar unwahrscheinlich, ja lächerlich aussah, erobert sich in den letzten Jahren die Denkbarkeit zurück, die die Natur vorsieht. Richtig freuen kann ich mich nicht darüber.

Ich hätte nicht gedacht, wie weh es einer halbwegs erwachsenen Frau tut, zu beobachten, wie ihre eigenen Eltern alt, krank, gebrechlich werden. Früher war ich, jetzt ist meine Mutter das Sorgenkind. Früher wartete sie auf der Intensivstation auf mein Auftauchen aus der Narkose, jetzt stehe ich an ihrem Bett. Ich horche ängstlich auf ein erstes, verständliches Wort der frisch Operierten. Ich bedränge die Schwester mit meiner Hoffnung. Alles muss gut verlaufen sein, alles wird gut, nicht wahr, nicht wahr. Ich spüre die ungerechten Vorwürfe meiner Mutter, die aggressiven Übertragungen auf Unbeteiligte. Wie gut ich diese Reaktionen kenne! Ich fühle die Stiche, die der Egoismus, die Unvernunft aller Kranken in meine Brust senken. Eifersucht eines verwöhnten Kindes, das früher immer nach seinen Wehwehchen gefragt wurde und jetzt nur noch die Bauchschmerzen und Übelkeit der eigenen Mutter aufgetischt bekommt?

Die Klagen der alten Dame setzen mir meine Patientenallüren wie in einem Spiegel vor, und ich erkenne die Susanne von früher: ihre Redseligkeit, ihre Übertreibungen, wenn es um Schmerzen ging, ihre Überempfindlichkeit, ihre euphorischen Anflüge, ihre Panik, ihre Todesangst. Ich meine zu wissen, was meine Mutter in ihrer geschrumpften Hülle empfindet. Statt ihr die Bestätigungen zu gönnen, die sie dringend braucht, bade ich in dem Gefühl der Überlegenheit. Ein Satz liegt mir auf der Zunge, den ich in diesem Haus so oft gehört habe: „Ich weiß Bescheid. Ich habe das alles selbst mitgemacht."

Ich schlucke die Versuchung herunter. Meine Mutter war der einzige Mensch, der mich in meinen kranken Tagen ausgehalten hat, ohne mich zu korrigieren. Jetzt ist sie an der Reihe.

Mary steht vom Tisch auf. Sie wandert um die Kante herum zu meiner Mutter, die vor Kopf Platz genommen hat; noch immer Hausherrin. Sie beugt sich zu ihr hinunter und küsst sie auf beide Wangen. Ich wünschte, auch ich hätte diese unmissverständliche Sprache zur Hand.

„Und dein Vater?"

Mary schwört: Nie werde sie das Foto vergessen, das sie 1977 in der Fußgängerzone des bayerischen Weilheim aufgenommen hat. Mein Vater reitet auf einem Groschen-Automaten für Kinder. Eine von uns hat Geld in den Mund des Elefanten gesteckt und die Maschine in Bewegung gesetzt. Er reitet seine Minuten auf dem Tier ab und lacht und lacht. Diesen verspielten Mann und seinen Sinn für Humor hat sie in Erinnerung, wenn sie an meinen Vater denkt. Damit stößt sie mich mit der Nase auf sehr nette Seiten eines Menschen, mit dem mich sehr viele Konflikte verbinden. Wenn ich über unsere gebrochene Beziehung nachdenke, fällt mir auf, dass wir in letzter Zeit besser miteinander zurechtkommen. Viel zu lange habe ich mich auf die Macken meines Vaters gestürzt, so als könnten sie meine eigenen Macken ausbeulen. Seit Tagen fährt dieser stattliche Senior mit meinem Gast und mir durchs Ruhrgebiet, quält sich durch Museen und Verkehrstaus, sagt mir alle Stufen und Hindernisse präzise an, führt seine fünfzigjährige Tochter an seiner Hand – und wehrt sich verschämt gegen jedes „Danke" meinerseits. Wenn er mich von meiner

Haustür abholt, streicht er behutsam mit seinem rechten Zeigefinger an meiner Wange entlang. „Hallo, Frau Krahe!", begrüßt er mich.

Mehr Zärtlichkeit lässt er nicht zu – oder traut er sich nur nicht, seine erwachsene Tochter zu umarmen?

Zu meinem 50. Geburtstag hielt er, was er eine „Laudatio" nannte, auf seine Tochter. Er hatte die rund 150 Radiosendungen nachgezählt, die mich als Autorin nannten.

Ich war überrascht, zugleich gerührt, ich fühlte mich anerkannt. Warum hatte ich so oft gezweifelt, dass meine Eltern stolz auf mich sind?

Auch mein Vater hat Krebs, aber er gibt sich optimistisch: Die Wahrscheinlichkeit, dass er an etwas ganz anderem sterben werde, sei bei seiner Krebsart hoch. Er versichert mir, dass er keine Angst habe. Ich glaube ihm nicht. Seine Rückenschmerzen, ja, die glaube ich ihm, auch die Beschwerden im Knie, vor denen er eisern davonläuft.

Es gab Zeiten, da wünschte ich meinem Vater all die Langsamkeiten und Schmerzen an den Hals, für die er mir gegenüber so wenig Verständnis aufbrachte. Ich malte mir meinen Triumph aus. „Merkst du endlich, wie das ist, wenn man nicht alles schafft, wenn man wollen und wollen und wollen kann, wenn dieser eiserne Wille aber gar nicht weiterhilft?"

Der Triumph ist ausgeblieben, spätestens seit ich weiß, dass mein Vater dem Christelchen die Brechschale hält und ihren Toilettenstuhl leert. Er tut das, ohne sich damit zu brüsten. Er will niemandem mehr beweisen, wie stark er ist, auch nicht seiner Tochter.

Nach dem Essen erklärt mein Vater sich glücklich bereit, die alte Freundin durch alle An- und Umbauten des erneuerten Familiensitzes zu führen. Er, der von den Frauen des Hauses nur als „Zugezogener" betrachtet worden ist, war doch immer sein Erhalter und Bewahrer.

Mary fotografiert alles, was sie nicht wiedererkennt. Als die beiden von der Besichtigungstour zurückkehren, tummeln sich rund vierzig neue Bilder im Digitalspeicher. „What a change!“

Die Umbauten 1991 kamen einer Grundsanierung meines Elternhauses gleich. Nachdem Omma auf einem Stuhl die krumme Treppe hinunter ins Krankenhaus abtransportiert worden war, zum Sterben, nahm ihr Schwiegersohn wieder einmal das Ruder in die Hand und zeichnete Baupläne. Wieder wurden Keller entrümpelt, Zimmer umfunktioniert, Fußböden gesenkt, Fußböden angehoben, Treppen um 180 Grad in Richtung Zukunft gedreht. Jetzt, wo die Wächterin über den traditionellen Grundriss ihre Wirkungsstätte freigegeben hatte, wurden die letzten architektonischen Verschrobenheiten begradigt. Alle Unbequemlichkeiten wurden entknickt und entwendelt, die Uneindeutigkeiten wurden eingeebnet, und zwar mit einer Entschiedenheit, die unerbittlicher war als je zuvor. Die Zwischenetagen verschwanden, und mit ihnen das alte Badezimmer mit seinen Treppen nach unten und oben. Das Gebäude ergab sich. Es fügte sich und verlor seine Eigenwilligkeit. Ommas Wohnung mit dem hinteren Treppenhaus ging in einer Mietwohnung für neue Nachbarn auf: nie wieder Schwiegermütter. Die kurzen Holzstufen, die Christian und ich auf dem Hosenboden heruntergerutscht waren, erfroren zu Marmor; Flächen, auf denen selbst ein Hund ins Rutschen kam: nie wieder Kinder.

Mit mir war damals nicht mehr zu rechnen gewesen. Eine erblindete, todkranke Tochter des Hauses fiel als Zukunftsfaktor aus. War sie nicht auf eigenen Wunsch von diesem Dorf in das benachbarte Unna gezogen, wo der Todessog ihres Elternhauses kaum noch zu spüren war. Die ersten Weihnachtsfeste nach meiner Erblindung bestand ich darauf, dass ich nicht „nach Hause“ geholt wurde, sondern dass meine Eltern und ich in der Wohnung, die ich als mein neues Zuhause betrachtete, Geschenke tauschten. Ich wollte nie ins Dorf zurück.

Trotzdem fühlte sich dieser Umbau an wie eine Amputation. Die Phantomschmerzen stechen immer noch. Der letzte Südblick des Hauses war eliminiert worden. Gern würde ich Mary gestehen, wie weh es getan hat, dass ich zu keinem Zeitpunkt nach meiner Meinung gefragt wurde. „Willst du dein Zimmer behalten?“ Das fragte niemand. Hätte ich Einspruch gegen die Abschaffung meines Jugendzimmers erhoben? Hätte ich ein Recht gehabt, mich in Pläne für eine Zeit einzumischen, die ich sowieso nicht mit den Geistern in diesen vier Wänden verbringen wollte?

„Was ist aus deinem Zimmer geworden?“

Ein Durchgang. Ein Raum, den Büromaschinen bevölkern.

Die, die überleben wollten, bauten sich eine Brücke in eine neue Zeit.

Mary hat die handgestickten Sesselchen entdeckt, an denen 1977 Tee und Kekse gereicht wurden. Diese Nachmittagszeremonie unter Hausfrauen hat sie besonders geliebt und nie verstanden, warum ich die traute Stunde lieber in meinem Zimmer verbrachte. Jetzt stehen die Stilmöbel wie abgeschoben in einer Ecke, die 1977 noch undenkbar gewesen ist. Sie quetschen sich neben den Weihnachtsbaum in einen Erker, dem kleinen Glashaus, das die jahrzehntelange Aussperrung der Sonneneinstrahlung beendet. Endlich blinzelt das Haus, wenn auch vorsichtig, wieder in Richtung Süden, und wenn es an diesem Heiligen Abend nicht längst zu dunkel für einen weiten Ausblick wäre, könnte Mary fast dieselbe Landschaft überschauen wie mit siebzehn.

Mary hat meinen Bruder nicht mehr kennengelernt, aber sie erinnert sich an die Zeichnung. 1977 nahm das Portrait noch einen Ehrenplatz in unserem Wohnzimmer ein. Wo das Bild geblieben ist?

Ich muss passen. Ich habe meine Eltern nicht gefragt, warum Christians Portrait verschwunden ist. Warum diese Augen niemanden mehr verfolgen, der um das gezeichnete Kindergesicht herum durch das Wohnzimmer schleicht. Nein, das habe ich nicht gefragt.

Mary hört den Groll in meiner Stimme und findet die gnädige Erklärung, zu der ich mich nicht durchringen kann.

„Sie haben seinen Tod nie verarbeitet", beschwichtigt sie mich. Sie weiß genau, worüber sie redet, denn auch ihre Familie hat ein Kind zu Grabe getragen. Im fernen Wisconsin hatte sich nach dem Tod des jüngsten Sohnes dasselbe Schweigen aufgetürmt wie bei uns. „Der Tod meines Bruders tat so weh, dass meine Eltern nie mehr über ihn redeten."

Eine Episode ohne vernünftiges Ende: Darf man die aus der Familiengeschichte streichen?

Ich lasse das nicht zu. Ich will keinen Frieden schließen. Aber ich habe mich mit meiner Friedlosigkeit versöhnt und nenne sie bei ihrem Namen.

Weihnachten ist der einzige Tag, den Mary und ich in meinem Elternhaus verbringen. Den Rest ihres Urlaubs richtet sie sich in meinem Gästezimmer, meiner Wohnung, meinem heutigen Zuhause ein. Mein Archiv, das jetzt „Marys Zimmer" ist, versinkt innerhalb von wenigen Tagen in einem Durcheinander von Kleidungsstücken, Souvenirs, Broschüren und Taschen. Als meine Haushaltshilfe eine kritische Andeutung fallen lässt, beschwichtige ich sie. Nein, sie braucht dort oben nichts aufzuräumen. Dazu wird mehr als genug Zeit sein, wenn unser Gast wieder in Wisconsin wohnt. „Ausnahmesituation!" Sie weiß, dass ich ein Chaos in meinen Räumen normalerweise schlecht ertrage. Aber diese Wochen fallen eben aus dem normalen, kleinlichen Rahmen. Ein paar Mal begleitet sie die Amerikanerin in den Supermarkt und hilft ihr beim Einkauf deutscher Lebensmittel.

„Eine nette Frau!", meint Mary, ich nicke.

Als sie kürzlich meine Regale abstaubte, fand sie eine Engelsfigur, ein Geschenk, das ich völlig vergessen hatte. Sie stellte den kleinen Engel neben das Foto von Christian.

Meine Haushälterin ist klug, diskret, peinlich auf Sauberkeit und Ordnung bedacht.

„Du kannst ihr vertrauen", meint Mary. Ich nicke. Nur, wenn ich es dieser anderen Frau überlassen kann, sich um die Alltäglichkeiten zu kümmern, kann ich mich auf meine Arbeit konzentrieren. Ohne ihre Assistenz könnte ich nur begrenzt in meiner relativen Selbstständigkeit leben. Ich brauche diesen Menschen, so wie ich die jungen Damen und Herren brauche, die einmal pro Woche meine Texte korrigieren, meinen Computer bei Laune halten und mich ein paar Schrittchen mit in das Lebensgefühl einer neuen Generation mitnehmen.

Ihre Vorgängerinnen nahmen es nicht alle so genau mit der klinischen Sauberkeit. Manches Mal zeichneten meine Mutter oder Marina Strichmännchen in die Staubflächen, bevor sie zum Putztuch griffen.

„Findest du das etwa nett?"

Mary meint diese hinterhältige Art, den Angestellten zu zeigen, wer in Wirklichkeit die Chefin des Hauses ist.

Die Geschichte meiner Haushaltshilfen ist eine unendliche. Alle paar Jahre habe ich meine „guten Feen" gewechselt und gegen bessere ausgetauscht. Die ersten beiden lebten als meine Nachbarinnen mit ihren Kindern unter mir in demselben Haus. Wann immer mir ein Glas in Scherben oder eine Socke verloren ging, dachte ich, wäre die Hilfe nur ein Stockwerk entfernt. Diese Nähe erwies sich mit der Zeit als unerträglich. Beide Parteien, Arbeitgeberin und Arbeitnehmerin, fühlten sich kontrolliert, gegängelt und jeglicher Freiheit beraubt. Ab der Dritten kamen die Damen deshalb zu ihren geregelten Arbeitszeiten in meine Wohnung – und verließen nach ihrer Arbeit das Haus.

So weit, so gut. Anfangs lief immer alles bestens. Die Frauen mochten diesen Job, in dem sie viel Verantwortung hatten, viel Selbstständigkeit. Aber irgendwann verwechselten alle ihre Position als Angestellte mit der eines Feldwebels, einer guten Freundin oder einer Managerin. Statt ihre Aufgaben zu erledigen, erteilten die Herrinnen mir gute Ratschläge, hoben ihre mütterlichen Zeigefinger, schleppten „gesundes Essen" aus ihrer eigenen Küche an, klauten mir Pralinen oder mischten sich in meine Telefonate ein. Sie kritisierten das Aussehen meiner Freundinnen und fanden Marina „zu dominant". Eine der Damen hatte eine eindeutig kriminelle Neigung, die im Haushalt einer blinden Frau natürlich gut genährt werden konnte. Noch heute bekomme ich eine Gänsehaut, wenn ich mir die Person und ihren Schweißgeruch vorstelle, wie sie kalt lächelnd einen Gegenstand aus meinem Wohnzimmer an mir vorbeiträgt, um das Diebesgut in der eigene Tasche verschwinden zu lassen. Die drei Monate, die ich sie ertrug, kosteten mich neben einem Bündel Nerven auch zwei Teller, meine Lieblingsvase aus der Vitrine, etliche Pullover und Tischdecken, einen Walkman und mehrere CDs.

Die anderen waren keine Kleinkriminellen. Sie wiesen sich als erfahrene Kinderfrauen aus, als gelernte Arzthelferinnen mit dem buddhistischen Ideal der Achtsamkeit, als Ex-Intellektuelle mit überdurchschnittlicher Intelligenz und pharmakologischen Fachkenntnissen. Aber eine von diesen Expertinnen meinte über Umfang und Zeit ihrer Arbeit allein entscheiden zu müssen, eine andere schrie mich an, ich habe mich gefälligst zu setzen, wenn ich mit ihr redete, eine dritte wurde, wie sie es nannte, von einer unbekannten Macht „geritten", die ihr einflüsterte, bei einem Versandhaus anzurufen und Kleidung und eine Nähmaschine zu bestellen, auf den Namen ihrer ahnungslosen Chefin und mit deren gefälschter Unterschrift. Betrügen? Aber wie konnte ich Dummerchen argwöhnen, dass sie mich betrügen wollte! Nie, nein nie hätte sie gedacht, dass ich so etwas von ihr, der Treuen, denken würde. Nie hätte die Vorletzte, die mich mit „so viel Liebe, so viel Mühe, so viel Verständnis und gesundem Essen" behandelt hatte, gedacht, dass ich es nicht duldete, dass sie sich krank schreiben ließ, um beim Umzug ihrer Mutter tatkräftig zu helfen. Fristlose Kündigung? Nein, eigentlich hatte keine meiner guten Feen eine solch ungerechte Chefin wie mich verdient.

Ich weiß, wie viel der Job in meinem Haushalt von den Frauen verlangte. Sie mussten sich in die Welt einer Blinden versetzen und deren peinliche Ordnung einhalten. Sie sollten diskret sein, wenn sie die Post vorlesen mussten, und auf Kommentare verzichten. Auch auf Notfälle waren immer alle gefasst; falls ich sie mitten in der Nacht um eine Begleitung ins Krankenhaus bitten würde, würden sie zu mir kommen müssen. Ja, möglichst auch Auto fahren, möglichst mal meine Aktentasche schleppen, wenn ich zu einem Vortrag eingeladen war. Und kochen und meine Gäste bedienen. Es war keine einfache Arbeit, aber auch nicht langweilig.

Das Problem ergab sich aus der Unmöglichkeit, einer Frau gegenüber professionellen Abstand zu wahren, der man die Fußnägel schneidet, die Unterhosen wäscht und deren Streit mit Mutter und Freundin man mitbekommt. Auch ich musste mich zu dieser Distanz immer wieder zwingen. Ich fand es schwierig, jemanden ausnahmslos „sachlich“ zu behandeln, mit dem man gemeinsam lachen konnte.

Das Gefühl, immer am kürzeren Hebel zu sitzen, verleitete mich oft zu völlig falschen Signalen. Wie zieht man die Grenze zwischen Hausdame und Vertrauter? Wie lehnt man freundlich gemeinte Angebote ab, ohne zu verletzen? Wie zieht man sich aus einer Umarmung, die einem die Luft abdrückt?

Man schlägt in Panik um sich, oder man reagiert die zwiespältigen Gefühle an ironisierten, literarischen Figuren ab.

„Private Umsorgung“. Die Erzählung hat immer neue Varianten und Formen bekommen, genau wie die unendliche Geschichte von Susannes Haushaltshilfen. Ironischerweise wurde der Text ausgerechnet von blinden „Leidensgenossen“ vehement abgelehnt. Diejenigen, die selbst tagtäglich auf Assistenz angewiesen waren, fanden das Drama, das eine Schriftstellerin um eine Blinde und ihre erste, zweite und dritte Hausdame konstruierte, überzogen. Dass wir derart hilflos und unselbstständig dargestellt wurden, zerstörte gerade blinden Lesern ihr Selbstbild von akzeptierten, selbstbestimmten und keineswegs wehrlosen Persönlichkeiten. Ein Schuss gegen das mühsam erarbeitete Selbstbewusstsein!

Die Erzählung sollte der krönende Abschluss einer Lesung in einem Bildungszentrum für Blinde werden. Anschließend war ich eingeladen, mit dem Publikum darüber zu diskutieren. „Haben wir nicht unsere Hilfsmittel, unsere Ausbildungen? Sitzen wir nicht längst auf Chefsesseln von Radioredaktionen, ja Fernsehanstalten?" Anders als Zuhörer ohne eigene Behinderung hatten die versammelten Blinden keinerlei Scheu, meine Arbeit und mich in die Mangel zu nehmen. Der Blinden-Bonus, der mir vor anderem Publikum oft einen Schonraum verschaffte, wurde hier natürlich nicht eingeräumt.

Mir ging auf, dass ich meine Erzählungen und Hörspiele nicht für die Blinden schrieb, sondern für Sehende. Wenn ich es recht bedachte, war ich selbst eine blinde Sehende geworden, während die meisten Schüler vor mir sich gern der Spezies sehender Blinder zurechneten. Ich erinnerte meine Zuhörer daran, dass ich eben nicht von Geburt an ohne Augenlicht habe leben müssen und dass ich aus meinen ersten dreißig Jahren sehr genau wisse, wie Augenmenschen denken. Den Eindruck, als Blinde stehe ich mit ihnen auf ein und derselben Höhe, hielt ich für Wunschdenken.

Unruhe im Saal. Diskussionen, Auflachen. Ich wollte der Atmosphäre ihre Spannung nehmen und ergänzte: „Ich habe das Glück, beide Seiten zu kennen, die der Sehenden und die der Blinden. Aber wenn es unter Ihnen ebenfalls Späterblindete gibt, die das ganz anders sehen ..."

Eine junge Frau, die kurz vor ihrem Abitur stand, unterbrach mich. „Sie meinen wohl genauso wie alle Sehenden, dass wir Geburtsblinden entscheidende Nachteile haben, nur weil wir nie Farben gesehen haben."

Ich konnte nicht leugnen, dass mir etwas Ähnliches vorschwebte. Wenn ich Rot sagte, sah ich vor meinem inneren Auge rot. Wenn ich Blau sagte, wusste ich um die Nuancen vom Himmelsblau bis zur Meerestiefe. Ich konnte auf eine vertraute Palette zurückgreifen, die ich mühelos in meine veränderte Vorstellungswelt einpasste. Wie sollte das jemand schaffen, der nie eine Farbe gesehen hatte?

Was antwortete die geburtsblinde Abiturientin?

Ob ich das nun glaube oder nicht: Sie könne die Farben schmecken, und das habe sie oft genug mit ihrer sehenden Freundin ausprobiert.

Unruhe im Saal. Wieder ein Auflachen. Mir dämmerte, dass ich der geburtsblinden Farbenkennerin längst glaubte. Vor ein paar Jahren hätte ich ihren fremdartigen Geschmackssinn für Einbildung gehalten. „Kompensation"! Dieser, oder ein ähnlicher, abwertender Fachbegriff wäre mir dazu eingefallen.

Jetzt war ich weiter gekommen. „Wie schmeckt Blau?", wollte ich wissen, und meinte die Frage nicht die Spur ironisch.

Ich erinnere mich nicht an die Antwort. Sagte sie „salzig" oder „nach Tinte", sagte sie „fade", sagte sie etwas wie „wolkenlos"? Ganz egal, was sie sagte. Niemand wusste, ob sie, wenn sie etwas salzig oder scharf fand, dasselbe schmeckte wie ich.

Nur an ein, zwei Abenden wird Mary von Traurigkeit eingeholt. Sie zappt sich durch Fernsehprogramme, bis sie einen deutschen „Comedian" aufgespürt hat. Nach dem Versuch, sich einen lustigen Reim auf den Sprachwitz des Kabarettisten zu machen, geht sie ins Bett. Ich weiß: Sie wird eine Schlaftablette nehmen. Die amerikanische Therapie von Depressionen ist immer schon andere Wege gegangen als die deutsche. Als Studentin fand ich, dass diese Methoden nicht tief genug in den Seelen schürften. Heute würde ich mir kein Urteil mehr anmaßen. „Wer heilt, hat recht." Aber manche Depressionen sind eben nicht heilbar.

1977 hatte die gedrückte Stimmung ebenfalls zugeschlagen, und zwar wenige Tage vor Marys Rückflug. Meine Mutter versuchte sie zu trösten: „Nächste Woche hast du es geschafft. Dann bist du wieder zu Hause."

Sie schüttelte den Kopf und weinte noch heftiger. Mary war nicht aus Heimweh so traurig, sondern weil ihr der Abschied von Deutschland schwer fiel. Wer hätte das gedacht?

Sobald sie wieder in Wisconsin war, wurden meine Eltern und ich mit langen begeisterten Briefen aus den Staaten überrascht. Sie enthielten Erinnerungen an jede Kleinigkeit, die ihr in Europa aufgefallen waren. Jede Notiz, die sie in ihr kleines Heftchen gekritzelt hatte, schien Unvergessliches enthalten zu haben. Jahrelang trug diese tief verwurzelte Pflanze Früchte.

Auch 2010 schreibt Mary Tagebuch. Sie setzt sich regelmäßig an meinen Computer und schickt eine E-Mail mit einem kleinen Reisebericht in die Heimat. Auch ihre Fotos fliegen ihr in bearbeitetem Zustand voran.

„Bist du froh, bald wieder nach Hause zu kommen? Freust du dich auf die Arbeit, auf deine Kollegen?"

„Sure. There's no other way." Haben wir eine andere Wahl?

Ihr Zug nach Frankfurt fährt um halb fünf Uhr morgens. Wieder stehen mein Vater und ich in aller Frühe auf, um Mary am Bahnhof zu verabschieden. Es ist grausam kalt an diesem Januarmorgen, und für eine letzte Umarmung bleiben nur ein paar Sekunden.

„Take care. Und komm bald wieder."

KAPITEL 3
DIE WELT UND DIE ANGST

Sie haben einen spannenden Lebenslauf." Die Journalistin, die mich diesmal interviewt hat, schaltet ihr Mikrofon ab. Spannend? Das Wort mag die Kurzform charakterisieren, in der ein Leben für ein Drehbuch zurechtgebogen und inszeniert wird. Das rhythmische Ein- und Ausatmen, das banale Aufstehen und tägliche Schlafengehen, Essen und Trinken ist alles andere als spannend. Aber wer will schon von mir wissen, wie normal meine Normalität geworden ist – von den gelegentlichen Unfällen mal abgesehen, die im Alltag einer Blinden nicht zu vermeiden sind? Eine Flasche Parfum zerspringt in tausend Scherben, ich stolpere schon morgens über meinen eigenen Stock, und mittags stoße ich mir ein blaues Auge an meiner Hängelampe. Aber ich habe keine Lust, von solchen kleinen Katastrophen zu erzählen.

„Eigentlich finde ich mein Leben ziemlich eintönig", fasse ich zusammen, beeile mich aber zu betonen, dass ich mich nicht im Geringsten langweile. Einmal pro Woche Frühstück im Café, einmal pro Woche Einkauf, einmal pro Woche Arbeitstermin mit meiner Assistentin, jeden Montag und Freitag Physiotherapie, jeden Monat ein theologisches Fachgespräch mit zwei befreundeten Pfarrerinnen, ein Jour fixe mit einer weiteren Freundin, Schriftstellerin, alle drei bis vier Monate Routinecheck in der Uniklinik Münster. Ich genieße das Muster meines Alltags mit all seinen Wiederholungen und Regelmäßigkeiten. Eine Chance, den Regeln eine Ausnahme vorzuziehen und aus meinem Trott zu fliehen, verpasse ich allerdings selten. Mein Leben ist nicht langweilig. Ich behandle es, als sei es planbar geworden.

Die Journalistin hat ihre Befragung für einen „christlichen" Radio-Sender durchgeführt. Sie fahndete nicht nach den Wurzeln für meine Überlebensstrategien; die scheinen ihr fraglos in dem zu gründen, was sie meinen Glauben nennt. Sie wollte sich lediglich erkundigen, welche Äste des Wurzelstocks ich noch tiefer eingegraben, welche ich herausgerupft habe. „Hat ihr Glaube sich verändert? Ist er vielleicht weniger abstrakt geworden?"

Klar, dass einer professionellen Gottessucherin wie mir ein abstrakter, fleischloser Glaube unterstellt wird. Ich wehre mich dagegen, „nur" eine Buchstabenreligion zu repräsentieren. „Abstrakt" ist mir meine Theologie nie vorgekommen. „Die Theorie hat sich in meinem Alltag bewährt", antworte ich. Dann spüre ich einen Widerstand. Ich habe erklärt, dass Glaube und Bibel keine Pflästerchen für die Wunden bereithalten, die das Leben allen Menschen zufügt. Sie stellen nur Angebote bereit, ein Schicksal zu deuten.

„Haben Sie nie an der Qualität des Angebots gezweifelt?"

„Für mich gehören Glaube und Zweifel zusammen!" Basta. Ich bestehe darauf, und zwar mit einem Nachdruck, der ein bisschen albern ist. „Der Glaube ist ohne Zweifel nicht denkbar, und umgekehrt; Ich kann nur einen Gott ernst nehmen, der mit sich streiten lässt."

Schade, dass sie ihr Mikrofon schon ausgeschaltet hat. Glaube und Zweifel: Das muss ein Reizthema für die Hörer eines christlichen Senders sein. Ich male mir erstaunte, weit aufgerissene und sehr blaue Augen aus. Nein, ich kann es immer noch nicht lassen, mich selbst als Gegenentwurf zu einer braven, frommen, demütigen Christin aufzubauen. Ähnlich habe ich schon als theologischer Frischling den Boden im kirchlichen Forst aufgewühlt – und mich gewundert, dass mir bald niemand mehr zuhörte.

Schade, dass meine Gesprächspartnerin ihr Interview an dieser Stelle zu Ende bringen will. Nur eine einzige Frage habe sie noch, und für meine Antwort stelle sie nun auch das Mikro wieder an.

„Können Sie mir eine Stelle im Wort Gottes nennen, die Sie besonders lieben?"

„In der Welt habt ihr Angst." Ich bin selbst überrascht, wie spontan diese Auskunft mir von den Lippen kommt. Es ist ein Satz Jesu aus dem Johannesevangelium, dem Buch, in dem der Gottessohn der Gemeinde seiner Nachfolger auch meinen Konfirmationsspruch hinterlassen hat. Nachdem Jesus sich als „Licht der Welt" ausgewiesen hat, schaut er noch einmal in die finsteren Zeiten zurück und spricht: „In der Welt habt ihr Angst. Aber seid getrost: Ich habe die Welt überwunden."

„Warum mögen Sie diese Stelle?"

„Ich liebe sie, weil Jesus eben nicht behauptet, er habe die Angst überwunden. Die Angst bleibt nämlich zurück, wenn der Gottessohn die Welt hinter sich lässt."

Meine Antwort wird vom Mikrofon aufgesogen und lässt ein Schweigen im Zimmer zurück. Die Reporterin sucht eine ganze Weile nach einem Kommentar. Schließlich sagt sie, was mir schon viele Leute gesagt haben: „Dabei wirken Sie ausgesprochen gelassen."

Die Welt einer Überlebenden ist keine Welt ohne Angst. Angst, dass ich an die Dialyse zurückmuss. Angst, dass meine Tumormarker positiv ausfallen. Angst, dass meine Eltern sterben. Angst vor dem eigenen, einsamen Sterben, das sich nicht üben lässt. „In der Welt habt ihr Angst. Alle."

Trotzdem wäre es übertrieben, wenn ich die Angst zum Grundton der letzten zwanzig Jahre erklären würde. Gerade in den letzten Jahren hat sie sich so sehr in den Hintergrund gespielt, dass ich sie fast vergesse. Kaum noch spürbar, haben sich die Panikwellen, die mich die erste Zeit nach meiner Transplantation beim leisesten Zwicken und Zwacken erreichten, zu einem Unbehagen verflacht, mit dem ich alle zwölf Wochen zu meinen Routine-Untersuchungen nach Münster aufbreche. Irgendwann werden nicht nur die Nierenwerte meiner Mitpatienten, sondern auch meine eigenen sich verschlechtern. Oder es geht mir wie dem Nierentransplantierten, der bei einer Sprechstunde über Bauchschmerzen klagte und innerhalb weniger Wochen an Leberkrebs starb. Ich weiß, dass das passieren kann, aber das Wissen hat etwas Abstraktes, etwas Unwirkliches bekommen. Bis jetzt bin ich immer gerettet worden. Für alle Probleme fiel eine Lösung vom Himmel.

Zwar behaupte ich im Grundton der Überzeugung, dass ich Veränderungen in meinem Körper bemerken würde, bevor sie von einer Blutkontrolle aufgedeckt werden. Aber das Unbehagen liegt mir unleugbar im Magen, wenn ich mich zu dem Diensthabenden ins Sprechzimmer führen lasse. Er hat meine Organe im Ultraschall „ausgemessen“, nun stellt er die üblichen Fragen. „Messen Sie Ihren Blutdruck?“ Selten. „Machen Sie Zuckertests?“ Nie. „Wir könnten mal eine Szintigrafie von Ihren Knochen machen.“ Warum? „Dann wüssten wir über die Knochendichte Bescheid.“ Wozu? „Dann wäre klar, wie weit Ihre Osteoporose fortgeschritten ist.“ Aha. Und was dann?

Ich will nichts über solche „Fortschritte“ wissen, solange mir die Knochen nicht öfter und intensiver wehtun als heute. „Man kann sowieso nichts daran ändern, oder?“ Das gibt der Diensthabende zu. Ich will auch nichts an meiner Kortisondosis ändern, die im oberen Toleranzbereich liegt. „Sie kennen die Folgen“, setzt der junge Doktor voraus. Ja, ich kenne sie, aber bei einer geringeren Dosis fühle ich mich schlapp und schlecht, und das will ich nicht.

„In Ordnung. Never change a winning team.“ Zwanzig Jahre pankreastransplantiert: Nein, das hat er noch nie gehört, das ist eine ausgesprochen erfreuliche Ausnahme. „Machen Sie weiter so.“

Ich verspreche, dass ich es versuche, dann reiße ich ihm die Rezepte aus der Hand und will das Sprechzimmer auf dem schnellsten Weg verlassen. Jedes Mal, wenn ich von Münster nach Hause fahre, bin ich glücklich, wieder mal gerettet zu sein.

Es hat Jahre gedauert, bis ich genug medizinisches Selbstbewusstsein aufgebaut hatte, um mich der diagnostischen Neugier der Ärzte zu entziehen. Ein „interessant!" aus ärztlichem Mund macht mich sofort misstrauisch. Solches „Interesse" hätte mich vor ein paar Jahren fast meine geliehene Bauchspeicheldrüse gekostet. Das Organ sei nämlich, befand ein neuer, ehrgeiziger, im übrigen aber unerfahrener Transplanteur, nicht nach der neuesten Methode an den Darm, sondern altmodischerweise an die Blase angeschlossen! Zum Glück kam der junge Abenteurer nicht dazu, diese Verbindung zu kappen. Ich reiste zu meinem Lebensretter, dem einzigen Arzt, dem ich bedingungslos vertraue. Der Lebensretter erklärte seinen jungen Kollegen für verrückt.

Die Atmosphäre in der Klinik – nicht nur der Uniklinik – hat sich verändert. Sie schnürt einem den Atem ab, statt ihn zu befreien. Diagnose ist Voraussetzung jeder Therapie, das weiß ich. Aber in der Gesundheits- und Krankheitsmaschinerie der letzten Jahre ist sie zum Selbstzweck mutiert. Einem klinischen Betrieb geht es zuerst um die Selbsterhaltung, nicht um Behandeln von Leiden. Patienten sind Schrauben in dieser Maschinerie. Sie stehen Schlange vor Untersuchungszimmern, um die teuren Geräte vor inprofitablem Stillstand zu bewahren. Ein Bauch nach dem anderen, eine Hüfte nach der nächsten werden in ein medizinisches Kanonenrohr geschoben. Befund: „unauffällig", in 95 Prozent der Fälle. Erwarte ich zu viel, wenn ich spüre, wie ein Arzt die Hoffnungen und Ängste einer Patientin gierig verspeist, sorgsam verdaut, aber nur zu statistischen Zwecken wieder von sich gibt?

Zur Routine auf jeder Station gehören Dauerblutdruckmessungen und Langzeit-EKGs. Ich weiß nicht, wie oft ich derart verkabelt und beklebt wurde, nur weil ich eine Infusion brauchte oder den Magen gespiegelt bekam. „Das machen wir hier immer. Sie müssen sich fügen." Eines Tages riss ich mir die lästigen Kontakte nach einer Viertelstunde von der Haut, gab mein Messgerät aber folgsam erst am nächsten Morgen ab. „Ihr Dauer- EKG ist in Ordnung“, wurde mir auf Nachfrage mitgeteilt. Ich wette, dass niemand je meine 15-Minuten Kurve angeschaut hatte. Seit diesem Erlebnis füge ich mich nicht mehr und nenne jeder ärztlichen Praktikantin, die mir die Elektroden aufkleben will, den Grund für mein entschiedenes „Nein danke!“.

Ich will nicht undankbar sein. Dem medizinischen Fortschritt und einem genialen Chirurgen verdanke ich fast alles. Was wäre ich ohne Apparatemedizin, ohne moderne Medikamente? Haben die Ärzte der Uniklinik nicht immer ihr Bestes gegeben, um mir zu helfen? Auch ohne meine sehr zuverlässige Hausärztin käme ich schlechter durch mein zweites Leben, unbestritten. *Die* Ärzte gibt es eben nicht. Aber ich habe genug arrogante Ehrgeizlinge, eitle Mimöschen und schlichte Idioten aus dieser geachteten Zunft kennengelernt, um ein für allemal ernüchtert zu sein. Gift und Galle möchte ich spucken, wenn ich an manche Herren und Damen in Weiß denke, die sich vor meinem Bett aufreihten, die Hände hinter dem Rücken versteckt. Ich bin sicher, dass ich, wenn ich noch einmal mit Herz und Seele kapitulieren und meinen Eigensinn aus der Hand geben muss, verloren sein werde. Ich will niemandem Schuld zuschreiben und weiß, dass Ärzte auch nur Menschentiere sind, die Fehler machen. Deshalb habe ich beschlossen, alle Entscheidungen selbst zu verantworten. Eine Aufnahme ins Krankenhaus heißt nicht, dass ich mich als Person an der Pforte zurücklassen muss. Ich selbst bin die beste Expertin für mich, das „komplexe System“ Susanne. Niemand hat sich so lange und so eingehend mit meinem Ausnahme-Organismus beschäftigt wie ich. Nur ich kann die Einzelteile, aus denen eine Symptomatik sich zusammensetzt, zu einem Ganzen fügen und mir einen Reim darauf machen.

Ab und zu allerdings muss ich taktische Kompromissbereitschaft zeigen, um es mir mit den medizinischen Fachleuten nicht zu verderben. Ich täusche Ahnungslosigkeit vor, wo mir meine Symptome längst ein Bild von der Störung geliefert haben, die ich behandeln lassen will. Manchmal stelle ich Fragen, die ich mir selbst besser beantworten kann als die überforderten Mediziner. Es fördert ihre Hilfsbereitschaft nicht, wenn eine Patientin immer alles besser weiß, sondern es kratzt an der Ehre der ärztlichen Zunft. Arzt schmeißt zur Einschüchterung gern mit Fachwörtern um sich. „Warum lachen Sie?" Ich habe ein Graecum, er nicht.

Betretenes Schweigen. Wut.

Vielen jungen, manchen mittelalten und wenigen alten Ärzten machen die Besserwisserinnen und ihre komplexen Systeme Angst. Was, wenn die Patientin am Ende recht behält und die Vene, die doch so ergiebig aussieht, kollabiert? „Ich habe Sie doch gebeten, die andere Hand zu nehmen. Außerdem müssen Sie eine dünnere Nadel benutzen." Betretenes Schweigen, Wut. Wie steht ein Chefarzt da, wenn er selbstbewusst „Das schaffen wir schon!" ins Krankenzimmer posaunt hat, dann aber auch beim dritten, vierten und fünften Versuch, die Vene zu punktieren, kein Blut abzapfen kann? „Ich muss jetzt zur Besprechung", erklärt er und rennt ohne Abschiedsworte davon. „Sagen Sie dem Oberarzt Bescheid!", ruft er noch der Schwester zu.

Betretenes Schweigen. Wut. „Schuld sind nur Ihre dünnen, brüchigen, blutleeren, renitenten, ramponierten Gefäße."

Am schlimmsten ist es, wenn die Diabetesfalle wieder mal zuschnappt. Die Ärzte, die in ihren Fängen festklemmen, die sich darin verkrampfen und sich winden wie unter der Guillotine, könnten mir leid tun. Ohne den Schlüsselbegriff „Diabetes Typ I" wird ihnen das komplexe System einfach zu komplex. Dann wird die gute, alte Zuckerkrankheit wieder mal auf die Anklagebank gezerrt und für schuldig erklärt. Sie anzuhören, ist zwecklos, da ein nicht existenter Angeklagter die Aussage verweigert. Also arbeitet die Anklage mit Indizien und der Erfahrung von Lehrbüchern: Wirklich „heilen" lässt er sich nicht, der böse Diabetes, wie jeder Arzt gelernt und nicht vergessen hat. „Irgendwann fangen die Folgen der Folgeschäden eben an." So rechtfertigte ein HNO-Arzt die Oberflächlichkeit, mit der er meine „diabetesgeschädigten" Gehörgänge betrachtete und für unauffällig erklärte. Eine andere Ärztin stellte einen Hörsturz fest. „Das wollen Sie bloß nicht wahrhaben!", unterstellte ein Kardiologe, dem zu meinem Dauerschwindel nur eine einzige Erklärung einfiel: Polyneuropathie, natürlich diabetisch, was sonst. Einmal Zucker, immer Zucker. „Ich verstehe durchaus, dass Sie das nicht gern zur Kenntnis nehmen. Aber Sie müssen wissen: Im Laufe der Jahre macht die Nervenschädigung, die diabetische, sich selbstständig. Es tut mir leid, aber so ist es."

In Wirklichkeit war alles viel einfacher; so elementar, dass ein komplex denkender Arzt wie der Polyneuropathiker einfach nicht darauf kommen konnte. Die Patientin selbst, diese Besserwisserin, fand die Zusammenhänge eines Tages heraus. Schwindel und katastrophale Kreislaufstörungen waren die Folgen einer Austrocknung meiner Zellen. Wassermangel, ja. Nicht mal diese – diabetestypische – Diagnose war dem Neuropathisten in den Sinn gekommen. Weder Diabetes noch diabetische Polyneuropathie waren dafür verantwortlich, sondern allein meine jugendliche Niere und ihr Übereifer, mit dem sie immer noch literweise Wasser aus mir herauspresste, so viel Wasser, dass ich kaum mit dem Trinken nachkam.

Kein Wunder, dass mein Blutdruck in einen Abgrund sackte, der sich nicht mehr messen ließ. Kein Wunder, dass mein Puls raste wie verrückt und dass diese Dysregulationen mich schließlich fällten. Eines Nachts floss mein dickes Blut nicht mal mehr regelmäßig durch den Kopf, um mein Gehirn zu versorgen. „Mikroinfarkte", hieß der Schaden, der dadurch entstand. So stand es auf der Auswertung einer Computertomografie. „Mikroinfarkte", ein anderes Wort für einen leichten, linksseitigen Schlaganfall, der meiner rechten Körperhälfte eine bleibende Schlagseite verpasste und mir zeitweise die Sprache verschlug.

Um eine Ehrenrettung des ärztlichen Menschentiers zu versuchen: Es dauerte lange und kostete den Preis einiger weiterer Fehldiagnosen, bis ich hinter das Geheimnis der Kettenreaktionen meines Systems kam. Der Neuropath war keineswegs der Einzige, der sich nicht mit elementaren, logischen Schlüssen zufriedengab. Bei der Fahndung nach den Ursachen für meine radikalen Kreislaufabstürze fand ich mich eines Tages unter dem Schallkopf einer echten Neurologin der Uniklinik wieder. „Diabetes? Dann wollen wir doch mal schauen." Sie fuhr mit dem Stift meinen Hals entlang, dann die Schläfen hoch in Richtung Stirn. Drei, vier Mal blieb der Schallkopf an irgendeiner Stelle meines Schädels stehen, die der Ärztin verdächtig vorkam. Zum Schluss war sie sicher. „Sie haben eine verengte Stelle im Gehirn", diagnostizierte sie. „Bei Diabetikern haben wir solche verkalkten Adern oft." Um sicher bestimmen zu können, wie eng diese Verengung wirklich war, müsse man aber mit einer Sonde durch meine Schlagadern in meinen Kopf reisen und die zerklüftete Landschaft vor Ort besichtigen. „Das machen dann die Kollegen der Radiologie", kündigte sie an, fröhlich, wie ich dachte, unverschämt, ahnungslos fröhlich, die Hexe. Sie redete von meinem defekten Hirngefäß wie von einem Schnupfen, die Kuh.

Da war ich Idiotin also zehn Jahre lang der arroganten Meinung gewesen, mich könne kein Symptom und keine Diagnose mehr schockieren. Ich hatte das Sterben oft genug geprobt, hatte ich mir eingeredet. Ich trainierte seit zehn Jahren das Altwerden und das Resignieren. Hatte ich gedacht. *Dieser* Befund jedoch hätte mir den Boden unter den Füßen weggezogen, wenn ich auf meinen Füßen überhaupt noch gestanden hätte. Seit Wochen kroch, stolperte und lag ich nur noch auf dem Rücken. Manchmal, wenn ich auf meinem Sofa saß, wurde der rechte Arm taub, kribbelte er und ließ sich nicht mehr bewegen. Jetzt wusste ich endlich, hurra, woher diese Störungen und Missempfindungen kamen: Ein Gehirn kurz vor dem Kollaps zog mich der Erde entgegen. Und ich Ahnungslose hatte immer wieder geschworen, ich hätte nach allem, was ich an Krankheiten überlebt hatte, keine Angst mehr vorm Sterben. Hier, unter dem Ultraschall einer Neurologin, bekam ich zu spüren, wie wenig ich zu meinem Ende bereit war.

Und ob ich Angst hatte. So körperlich, wie das Gefühl mich aufwühlte, so unüberhörbar, unüberspürbar hatte ich es in den schlimmsten Dialysetagen nicht erlebt. Die Angst quoll mir dick und salzig aus den Augen. Sie klumpte sich im Hals, während die Ärzte mir erklärten, die fragliche Stelle in meinem Kopf sei inoperabel. Sollte man dort versuchen, die Ablagerungen aus den brüchigen, diabetischen Gefäßen zu schaben, verursache man sofort den Schlag, der andernfalls vielleicht noch ein paar Jahre auf sich warten ließe. Ich müsse mich zwar damit abfinden, nicht mehr stehen, höchstens noch ein paar Stunden am Tag sitzen zu können. Aber Gott sei Dank gebe es Rollstühle.

Gott sei Dank.

Es gibt auch pflegerische Hilfsmittel, spezielle Tabletts und Schnabeltassen, mit denen die Versorgung einer Patientin, die nur noch auf dem Rücken liegt, nicht unmöglich ist.

Gott sei Dank.

Es war eine schreckliche Nacht. Mein eigentlicher Zusammenbruch ereignete sich am Morgen, als die Schwester mit ihrer Waschschüssel ins Zimmer kam. „Gut geschlafen?“ Mehr brauchte sie nicht zu sagen, um meinen Weinkrampf auszulösen. Ich heulte wie ein Kind. Ich rief nach meiner Mama. Unkontrollierbar platzten die Schluchzer aus meiner Brust und zerrissen meine Stimme. Ich wollte nicht sterben. Ich wehrte mich gegen dieses verdammt ungerechte, verdammt vorzeitige Sterben. Ich hielt der Stimme, die mir einreden wollte, ich lebe doch ohnehin lange über die mir zustehende Zeit hinaus, das Maul zu.

„Das war wohl alles ein bisschen zu viel“, flüsterte die Schwester und stellte die Waschschüssel weg. Sie wollte später kommen, um mir beim Zähneputzen zu helfen. Ich sollte mich erst mal beruhigen.

Meine Bettnachbarin lag still und geduldig neben mir und meinem Heulen. Dann stand sie auf, wanderte um ihr Bett herum zu meiner Seite und strich mir über den Arm. „Danke.“ Ich wusste nicht, woher dieses Gefühl plötzlich kam. Ich war ehrlich und zutiefst dankbar; für diese kleine, zarte Geste, als hätte meine Nachbarin mir damit die engen Hirngefäße weitgestrichen. „Sie sind sehr lieb“, schluchzte ich. „Sie doch auch“, sagte sie ruhig. „Sie sind doch auch eine ganz liebe.“

„Oma Brille“, so nannten mein Bruder und ich die Mutter meines Vaters. Ihr Leben lang war diese zweite Großmutter sehr klein und sehr dick gewesen, sehr stolz auf ihre fünf Kinder, sehr fleißig, sehr putzsüchtig. Ihrer eigenen Meinung nach war Luise Krahe von ihren Eltern und Geschwistern sehr schlecht behandelt und immer nur ausgenutzt worden. Angeblich hatte man sie enterbt, weil sie einen falschen Mann zum Vater ihrer Kinder gewählt hatte. Der Meinung meines Vaters zufolge war sie eine sehr streitsüchtige Person, deren einprägsamste Erziehungsmethode das Meckern war.

Wir Enkel hatten weder eine streitsüchtige noch eine putzsüchtige Oma Brille kennengelernt. Meckern konnte sie auch nicht mehr. Wer ab und zu ins Haus des Sohnes und der Schwiegertochter transportiert und dort auf einen Sessel verfrachtet wurde, war die gelähmte Oma Brille. Sie quoll fast über die Holzlehnen der Wohnstubensessel. Sie quälte sich unförmig an einem vierfüßigen Stock durch das Haus der hundert Stufen, lachte aber gern und breit über das Kätzchen, das sich tausendschrittig um die eigene Achse drehen konnte, um seinem Schwanz nachzujagen. „Das Dussel, das Dussel.“

Das Besondere an Oma Brille war für uns nicht ihr Stock oder ihr langsamer, schwerer Gang. Wir hatten keine Ahnung, dass sich dieser fette Körper einmal sehr flink bewegt hatte, dass dieser rechte Arm, der nutzlos angewinkelt blieb, noch einen Tag vor dem zweiten Schlaganfall Fenster geputzt hatte. Wir kannten die andere, die gesunde Oma Brille nicht, als sie noch keine Brille getragen hatte. Es kamen Brille, Enkel und linksseitiger Schlaganfall. Jetzt konnte Luise nicht mehr sprechen, genauer: Die rudimentäre Sprache, die der Hirninfarkt ihr übrig gelassen hatte, machte sie zum reinsten Kuriosum für uns. Um eines ihrer Kinder beim Namen zu nennen, musste sie alle fünf der Reihe nach aufzählen. Mein Vater war „Williheinz“, meine Tante „Williheinzdorisklausliesel“. Spontan bekam sie nur wenige Wörter heraus, die sie verzweifelt wiederholte und wiederholte, bis sie sich endlich verstanden fühlte. Ein zur Legende gewordenes „Leberwurst!“ kam erst nach drei, vier Kilometern Autofahrt heraus. Für meinen Bruder und mich war es ein Spiel, ihre Stichwörter in Wünsche zu verwandeln. „Tuch“: „Oma Brille braucht ein Taschentuch.“ „Nötig!“: „Oma Brille muss zur Toilette.“ „Klaus, Herz“: „Oma Brille meint, Onkel Klaus sei herzkrank.“

Während ich in der Uniklinik auf die radiologische Untersuchung meiner Engstellen im Gehirn wartete, dachte ich zum ersten Mal nach – wie vielen? – Jahren an Oma Brille. Sie hatte nicht nur gern und breit gelacht, sondern auch oft geweint. Das war mir als Kind ein Rätsel, als Jugendlicher peinlich gewesen. Jetzt verstand ich den Grund für die vielen Tränen von Luise. Wie fühlt man sich, wenn man nicht mehr sprechen kann? Wie ist das, wenn man alles denkt, alles merkt, alles weiß, alles falsch oder richtig findet, alles hofft, sich an alles erinnert – nur keine Worte mehr aus dem großen Buchstabenhaufen zusammensetzen kann? Wer aus der Sprache fällt, fällt aus der Welt und bleibt neben ihr hocken. Meine Großmutter hatte in ihrem Gedächtnis gekramt, alles Mögliche gefunden und durch die Luft geworfen, die Dinge erkannt, zu ordnen, aufzuräumen und zu polieren versucht. Was aber aus dem Mund kam, wenn sie es benennen wollte, war falsch. Es rutschte aus einem ganz anderen Zimmer im Kopf an die verkehrte Stelle. „Leberwurst!“ Das passende Wort hatte ganz in der Nähe und doch Kilometer weit entfernt gewartet. Sie hörte, wie es zischte und hauchte und kicherte. Es kam nicht bis zum Vokal „e“ oder „u“. Ihre Zunge streckte sich danach aus wie nach der Delikatesse, die sie benennen wollte. Bis sie sie endlich packte, war sie ein paar Mal zwischen Luises Zähne geraten.

Was blieb ihr anderes übrig, als zu weinen?

War es so: Schlaganfall, Sprachverlust?

Als ob ich nicht längst von dem Schlaganfall angehaucht worden wäre! Ja, ich wusste Bescheid. Es fühlte sich an wie damals, als ich in der Stadt einen Bekannten traf, der mich mit meinem Namen ansprach, und den meine Zunge nicht zurückgrüßen konnte? So war das. Sprachverlust. Blockierungen. Bei mir hatten sie sich nach ein paar Sekunden aufgelöst, aber meiner Großmutter waren sie erhalten geblieben.

Dreizehn Jahre war Oma Brille gelähmt und fast sprachlos gewesen, ehe sie starb. Die letzten zwei oder drei Jahre verbrachte sie in einem Pflegeheim, wo ihre Kinder sie selten, ihre Enkel so gut wie nie besuchten. „Es stinkt da!“, begründete ich meine Weigerung. „Die alten Leute machen mir Angst.“

Und Luise? Oma Brilles Angst?

Dreizehn Jahre hatte sie gehofft, eines Tages wieder richtig laufen, mit ihrer rechten Hand unterschreiben und auch wieder vernünftig sprechen zu können. Dann würde Williheinz wieder Heinz heißen. Dann würde Doris keine Last mehr mit ihrer Pflege haben, dann würde sie das Heim wieder gegen eine eigene Wohnung tauschen und von einem Kind zum andern reisen. Ich weiß nicht, aus welchem Reservoir sie diese Hoffnungstropfen schöpfte, die sie offensichtlich am Leben, Lachen und Weinen hielten. Eines Tages flogen diese Träume davon. Sie wusste, dass sie gelähmt und sprachlos bleiben würde, für immer. Mit den Reisen von Kind zu Kind, mit der eigenen Wohnung würde es nichts mehr werden. Eines Tages wusste Luise: Es waren dumme Träume gewesen, die sie aber am Leben und Lachen und Weinen gehalten hatten.

Gut, dann starb sie also. „Nierenversagen“, wurde festgestellt. Nach ihrem Tod fand man Schlaftabletten in ihrem Nachtschrank. Die musste sie eine Weile gesammelt haben, um endlich wieder gehen zu können, davongehen, weggehen, weg.

Die Sonde stieg in meiner Leiste ein, wo sie ihre lange Reise in Richtung Kopf antrat. Sie brauchte etwa fünf Minuten bis zur Endstation. Durch die Bauchschlagader summte sie, dann an den Herzkranzgefäßen vorbei, durch den Hals in meinen Kopf. Kurz vor der Biegung, die die Neurologin als Verengung angesehen hatte, blieb sie stecken. Der Radiologe kam einfach nicht um die Kurve. „Sie haben da eine Variante in der Gefäßbildung“, erklärte er mir. „Einen Knick sozusagen. Das kann bei niedrigem Blutdruck schon mal zu Minderversorgung führen.“

„Das ist alles?“

Das war alles. Ich musste für einen ausreichend hohen Blutdruck und einen kräftigen Puls sorgen, der den Lebenssaft im Kopf um die Ecke pumpte. Wenn ich das hinkriegte, würde es nur noch sehr selten zu Dysregulationen und Miss-Empfindungen kommen. „Wenn Sie sich komisch fühlen, legen Sie sich einfach flach.“

Es dauerte eine Weile, bis ich es hinkriegte.

Wann werde ich kein Glück im Unglück mehr haben? Ich frage mich das jeden Tag. Jahrelang habe ich nichts vom Älterwerden gemerkt, weil ich mit dreißig Jahren uralt und sterbenskrank war. Jetzt stellen sich Zipperlein ein. Ich werde trotz Krankengymnastik unbeweglicher, vergesslicher auch, was für blinde Menschen keine Vorteile hat. Wann ist der Vorrat an Vitalkräften ausgeschöpft, wann bleibt das Stehaufmännchen endgültig liegen?

Wer weiß. Manchmal sehe ich mich als alte Frau, die über die Beschwernisse des Alters nörgelt wie alle anderen. Ich bin nicht über Unzufriedenheiten erhaben, nur weil ich schon mit achtzehn Grund gehabt habe, mich über den Mangel an Gesundheit und Fitness zu beschweren. Ich wünsche mir, dass mir dann jemand dieselbe Weisheit um die Ohren haut, mit der ich heute den alten und alternden Nörglern den Kopf wasche: „Entweder – oder. Entweder alt werden oder jung sterben. Was ist dir lieber?"

Es schellt zwei Mal. Mit diesem Zeichen melden sich nur meine Eltern an. Die Art des Klingelns verrät mir sofort, wer von den beiden auf den Knopf gedrückt hat. Mein Vater schellt eindringlich, so als müsse er seinen schweren Schritten ein Warnsignal vorausschicken. Meine Mutter meldet ihr Kommen immer mit einem kurzen, hastigen Druck auf die Schelle an, jedes Mal so in Eile, dass ihr Finger manchmal abrutscht und das vereinbarte Doppel-Signal zu einem einzigen, schrägen Klingeln verschmilzt. Bis vor zwei Jahren folgten der überhasteten Vorankündigung ihre überhasteten Schritte, doch die Zeiten des flinken Christelchens sind vorbei. Meine Mutter benutzt meinen Treppenlift, um sich in meine Dachwohnung fahren zu lassen.

„Hallo Mäuschen!" So hat sie mich schon als Kind genannt. „Ich muss mir doch unbedingt noch deine neue Küche anschauen!" Die forsche Art, wie sie in mein Wohnzimmer marschiert, stört mich nicht mehr. Im Gegenteil: Ich lese aus ihrer alten Entschlossenheit, bei mir nach dem Rechten zu schauen, dass sie sich allmählich von ihrer Krebstherapie erholt. Noch bei der Planung meiner neuen Küche hat sie sich kaum für meine Überlegungen interessiert. „Wenn du meinst ..." Auf diesen Satz beschränkte sich ihr Kommentar. Jetzt klettert sie auf den Barhocker und setzt sich an den Küchentresen.

„Und? Wie gefällt dir die neue Atmosphäre?", will ich wissen. Es ist mir nicht egal, was meine Eltern zu diesem Umbau meinen. Nach über zwanzig Jahren, die ich in dieser Wohnung lebe, hatte ich das Bedürfnis, mein Ambiente noch einmal zu erneuern. Eine Wand musste weichen, die Küche wurde zu einem eleganten Winkel im großen Wohnzimmer verwandelt. „Offenes Wohnen ist in!", sagte eine Freundin. Warum sollte ich nicht mal einem modischen Trend folgen?

Mein Vater hat sich schon begeistert gezeigt und mich bestätigt: „Der Wohnraum ist viel größer und heller geworden." Was sagt nun meine Mutter?

Christel ist kein Mensch, der sich begeistern kann, aber auch sie scheint ziemlich zufrieden mit der neuen Wohnküche zu sein. „Schön." Kurz und knapp. „Die Farbe der Fronten passt gut zu deinen Möbeln." Entschiedene Zustimmung. Ich merke, wie mir ein Steinchen vom Herzen hüpft. Ich weiß: Jetzt wandern ihre Augen durchs ganze Zimmer. Klar, dass sie auf einem Makel stehen bleiben. „Aber die Blumen in dieser Vase sehen nicht gut aus. Die Vase müsste größer sein."

Das ist meine Mutter, ganz die alte. Ich würde sie jetzt gern in den Arm nehmen, schaffe es aber wieder einmal nicht. „Es ist schön, dass du mal wieder zum Kaffee zu mir kommst!" Das wenigstens kann ich ihr sagen. Es ist die Wahrheit. Ich freue mich, dass sie hier ist.

„Da ist ein Fähnchen von der Karte gefallen!" Wieder eine Störung in meiner Ordnung, die nur Mutteraugen so rasch bemerken. Sie rutscht vom Hocker und steuert meine Weltkarte an. „Aber wo fehlt es?" Das kann auch ich nicht beantworten. Die Markierungsfahne an die richtige Stelle zu stecken, ist für uns beide eine Überforderung.

Mutter fällt eine Lösung ein, die ich ihr nicht zugetraut habe. „Ich stecke sie mal mitten in den Atlantik. Da kommt man bestimmt immer vorbei, wenn man nach Amerika will."

Und da winkt und wedelt das verlorene Fähnchen jetzt, trotzig und schief im Balsaholz, mitten im tiefen, grundlosen Blau.